TEACH YOURSELF BOOKS

WELSH

D0498782

T. J. Rhys Jones

NTC Publishing Group

Long-renowned as *the* authoritative source for self-guided
learning – with more than 30 million copies sold worldwide –
the *Teach Yourself* series includes over 200 titles in the fields
of languages, crafts, hobbies, sports, and other leisure activities.

This edition was first published in 1992 by NTC Publishing Group,
4255 West Touhy Avenue, Lincolnwood (Chicago), Illinois 60646 –
1975 U.S.A. Originally published by Hodder and Stoughton Ltd.
Copyright 1991 by T. J. Rhys Jones.

Library of Congress Catalog Card Number: 92-80898

Printed in England

Contents

Acknowledgements

I wish to thank my wife, Eilonwy, for her generous assistance in the writing of this book; my brother, Gwynfor, who read some of the proofs; and my sons Rhodri, Berwyn, Meirion and Rhoslyn for their help throughout the series. Diolch yn fawr iawn i chi.

The National Anthem of Wales
Anthem Genedlaethol Cymru

Mae hen wlad fy nhadau yn annwyl i mi,
Gwlad beirdd a chantorion, enwogion o fri;
Ei gwrol ryfelwyr, gwladgarwyr tra mad,
Dros ryddid collasant eu gwaed.

Gwlad, gwlad, pleidiol wyf i'm gwlad;
Tra mor yn fur i'r bur hoff bau
O bydded i'r hen iaith barhau!

Free Translation

The ancient land of my fathers is dear to me,
Land of poets and singers, famous men of renown;
Her brave warriors, splendid patriots,
For freedom they lost their blood.

My country, my country, I'm devoted to my country,
While the sea remains a wall to the pure loved land,
O may the old language live on!

Introduction

The aim of this book is to teach you to understand and speak Welsh as it is spoken in Wales today. It is designed as an introduction to the language for complete beginners, as an aid to those who are already learning Welsh, and as a source of revision for those who wish to refresh their previous (perhaps almost forgotten!) knowledge. It will also provide Welsh speakers with an insight into how their language works, how it is structured, and the whys and wherefores of the origins and the rules of mutation.

The course is based upon the conversations of ordinary Welsh people in all kinds of situations, from chatting to a young lady in a village café to a serious discussion on the impact of the single European market.

The wide range of situations is designed to give you as much experience as possible of how the language works, and sufficient practice to enable you to participate in conversation and discussion. Because complete dialogues are used right from the start, you will be able to use your Welsh from the first unit onwards.

It cannot be too strongly urged that the way to learn the language is to use it. When, for example, you have learnt **Bore da** (*Good morning*), say it to the first person you meet who can speak Welsh. Your reward will be the satisfaction of having made the first serious step towards learning the language. It is a skill that comes with practice, like riding a bicycle or driving a car. Unless you have an extraordinary faculty for language learning, you will make mistakes at first. This is normal and to be expected: people will be understanding and helpful once they realise that you are a learner and anxious to progress. Learning Welsh can be an enjoyable and rewarding experience.

Origins and history

The Welsh language has a long and fascinating history. Its great-grandmother was Indo-European, from which most of the languages of Europe and some languages in Asia have descended. Its grandmother was Celtic, a language spoken by the Celtic peoples who spread out from central Europe as far as the western seaboard and eastwards as far as Galatia in modern Turkey.

Welsh developed as an independent language when Roman rule in Britain was crumbling, and is thus one of the oldest – if not *the* oldest – living language in Europe. The oldest literature in the United Kingdom was also written in Welsh – surprisingly enough not in Wales itself, but in Southern Scotland, where court poets (called **Aneirin** and **Taliesin**) wrote in Welsh which was spoken by people living south of the Grampians.

These poets pioneered a continuous tradition of literature which is very much alive today. Listen to the radio programme **Talwrn y Beirdd**, or watch the Crowning and Chairing of the Bard at the Royal National Eisteddfod and you will see the heirs of Aneirin and Taliesin keeping their tradition robustly alive.

The Welsh language was the medium of government, the legal system and administration in Wales until the Norman conquest of Wales (ending in 1282) but Welsh literature continued to flourish. The great medieval stories called the **Mabinogion** and the exploits of the semi-mythical Arthur were collated during this period. It was also the era of **Beirdd yr Uchelwyr** (the poets of the nobility), among them the famous Welsh poet, Dafydd ap Gwilym.

Although Henry VIII decreed that English was to be the only official language, the translation of the Bible into Welsh in 1588 gave the people of Wales a standard language which became the medium of instruction and preaching during the religious revivals of the centuries that followed. One of the by-products of these revivals was an amazing resurgence of cultural activity in music and the arts, which was a distinctive feature of the newly industrialised Wales.

During the present century, the Welsh language has suffered a number of blows, especially with English being used as the language of instruction in schools. However, during the past decade or so, a new sense of cultural heritage is being fostered: a separate Welsh language television service, S4C, has been set up, producing high quality programmes which are proving very popular (many having English subtitles); radio programmes on

Radio Cymru have increased in number and variety; Welsh language magazines, covering a wide range of interests – arts, science, current affairs, and children's and women's magazines – are flourishing; publishing in the Welsh language is experiencing a boom period. One of the most encouraging signs of the revival of interest in Welsh is the proliferation of **Papurau Bro**, local newspapers (many of them with intriguing titles) produced largely by volunteers.

Welsh language-learning centres have been established and there is a great demand for Welsh language courses throughout the year. The Royal National Eisteddfod organises learners' activities during the Eisteddfod Week, and learners themselves were involved in the founding of a society, **Cymdeithas y Dysgwyr** (*The Learners' Society*), to provide a focus for their activities. This, together with the growing sense of national identity, especially among young people, augurs a brighter and more secure future for the Welsh language as a repository for its rich and varied culture and as an expression and a symbol of Welsh nationhood.

How to use this course

You want to learn to *speak* Welsh, so say the words and phrases out loud when you read them. The more you repeat a phrase, the easier it will be for you to reproduce it.

The meanings of words are best remembered in association with other words rather than as single units. Don't be afraid to try and guess the meaning from the context, rather than relying on the vocabulary section – this is the way in which we all learnt our mother tongue. A word whose meaning you work out for yourself is more likely to stay in your memory than a word you've looked up in the vocabulary or a dictionary. Try to use a new word immediately.

If you have the cassette that goes with this course, play it as often as you can, even though it may mean little to you at first. Try to listen to Welsh programmes on the radio and television, and join Welsh-speaking organisations so that you can let the language 'wash over' you. Language is learnt at two levels: the conscious level, where you study programmed vocabulary and constructions, and the unconscious level, where you learn at random by listening to the language being spoken or sung.

Try to set aside time for listening and viewing on a regular basis. Likewise with your study periods: short regular sessions, especially at the beginning, are far better than longer, more irregular ones. Try to revise regularly. You will find that language-learning is not a straight, linear course; rather, it is a circular process in which steps are retraced time and time again.

If you can persuade someone else to learn with you, so much the better. Language is primarily a social skill, best learnt in a social context, and if you can enlist the co-operation of a Welsh-speaker, you will find this a valuable asset.

You may find that learning Welsh, as with any language, can be a slow process. Be patient and don't expect too much too soon. Take as your motto the Welsh proverb **Dyfal donc a dyrr y garreg** *Constant blows break the stone* (i.e. *He who is diligent will succeed*).

Unit pattern

Each unit follows a set pattern. The dialogues at the beginning and comprehension passages at the end of the units form the backbone of the course. Each unit begins with a short paragraph stating the aim and content of that unit. The vocabulary at the end of each dialogue is followed by a list of useful words and phrases which you should commit to memory: these form the structural basis of everyday conversation.

In the section **How Welsh Works** (the grammar section), you will see how words are combined into sentences according to fixed rules. Most people like to know how and why the language they are learning behaves in the way it does. The exercises which follow give practice in asking and answering questions and responding to statements, as well as testing whether you have grasped the meaning of the content of the chapter. The answers to the exercises are given in a key at the end of the book.

The introductory section on mutations, which are a characteristic feature of the Welsh language, should be studied in detail. It is important for you to understand from the outset how and why they occur.

A Guide to Welsh Pronunciation

Although Welsh words, with their proliferation of **ws** and **ys**, not to mention **ch**s and **ll**s, may seem strange to the non-Welsh speaker, pronunciation is not difficult. Apart from **ch** and **ll**, all the sounds are found in English. The **ch** sound is quite common in other European languages, especially German (the name **Bach** is actually the Welsh word for *small* or *little*) and Scottish (as in *loch*).

Welsh pronunciation follows simple, definite rules and once these are mastered, you will be able to pronounce every word correctly. As with all other living languages, there are dialectic variations, but the pronunciation indicated here is understood and accepted throughout Wales.

The accent (or stress) in Welsh words falls regularly on the last syllable but one (e.g. Aberỹstwyth, Llandũdno). There are a few exceptions, notably the word for Welsh itself, **Cymraeg**, which is accented on the last syllable.

Welsh spelling is much more phonetic than either English or French, i.e. there is a closer correspondence between symbol and sound. Each consonant has one sound only. Vowel sounds vary in length – some long, some short – but are subject to definite rules.

The Welsh alphabet

The traditional Welsh alphabet consists of twenty-eight letters, most of them single letters, based on the Roman alphabet. The early Welsh scribes, faced with the difficulty of reproducing in writing sounds which did not exist in Latin, used two letters in combination to represent one sound, namely the digraphs **th**, **ch**, etc. Welsh went one step further than English and differentiated between the sound **th** in words such as *breath* and *breathe*, writing the first as **th** and the second, softer sound as **dd**.

Consonants

b	as in English. **Bara** *bread*. **Bangor**.
c	as in English *cake* (Never as in *ace*). **Caernarfon**.
ch	as in German *Bach*, Scottish *loch*. Never as in *church*. One indivisible symbol that never changes. **Bach** *small, little*.
d	as in English. **Dim** *nothing*, as English *dim*.
dd	like the **th** in *those*. **Pontypridd** rhymes with *breathe*.
f	as in English *of*. Represents the **v** sound in English. This is a very weak sound in Welsh and tends to disappear at the end of words. The county **Dyfed** is pronounced **Duh-ved**.
ff	as in *off*. **Ffilm** as English *film*.
g	always as in *get*, never as in *George*. **Golff** *golf*, **gêm** *game*.
ng	as in English *sing* (never as in *danger*). **Angel** *angel*. In a very few words, the two letters are pronounced as **ng+g**, e.g. **Bangor** (*Bang-gor*), **dangos** (*dang-gos*) *to show*. Note that this is a letter in the Welsh alphabet and comes between **g** and **h**. In a vocabulary or dictionary, **angen** (*need*) comes before **ail** (*second*).
h	as in English. Silent in many South Wales dialects. **Hon** *this* (f.).
j	borrowed from English. **Jam** *jam*, **jac-y-do** *jackdaw*.
l	as in English. **Lôn** *lane*.
ll	A letter not found in other European languages. Produced by putting the tongue in the **l** position and trying to hiss. **Llan** *church*, as in **Llangollen**, **Llanelli**, etc.
m	as in English. **Môr** *sea* (pron. as English *more* but with trilled **r**).
n	as in English. **Nansi** *Nancy*.
p	as in English. **Pop** *pop*.
ph	as in English. Only appears at the beginning of a word as a mutation of **p**. **Ei phen hi** *her head*. Otherwise this sound is represented by **ff**.
r	Trilled in Welsh, as in Spanish and Italian. A difficult sound for English speakers. Try saying the words *robin* and *very* with a strong Scottish accent. **Aros** *wait*, **oren** *orange*.
rh	an aspirated **r**, as in *perhaps* (with a trilled **r**). **Rhosyn** *a rose*.
s	always as in *sit* (never as in *nose*). **Sosban** *saucepan*.

si   pronounced as **sh** in English. **Siop** *shop*, **siarad** *to talk*.
t   as in English. **Het** *hat*.
th   as in English *think* (never as in *the* – which is **dd**). **Athen**
          Athens.

Welsh has no *k*, *x* or *z*. The sound *k* is represented by **c**, *x* by **cs**;
the *z* sound does not occur in Welsh.

Consonantal vowels

The letters **i** and **w** sometimes perform the function of a
consonant. The sound **i** resembles the *y* in *yes*, and **w** the clipped
sound *oo* in *water*. The combination **gwl-**, as in the refrain to the
Welsh National Anthem 'Gwlad, gwlad', is pronounced as a
cluster of consonants, *g-oo-l* with a very short *oo* sound, similar to
the English *u* in *queen*. The Welsh name **Gwladys** has the same
number of syllables as Gladys.

Welsh vowel sounds

These are 'pure' vowel sounds similar to those of Italian and
Spanish, and do not have the glide into other vowel sounds which
is characteristic of English.

The letter **y** represents two distinct vowel sounds in Welsh – the
so-called 'obscure' and 'clear' sounds.

The 'obscure' sound **y** (pronounced as the *u* in *sun*) occurs in
syllables other than the last, e.g. **bryniau** (*bruniau*). The 'clear'
sound is heard in **bryn** (*brin*). In **hynny** (pronounced as *honey* in
English), the first **y** is the obscure sound and the second the clear
sound. In **mynydd** (*mountain*) the first is obscure, the last clear.
Both are obscure in the plural **mynyddoedd**, where neither is the
last syllable.

Vowel length

Vowels can be either short or long:

	Short	*Long*
a	as in *pat*	as in *father*
e	as in *pet*	as in *pale*

i	as in *pit*	as in *peat*
o	as in *pot*	as in *robe*
u (S.W.)	as in *hint*	as in *heed*
w	as in *book*	as in *groove*
y (S.W.)	as in *sit*	as in *seat*

(*Note* the difference from the English sounds for **u** and **y**.)

Vowel length in words of one syllable is determined by the consonant or cluster of consonants that follow.

1   Open-ended vowels in words of one syllable are LONG:

da (*daah*)	good	**du** (S.W. *dee*, N.W. similar to French *du*) black	
de (*deh*)	south	**dy** (*duh*)	your (fam.)
di (*dee*)	you (fam.)	**dŷ** (*dee*)	house (mutated form)
do (*doh*)	yes		

2   Words consisting of one vowel are SHORT:

a	(*aah*)	and	**o**	(*oh*)	from
e	(*eh*)	he, him	**y**	(*er*)	the
i	(*ee*)	to			

The following words of one syllable have the **y** (*er*) sound:

y, **yr** (the); **ych!** (ugh!); **yn** (in) and its variants **yng** and **ym** (rhymes with *hum*); **fy** (my) as in fa-*vour*.

3   **a**, **e**, **i**, **o**, **w** are SHORT:

(*i*) before **c**, **p**, **t**; **m** and **ng**, e.g.

map	map	**cot**	coat
het	hat	**llong**	ship
clec	gossip	**twt**	neat
dim	no	**cwm**	valley

(*ii*) before a cluster of consonants, e.g.

nant	brook	**ffordd**	road
perth	hedge	**bwrdd**	table
trist	sad		

4   **a**, **e**, **i**, **o**, **w** are LONG:

before **g**, **b**, **d**; **ch**, **th**, **ff**; **s**, **f**, **dd**, e.g.

tad	father	**mis**	month
braf	fine	**pob**	every

neb	no one	**dod**	to come
beth?	what?	**drws**	door

5 **a**, **e**, **i**, **o**, **w** can be either SHORT or LONG:
before **l**, **n** and **r**, e.g.

Short		*Long*	
tal	tall	**tân**	fire
fel	like	**mêl**	honey
pil	peel	**hir**	long
cor	spider	**sôn**	talk
twr	crowd	**gŵr**	husband

Note the circumflex indicates a long vowel.

6 **u** is:
SHORT before clusters: **punt** (pron. *pinnt*) (pound), **pump** (pron. *pimp*) (five).
LONG before **g**, **b**, **d**; **ch**, **ff**, **th**; **s**, **f**, **ll**: **mud** (*mead*) (dumb), **grug** (heather), **sudd** (juice) and before **l**, **n**, **r**: **Llun** (Monday), **un** (one), **cul** (narrow).

7 **y** is:
SHORT before clusters: **hynt** (journey), **gwynt** (wind), **tyst** (witness).
LONG as in **byd** (world), **bys** (finger), **nyth** (nest), **sych** (dry), **cryg** (hoarse), **ffydd** (faith), **dydd** (rhymes with breathe) (day).
SHORT or LONG before **l**, **n**, **r**, e.g. *short*: **llyn** (lake), **bryn** (hill), **cyn** (before); *long*: **Llŷn** (Lleyn peninsula), **cŷn** (chisel), **hŷn** (older).

Diphthongs (vowel combinations)

The main vowel is the first, but both are pronounced in rapid succession.

ae, ai	as in English *aye*, e.g. **mae** (is); **maen** (are); **cae** (field); **Mai** (May); **Dai** (short for David); **tai** (houses).
au	similar to **ae** and **ai** in S. Wales. The **u** sound as above in N. Wales. **Cau** (to close); **dau** (two). Beware of the 'false friend' **haul** (*ha-eel*) sun.

Note: The diphthong **-au** when it appears in plural endings is pronounced as the long *e* (as in Eng. *pale*) by the majority of Welsh speakers (but as *-a* in Gwynedd). Sometimes the **-au** is written as **-e** (as in the adjective **gore** *best*).

aw	A combination of short *ah* and short *oo*: **brawd** (brother), **llaw** (hand).
ei, eu	When they mean *his/her* and *they* respectively, they are pronounced as *ee*. In all other words, they are pronounced as the English *eye*, e.g. **tei** (tie); **teigar** is pronounced as English **tiger**, but with trilled **r**.
ew	This diphthong does not exist in English. It is produced by combining a short *eh* sound with a short, quick *oo*; try reversing the order of the vowels in *went – w,e,* followed by *e,w*. **Mewn** (*meh-oon* quickly) (in). **Dewch mewn** (Come in).
iw, uw, yw	As English *-ew* in *dew*. **Duw** (God); **byw** (to live); **i'w** (to his).
oe, oi	Like the *oi* in *oil*. **Oes** (is there); **oedd** (was); **ddoe** (yesterday); **oed** (age); **coed** (trees); **troi** (to turn) as Eng. *Troy*.
ow	As in *Owen*.
-yw-	The obscure **y** sound followed by short *oo*. **Bywyd** (life) as *bough+id*.
wy	A short *oo* followed by a less emphatic, short *ee* sound. **Pwy** (who) pronounced as *pooh-ee*, said quickly. Practise this sound as it occurs quite often in Welsh, e.g. **dwy** (fem. form of **dau**) two; **drwy** (through); **twym** (warm); **ŵy** (egg – but pronounced as *wee* in S.Wales).
	After *g*, this is most often pronounced as in the names Gwyn or Gwyneth. **Gwyn** (white); **gwynt** (wind). The main exception is **gwyliau**, where the **wy** is pronounced as in **pwy**.

A short guide to mutations

To the student of Welsh, the word 'mutation' means that a sound (and therefore a letter) at the beginning of a word changes into another, or disappears. For example, the word for Wales is **Cymru**, but on the border one sees **Croeso i Gymru**; crossing into **Lloegr** (England) one sees **Croeso i Loegr**. These changes are not haphazard – they occur according to definite rules which can be easily understood.

Mutation is not peculiar to Welsh. Mutations within words can be observed in English; for example, the change from **f** to **v** is a mutation in such words as *wife, wives   knife, knives* and in the sound of *th* in *path, paths   bath, baths*.

Likewise, an American will say *wader* for *water*, *cidy* for *city*, *beaudy* for *beauty* – a mutation of **t** to **d**, comparable with the Soft Mutation of **t** to **d** at the beginning of Welsh words.

These mutation changes can be classified according to points of articulation in the mouth and throat. Consonants are produced at three main points:

(*a*)   The *throat*; the velar or guttural consonantal sounds are represented in English by **k**, **g**, and **ng**. Welsh has another – the consonant at the end of *Bach*.

The difference between them is due to the amount of breath expended and the route of the passage of air. Say **c(k)**; then breathe more softly and you get **g(c→g)**; blow harder and you get **ch(c→ch)**. Let the sound come out through the nose and you get **ng**. The first change from **c** to **g** which occurs at the beginning of words is called the **Soft Mutation** in Welsh. The second change, that of **c** to **ch**, is the **Aspirate Mutation**, and the third (**c** to **ngh**), the **Nasal Mutation**.

(*b*)   The *lips*; if we take the sound **p** and go through the same process, we find that **p** will change to **b** (Soft Mutation); to **ph** (Aspirate Mutation), and to **m(h)** (Nasal Mutation).

(*c*)   The *teeth*: the dental sound **t**, too, can undergo similar changes, giving **t→d** (Soft Mutation), **t→th** (Aspirate Mutation) and **t→nh** (Nasal Mutation).

Because we do not pause between words when we speak, changes occurred not only within but between words which began with **c,p** or **t**. What happened to initial **c,p,t** also happened to **g,b** and **d**. The sound of **g** first softened into a faint gargle (similar to the English *gh* in *night* as pronounced in Medieval English), then disappeared altogether, leaving very few traces. (The trace of the English *gh* only remains in the spelling.) The initial **g** therefore underwent Soft Mutation by disappearing altogether (**g**→ –). The sound **b** became a consonant similar to the Spanish *b/v* and then turned into **f** (*v*), so that the Soft Mutation of **b** is **f**. Initial **d** was further softened to the sound **th** in *the*, and Welsh scribes transcribed it as **dd**. Other consonants that undergo Soft Mutation only are **m**→**f**, **ll**→**l** and **rh**→**r**.

The mutations are given below in tabular form. Read them aloud as sounds, not as letters in the alphabet, reading downwards from **c** to **g**. The tables can also be used for reference.

Soft Mutation

Radical form	c	p	t	g	b	d	ll	m	rh
Mutated form	g	b	d	–	f	dd	l	f	r

Note the correlation between these consonants and those that cause vowel length in Welsh (see *Guide to Pronunciation*, p. xi).

Nasal Mutation

Radical form	c	p	t	g	b	d
Mutated form	ngh	mh	nh	ng	m	n

Note that the Nasal Mutations of **c, p** and **t** are similar to those of **g,b** and **d** (as one would expect) but without the aspirate(**h**). The members of the remaining group, **ll** and **rh**, have no nasal forms, and **m** is already nasal.

Aspirate Mutation (affecting **c,p** and **t** only)

Radical form	c	p	t
Mutated form	ch	ph	th

One final word. Don't let the mutations worry you. As with most other things, practice makes perfect. (Further information as to when mutations occur can be found in the sections 'How Welsh works' and in Appendix 4, p. 281.)

1 Beth yw'ch enw chi?

In this unit you will learn how to greet people and enter into conversation, and how to ask for and give personal details, names and nationality.

Dialogue

Gareth enters a café and sees a young lady sitting alone at a table. Among her books he notices a Welsh dictionary. He greets her and asks if he can sit with her. She welcomes him.

Gareth	Bore da.
Young lady	Bore da.
Gareth	Ga i eistedd yma, os gwelwch yn dda?
Young lady	Croeso.
Gareth	Diolch.

Bore da	*good morning*	**os gwelwch yn dda**	*please*
Ga i . . .?	*May I . . .?*		(lit. *if you see well*)
eistedd	*(to) sit*	**Croeso**	*(you are) welcome*
yma	*here*	**Diolch**	(pron. *dee-olch*)
			thanks

Gareth asks her whether she speaks Welsh. He also wants to know her name and what she does for a living.

Gareth	Ydych chi'n siarad Cymraeg?
Young lady	Ydw, tipyn bach. Rydw i'n dysgu Cymraeg.
Gareth	Beth yw'ch enw chi?
Young lady	Elisabeth, Elisabeth Meredew. Pwy ydych chi, 'te?

Gareth	Gareth ab Owain ydw i. Beth yw'ch gwaith chi, Miss . . .?
Young lady	Elisabeth, os gwelwch yn dda . . . neu Lisa.
Gareth	Hm . . . rydw i'n hoffi'r enw Lisa.
Young lady	Nyrs ydw i. Beth ydych chi?
Gareth	Meddyg ydw i. Americanwr ydw i . . . Coffi?

Siarad	*(to) speak, talk*	**ydw i**	*I am*
Cymraeg	*Welsh*		(lit. *am I*)
Ydw	*Yes (I do)*	**gwaith**	*work*
tipyn bach	*a little bit*	**neu**	*or*
dysgu	*to learn*	**Rydw i'n hoffi**	*I like*
Beth?	*What?*	**nyrs**	*a nurse*
enw	*name*	**meddyg**	*a doctor*
Pwy ydych chi 'te?	*Who are you then?*	**Americanwr**	*American*

Lisa is intrigued and decides to continue the conversation. She accepts Gareth's offer of a coffee.

Lisa	O'r gore, os gwelwch yn dda.
Gareth	Coffi du?
Lisa	Dim diolch. Coffi gwyn, os gwelwch yn dda. Ond heb siwgwr.
Gareth	Dim problem.
	(*Gareth goes to the counter to order the coffee*)
Gareth	Un coffi gwyn ac un coffi du, os gwelwch yn dda . . . Faint yw e?
Waiter	Punt yw e . . . Diolch yn fawr.

Coffi	*coffee*	**heb**	*without*
O'r gore	*All right/OK*	**siwgwr** (pron. *shoo-goor*)	*sugar*
du	*black*	**Dim problem**	*No problem*
Dim diolch	*No thanks*	**Faint?** (pron. *Vaa-eent*)	*How much?*
gwyn	*white*	**Punt yw e**	*It's a pound*
ond	*but*		(£)

Useful words and phrases

How to:

1 *Express greetings.*
Bore da. *Good morning.*
Prynhawn (*or* Pnawn) da. *Good afternoon.*
Noswaith dda. *Good evening.*
Nos da. *Good night*
Iechyd da! *Good health!*

2 *Ask permission.*
Ga i eistedd yma? *May I sit here?*
Ga i helpu? *May I help?*

3 *Say thank you.*
Diolch. *Thanks.*
Diolch yn fawr. *Thank (you very) much.* (cf. Fr. *Merci beaucoup*)

4 *Ask someone's name and say your own name.*
Beth yw eich enw chi? *or* (in its contracted form)
Beth yw'ch enw chi? *What's your name?*
Gareth ydw i. *I'm Gareth*
Lisa ydw i. *I'm Lisa*

5 *Ask someone whether he/she speaks Welsh.*
Ydych chi'n siarad Cymraeg?

6 *Ask what someone's occupation is and to say what you do.*
Beth yw eich gwaith chi? *or*
Beth yw'ch gwaith chi? *What's your occupation?*
Nyrs ydw i. *I'm a nurse.*
Meddyg ydw i. *I'm a doctor.*

7 *State your nationality.*
Americanwr ydw i. *I'm an American.*
Cymro ydw i. *I'm a Welshman.*

8 *Say No . . .*
Dim diolch.
Dim siwgwr.
Dim problem.

How Welsh works

1   How to say what you are doing

(a)   *Formation of the Present Tense*

In English there are three ways of expressing the Present Tense, i.e. *I learn, I am learning* (called the Progressive Present), and *I do learn*. The Present Tense in Welsh is normally the Progressive, which uses the verb *to be* (*I am, you are*, etc.) as an auxiliary or 'helping' verb together with the main verb. The auxiliary is joined to the main verb by the 'link' word **yn**. For example:

Rydw i *I am* + link word **yn** + **dysgu** *(to) learn*

The link word contracts to **'n** after a vowel in speech:

Rydw i **yn** dysgu → Rydw i**'n** dysgu   *I am learning, I learn*

Welsh verbs in the Present Tense therefore present no difficulty as they are all based on the Present Tense of the verb *to be*. The various parts of the verb *to be* (*I am, you are*, etc.) are in constant use in Welsh.

Vowels are short and pronounced in rapid succession.

Rydw i (*ruddoo ee*)   *I am* (lit. *Am I*)

Note that in a normal Welsh sentence, the verb comes first. In colloquial speech, **Rydw i** becomes **Rwy'n** (South Wales) or **Dw i'n** (North Wales).

Rydych chi (*ruddy chee – ch* as in *loch, Bach*)   *You are*

Two identical consecutive consonants are pronounced as one: **Rydych chi** → **Rydychi**.

An infinite number of sentences in the Present Tense can be built up using the auxiliary verb + **yn** or **'n**:

Rydw i'n **eistedd**	I'm *sitting* or *I sit*
Rydw i'n **dysgu**	I'm *learning* *I learn*
Rydw i'n **gweithio**	I'm *working* *I work*
Rydw i'n **siarad**	I'm *speaking* *I speak*
Rydw i'n **hoffi**	I *like* (lit. *I'm liking*)
Rydw i'n **deall**	I *understand* (lit. *I'm understanding*)

(The exact meaning will depend on the context.)

(b) *Verb and object*

Sometimes, the verb will take a direct object:

> Rydw i'n dysgu **Cymraeg**   *I'm learning Welsh*
> Rydw i'n hoffi'r **enw Lisa**   *I like the name Lisa*

1.1 How would you tell someone in Welsh that

(a) you are learning Welsh.
(b) you are an American.
(c) you understand Welsh – a little!
(d) you like the name Gareth.

2 How to ask questions

English turns statements into questions by inverting the order of the subject and the verb (e.g. *I am* becomes *Am I?*). Welsh forms questions by dropping the affirmative signal or marker **r**. **Rydw i** becomes **Ydw i?** and **Rydych chi** becomes **Ydych chi?**

> **Ydych chi**'n siarad Cymraeg? Tipyn bach   *Do you speak Welsh? A little (bit)*
> **Ydych chi**'n mwynhau dysgu Cymraeg? (**mwynhau** *to enjoy*)
> *Do you enjoy learning Welsh?*

Note that the pattern of the Welsh question and that of its English equivalent is the same, e.g. **Ydw i'n iawn?** *Am I right?*

1.2 Ask someone if he or she

(a) speaks Welsh.
(b) likes television (**teledu**).
(c) enjoys television.

3 How to answer questions

Welsh has no one-word equivalents to the English *Yes* and *No*. Instead, questions are answered by repeating the verb in the appropriate form – that is, by answering the question *Are you?* with *I am, Am I?* with *You are*, etc.

> Ydych chi'n deall Cymraeg? – **Ydw**   *Do you understand Welsh? – I do* (i.e. *Yes*)
> Ydw i'n iawn? – **Ydych**   *Am I right? – You are* (i.e. *Yes*)

Note that the answer does not include the pronoun (**i, chi**). Note also the similarity between **Ydw** and *I do* in the first example. **Ydw** can mean either *I am* or *I do*. Likewise, **Ydych**, can mean *Yes, you do* or *Yes, you are*.

Negative answers

If you want to say *No*, the negative answer is formed by placing **nag** before the affirmative (or *Yes*) answer:

> Ydych chi'n mwynhau gweithio? **Nag ydw** *Do you enjoy working? No (I don't)*
> Ydw i'n iawn? **Nag ydych** *Am I right? No (you're not)*

1.3 Here are the answers to some questions about languages. Can you say what the questions were?

(*a*) Ydw, rydw i'n deall Cymraeg.
(*b*) Ydw, rydw i'n siarad Saesneg (*English*).
(*c*) Ydw, rydw i'n siarad Ffrangeg (*French*).
(*d*) Ydw, rydw i'n dysgu Sbaeneg (*Spanish*).
(*e*) Ydw, rydw i'n mwynhau dysgu Cymraeg.

4 How to say *a, an, some*

There is no Welsh equivalent for *a, an* or *some*.

nyrs	*nurse* or *a nurse*
enw	*name* or *a name*
coffi	*coffee* or *some coffee*

5 How to describe things

In Welsh, the describing word (the *adjective*) comes *after* the noun it describes (as it does in French, Spanish, Italian, etc.).

Bore **da**	*Good morning*
coffi **du**	*black coffee*
coffi **du, cryf**	*strong, black coffee* (Note word order)
gwin **coch**	*red wine*
te **gwan**	*weak tea*

Note how 'first things first' is characteristic of Welsh word order: the *verb* – the 'essential element' – comes first, and what is described (the *noun*) comes before the description (the *adjective*).

6 How to say *My* and *Your*

(a) Fy, 'y *(my)*

The older, more literary form of *my* is **fy**. This is contracted in speech to **'y** (**'yn** before a vowel or a consonant that does not mutate).

My, your, his, etc. (possessive adjectives) are weak forms in Welsh and have to be 'buttressed' by their corresponding personal pronouns (**i, chi,** etc.). Therefore:

    'yn enw **i**   *my name*
    'yn chwaer **i** *my sister*

If emphasis is needed, the stress falls on the personal pronoun, e.g.

    'yn chwaer **i**   **my** *sister*

'yn, like the link word **yn** before a verb, is contracted to **'n** after a vowel, as below:

    Gareth yw**'n** enw i   *Gareth is my name*

(b) eich . . . chi *(your)*

    Beth yw **eich** cnw **chi**?   *What's your name? or* Beth yw'**ch** enw **chi**?

Eich is contracted to **'ch** after a vowel.

7 How to ask *Who is/are?* and *What is/are?*

(a) *Linking two nouns*

When two nouns refer to the same thing, or have the same 'identity', the coupling verb (which corresponds to *is* in English) is **yw** or **ydy**:

Beth **yw**'ch enw chi?/Beth **ydy**'ch enw chi? *What is your name?*

Beth refers to **eich enw chi** and **eich enw chi** to **beth**; the coupling word **yw/ydy** means much the same as *equals*: **Beth = eich enw chi?** *What = your name?*

The other parts of the verb we have learnt (*am* and *are*) can be used in the same way. (Use **ydych** as the coupling verb with *you*.) Examples:

Pwy **ydych** chi?	*Who are you?*
Pwy **ydw** i?	*Who am I?*
Beth **ydych** chi?	*What are you?*

(b) Retaining the word order

In Welsh, it is possible to substitute the answer for the word that asks the question, thus preserving the original pattern of the question.

Pwy	ydych	chi?	*Who are you?*
Gareth	ydw	i	(lit.) *Gareth am I* (i.e. *I'm Gareth*)
Beth	yw'ch	enw chi?	*What is your name?*
Lisa	yw'n	enw i	*Lisa is my name* (i.e. *My name is Lisa*)

The link word **yw** has no plural form before nouns, e.g. **Pwy yw'ch ffrindiau chi?** *Who are your friends?*

You will find the construction useful in such phrases as:

Beth **yw**'r enw/gair Cymraeg am London? *What's the Welsh name/word for London?*

Llundain **yw**'r enw Cymraeg am London *Llundain is the Welsh name for London*

Note that **Cymraeg** is accented on the last syllable (it comes from **Cymra-eg**). It is used here as an adjective and therefore comes after the noun **enw** (*name*).

1.4 Ask (in separate questions) what the Welsh word is for (*a*) Spanish, (*b*) French, (*c*) Englishwoman, (*d*) an American, (*e*) to enjoy. Then answer your own questions.

8 How to say what nationality you are

Beth ydych chi?	*What are you?*
Cymro ydw i	*I'm a Welshman*
Cymraes ydw i	*I'm a Welsh woman*
Sais ydw i	*I'm an Englishman*
Saesnes ydw i	*I'm an Englishwoman*
Saesneg	*English (language)*

Cymru *Wales*	**Cymry** *Welsh people*

1.5   Read this dialogue between Aled and Ifan:

Aled	Beth yw'ch enw chi?
Ifan	Ifan yw'n enw i.
Aled	Beth ydych chi?
Ifan	ʹCymro ydw i.
Aled	Pa iaith rydych chi'n siarad?
Ifan	Cymraeg rydw i'n siarad.

Using this as your pattern, make up similar dialogues between Aled and each of the following:

(*a*)   an Englishman called George.
(*b*)   an Englishwoman called Hazel.
(*c*)   an American called Hiram.
(*d*)   a Breton (*Llydawr*) called Yan, who speaks Breton (*Llydaweg*).
(*e*)   a Scotsman called Ewan, who speaks Gaelic (*Gaeleg*).

Cymru and **Cymry** are similar in pronunciation – they are spelt differently in order to distinguish between their meanings. Further nationalities and countries are as follows:

Lloegr	*England*	Saeson	*English people*
Yr Alban	*Scotland*	Albanwyr	*Scotsmen*
Albanwr	*Scotsman*	Albanes	*Scotswoman*
Iwerddon	*Ireland*	Gwyddelod	*Irishmen*
Gwyddel	*Irishman*	Gwyddeles	*Irish woman*

Pa iaith rydych chi'n siarad?   *What language do you speak?*
Cymraeg rydw i'n siarad
  or
Rydw i'n siarad Cymraeg   *I speak Welsh*

1.6 Can you find the Welsh greeting hidden in this puzzle? Note that double letters which represent one sound (**ch, dd, ff, ng, ll, ph, th, rh**) are inserted into **one** square in Welsh crosswords.

Clues
1 *across.*   Rydw i'n dysgu . . . . . .
2   . . . . . . ab Owain.
3   . . . . . . da!!
4   Beth yw'ch . . . . . . chi?
5   Yr enw Cymraeg am (*for*) Elizabeth.
6   . . . . . . .s gwelwch yn dda.
1 *down.*   The greeting.

Darllen a deall
(Reading and understanding)

Read the conversation then answer the questions in English.

Lisa is on evening duty at the hospital clinic, when a tall man comes for treatment. She asks him for some personal details.

Lisa Noswaith dda. Good evening.*
Dyn Noswaith dda.
Lisa Rydych chi'n siarad Cymraeg.
Dyn Ydw. Cymro ydw i.
Lisa Beth yw'ch enw chi, os gwelwch chi'n dda?
Dyn Siôn.
Lisa A beth yw'ch cyfenw chi?
Siôn Edwards. Siôn Edwards ydw i.
Lisa A beth yw'ch cyfeiriad chi, os gwelwch yn dda?
Siôn Eryl, Parc y Bryn, Ynyswen.
Lisa Beth yw'ch gwaith chi?
Siôn Plisman ydw i.

(*a*) What is the man's occupation?
(*b*) What is his full name?
(*c*) What is his address?
(*d*) Is he English or Welsh?
(*e*) How did Lisa know that he could speak Welsh?

* This bilingual greeting enables the person addressed to choose the language in which to reply.

2   Ble rydych chi'n byw?

In this unit you will learn to ask for and give information about where you live and work and where your or someone else's family comes from; you will also learn to say what you enjoy doing.

Dialogue

Lisa and Gareth continue their conversation in the café.

Gareth   Ble rydych chi'n gweithio, Lisa?

Lisa   Rydw i'n gweithio yn yr ysbyty yn y dre.

Gareth   O ble rydych chi'n dod?

Lisa   Rydw i'n dod o Lincoln. Mae'r teulu'n dod o Lincoln. Saesnes ydw i, a Sais yw 'nhad.

Gareth   Ble mae'ch teulu chi'n byw nawr?

Lisa   Maen nhw'n byw yma, yn y pentre 'ma, nawr. Yn Ynyswen.

Gareth   Ydyn nhw'n mwynhau byw yma?

Lisa   O, ydyn. Maen nhw'n hoffi Ynyswen.

Gareth   Beth mae'ch tad yn neud?

Lisa   Mae e'n dysgu Saesneg yn yr Ysgol Gyfun.

Gareth   Ydy'ch mam a'ch tad yn gallu siarad Cymraeg?

Lisa   Mae mam yn gallu siarad Cymraeg. Mae hi'n dod o Aberystwyth. Mae 'nhad yn dysgu Cymraeg a mae e'n siarad tipyn bach. Mae Sioned, 'yn chwaer i, yn mynd i'r Ysgol Gymraeg yn y pentre.

Gareth   Ydy hi'n hoffi'r ysgol?

Lisa   Ydy, mae hi'n hoffi'r ysgol yn fawr. O ble rydych chi'n dod, 'te?

Gareth   Rydw i'n dod o Madison yn Wisconsin. Mae 'nhad yn dod o'r pentre 'ma, ond Americanes yw mam.

Lisa   O ble yn America mae hi'n dod?

Gareth   O Dallas yn Texas.

yn y dre	*in the town*	**ysgol gyfun**	*comprehensive school*
(tre *town*)			
O ble?	*From where?*	**eich mam**	*your mother*
Mae'r teulu'n dod	*the family comes*	**a'ch tad**	*and father*
		'nhad	*my father*
byw	*to live*	**Mae Sioned . . . yn mynd**	*Sioned goes*
nawr	*now* (N.W. **rwan**)		
neud	*to do, make*	**yn fawr**	*very much*
dysgu	*to teach* (and *to learn*)	**o'r pentre 'ma**	*from this village*
		ond	*but*

2.1 Cywir neu anghywir? (*Correct or incorrect?*) Write out correct versions of the incorrect statements.

(*a*) Mae Lisa yn gweithio yn y drc.
(*b*) Mae Lisa yn dod o Lundain.
(*c*) Sais yw Mr Meredew (Lisa's father) tad Lisa.
(*d*) Mae e'n dysgu yn yr Ysgol Gymraeg.
(*e*) Mae Sioned yn mynd i'r Ysgol Saesneg yn y dre.

2.2 Put the words in the following jumbled sentences into the right order:

(*a*) dod Gareth Mae o yn Wisconsin.
(*b*) mwynhau Ynyswen dod e'n i Mae.
(*c*) hoffi byw Ynyswen teulu yn Mae'r yn.
(*d*) Lisa'n dre yn Mae gweithio y.
(*e*) ni'n mynd Aberystwyth hoffi Rydyn i.

Useful words and phrases

How to:

1 *Ask where someone works.*
Ble rydych chi'n gweithio?

2 *Ask where someone comes from and say where you come from.*
O ble rydych chi'n dod?
Rydw i'n dod o Lincoln.
Mae'r teulu'n dod o Lincoln.

3   *Say where people are living.*
Maen nhw'n byw yn Ynyswen.

4   *Ask what someone is doing.*
Beth mae'ch tad yn neud?

5   *Ask if someone enjoys doing something.*
Ydyn nhw'n mwynhau byw yma?

6   *Say that someone enjoys something very much.*
Mae hi'n hoffi'r ysgol yn fawr.

How Welsh works

1   More about the Present Tense

Note how the verb (**mae**) comes first:

> **Mae** Lisa yn gweithio yn yr ysbyty   *Lisa is working in the
> hospital*

We have seen in Unit 1 how the Present Tense in Welsh is formed using the verb *to be* as an auxiliary verb. Here is the complete verb and all the personal pronouns (*I, you, he*, etc.)

Rydw i	*I am*	Rydyn ni	*We are*
Rwyt ti	*You are*	Rydych chi	*You are*
or { Mae e	*He is*	Maen nhw	*They are*
Mae o (N.W.)			
Mae hi	*She is*		
Mae Gareth	*Gareth is*	Mae'r plant	*The children are*

Note

1   the alternative North Wales form **o** *he, him* or *it* (referring to a masculine noun).

2   that Welsh still retains the 'familiar' form **ti**, used when speaking to young children, close friends or members of the family.

3   that even when the subject is a *plural* noun, the verb is singular. **Mae'r plant yn yr ysgol** *The children are in school*. In Welsh, the verb only 'agrees' with its plural subject when that subject is a *pronoun*. (In speech there is no difference between **Maen nhw** and **Mae nhw**.)

The pronouns are:

i	*I, me*	ni	*we*
ti	*you*	chi	*you*
e	*he, him*	nhw	*they, them*
hi	*she, her*		

The pronouns *I/me* and *he/him* have independent forms **fi** and **fe** which are used for emphasis. For example:

Pwy? Fi?   *Who? Me?*
Pwy? Fe?   *Who? Him?*

2   Questions requiring *Yes/No* answers

Rydyn ni follows the pattern of **Rydw i**, **Rydych chi** in the interrogative, by omitting the affirmative marker **r**.

Rydyn ni'n eistedd yma.   **Ydyn ni**'n eistedd yma?
We sit here   *Do we sit here?*

Mae and **maen** turn into the more regular forms **ydy?** and **ydyn nhw?** in questions. (*Note* that **ydyn**, like **maen**, is always followed by **nhw** – or **nhw** is understood.)

Mae e'n byw yn y dre.   **Ydy e**'n byw yn a dre?
He lives in (the) town.   *Does he live in (the) town?*

Maen nhw'n mynd i'r ysgol gyfun *They go to (the) comprehensive school*
Ydyn nhw'n mynd i'r ysgol gyfun? *Do they go to (the) comprehensive school?*

Answering questions – Yes and No
Questions beginning with **Ydy e/hi/Gareth**, etc. are answered by **Ydy** *Yes* (lit. *He/She/Gareth is/does*).

Ydy Gareth yn siarad â Lisa?   Ydy (mae e).
Is Gareth talking to Lisa?   *Yes, he is.*

Ydy Lisa yn gweithio yn yr ysbyty?   Ydy (mae hi).
Does Lisa work in the hospital?   *Yes, she does.*

No is expressed by putting **nag** before the appropriate form: **Nag ydy** *(No) He/She doesn't/isn't.*

Ydy Gareth yn byw yn Ynyswen?	**Nag** ydy.
Does Gareth live in Ynyswen?	*No, he doesn't.*
or *Is Gareth living in Ynyswen?*	*No, he isn't.*

Questions beginning with **Ydyn ni?** *Are we/do we?* and **Ydyn nhw?** *Are they/do they?* are answered in the appropriate person, i.e.:

Ydyn ni . . .? –	**Ydych**	*Yes/***Nag ydych** *No*
Ydyn nhw . . .? –	**Ydyn**	*Yes/***Nag ydyn** *No*

Ydyn ni'n dod?	**Ydych.**	*Are we coming? Yes, (you are).*
Ydyn nhw'n dod?	**Nag ydyn.**	*Are they coming? No, (they are not).*

Ydy Mr a Mrs Meredew yn byw yn Lincoln nawr?   **Nag ydyn.**
Are Mr and Mrs Meredew living in Lincoln now?   *No, (they aren't).*

2.3   Match the following questions and answers:

1 Ydych chi'n dod o America? (plural)	(a) Ydw.
2 Wyt ti'n dysgu Cymraeg?	(b) Ydych.
3 Ydyn ni'n dod gyda (*with*) chi?	(c) Ydy, mae hi.
4 Ydy Gareth yn dod o Wisconsin?	(d) Ydyn.
5 Ydy Lisa'n hoffi gweithio yn yr ysbyty?	(e) Ydy, mae e.

3   *The* (the definite article)

The Welsh word for *the* has three forms which do *not* depend on the gender of the following noun (as in French, German, etc.). They are:

(*a*)   The full form **yr**, used before a vowel and **h**:

yr eisteddfod	*the eisteddfod*
yr afon	*the river*
yr heol	*the road*

Don't forget that **w** and **y** are also vowels in Welsh.

yr ŵyl	*the festival*
yr ysbyty	*the hospital*

You should have no difficulty in recognising the following, though some of the words are spelt differently from their English equivalents:

yr atom   yr organ
yr eliffant   yr ysgol
yr inc   yr hipi

(*b*)   The shortened form **y**, used in front of a consonant:

y pentre *the village*   **y** teulu *the family*.

It is not difficult to work out what the following are in English:

y cloc	y gêm	y mwnci
y Post	y banc	y ffilm
y trên	y doctor	y plisman

W is sometimes a consonant, as in

y wal   *the wall*
y wraig   *the woman* or *wife*

(*c*)   The contracted form **'r**, used after a vowel:

Mae'r teulu yn byw yn Ynyswen   *The family is living in Ynyswen*
Mae Lisa yn **hoffi'r gwaith**   *Lisa likes the work*

This contracted form takes precedence when the noun comes after a vowel but before a consonant, e.g.

Mae**'r** teulu yn byw yn y pentre   *The family lives in the village*

The definite article is sometimes omitted in English, especially when referring to institutions (e.g. *in school, in church*, etc.). However, as in French, Spanish and German, it must always be inserted in Welsh.

yn yr ysgol	*in school*	**yn y** coleg	*in college*
yn y dosbarth	*in class*	**yn yr** ysbyty	*in hospital*
yn yr eglwys	*in church*	**yn y** capel	*in chapel*
yn y dre	*in town*	**yn y** gwely	*in bed*

So too with seasons: **yn yr haf** *in summer*, etc. (See **Uned 9**.)

Welsh people often use the definite article **y/yr**, or its contraction **'r** instead of *my* when referring to husband, wife and children:

> Mae**'r gŵr** yn gweithio yn y dre   *My husband works in town*
> Mae**'r plant** yn yr ysgol   *My/Our children are in school*

2.4 Fill in the gaps in the following sentences with the correct form of the definite article.

(a)   Mae . . . plant yn . . . eglwys.
(b)   Ydy . . . gŵr yn gweithio yn . . . dre?
(c)   Ydych chi'n hoffi . . . haf?
(d)   Ydy . . . plant yn mwynhau . . . teledu?

2.5 How would you tell someone that

(a)   the children are in chapel
(b)   your husband is in bed
(c)   the vicar (**ficer**) is in church
(d)   you enjoy summer
(e)   John is learning German (**Almaeneg**) in college in Heidelberg

4   *This, that, these*

(a) **yr . . . 'ma** *(this)*
This is expressed in Welsh by putting the definite article **yr**, **y** or **'r** before the noun and **'ma** (short for **yma** *here*) after it.

> Rydyn ni'n byw yn **y** pentre **'ma** nawr   *We live in this village now* (lit. *the village here*)
> Rydw i'n hoffi**'r** sgert **'ma** (**sgert** *skirt*)   *I like this skirt*
> Rydw i'n gweithio **y** bore **'ma/y** pnawn **'ma**   *I'm working this morning/this afternoon*

If an adjective follows the noun, **'ma** comes after the adjective.

> Wyt ti'n hoffi**'r** coffi **du 'ma?**   *Do you like this black coffee?*
> Ydych chi'n hoffi**'r** crys **gwyn 'ma?**   (**crys** *shirt*) *Do you like this white shirt?*

There is no different form for the plural in Welsh: **y sgertiau 'ma** *these skirts.*

> Ydych chi'n hoffi'**r** sgertiau **'ma?** *Do you like these skirts?*
> Ydy'**r** plant **'ma**'n mynd i'r Ysgol Gymraeg? *Do these children go to the Welsh school?*

(b) **yr . . . 'na** *(that)*
That and *those* are formed in a similar way, using **yr, y** or **'r . . . 'na** (short for **yna**) lit. *the . . . there*:

> Rydw i'n hoffi'**r** crys **'na** *I like that shirt* (lit. *the shirt there*)
> Mae Lisa yn hoffi'**r** het **'na** (**het** *hat*) *Lisa likes that hat*
> Ga i edrych ar **y** cotiau **'na** yn y ffenest? (**cot** *coat*) *May I look at those coats in the window?*

> *Note* the preposition **ar** (*on*) where English uses *at.*

2.6 How could you say the following in Welsh?

(a) I like this red shirt.
(b) Are you enjoying this **eisteddfod**?
(c) Are you buying (**prynu**) this white wine?
(d) May I (**Ga i**) look at those white skirts in the window, please?
(e) We like learning Welsh in this class.

5 How to ask: *Where? Where from? Where to?*

(a) **Ble?** *Where?*

The interrogative adverb **Ble?** is followed by the affirmative form of the auxiliary. (**Ble** itself marks the question.)

> **Ble rydych** chi'n byw? Yn Ynyswen *Where do you live? In Ynyswen*
> **Ble mae** Lisa'n gweithio? *Where does Lisa work?*

(b) **O ble?** *Where from? (*lit. *From where?)*
> **O ble** mae Gareth yn dod? *Where does Gareth come from?*
> O Wisconsin mae e'n dod *He comes from Wisconsin*

(c)   **I ble?** *Where to?* (lit. *To where?*)

>**I ble** mae Gareth yn dod ar wyliau?   *Where does Gareth go*
>   (lit. *come to*) *on holiday?*
>**I ble** rydych chi'n mynd yn yr haf?   I Aberystwyth
>*Where do you go to in summer?*   *To Aberystwyth*

Note the similarity in sentence pattern:

I ble? I Aberystwyth	*Where to? (To) Aberystwyth*
O ble? O Wisconsin	*Where from? (From)*
	Wisconsin

2.7   Match the following questions with the answers:

(a)   O ble rydych chi'n dod?   1   Yn y gwely.
(b)   Ble rydych chi'n byw nawr?   2   I Abergele.
(c)   I ble rydych chi'n mynd ar wyliau?   3   O Aberystwyth.
(d)   O ble mae'r crysau 'ma'n dod?   4   Yn Ynyswen.
(e)   Ble rwyt ti'n cysgu (*sleep*) yn y nos?   5   O'r siop.

6   Gender and Gender Mutation

All nouns in Welsh, whether animate or inanimate, are classified into two groups called, for the sake of grammatical convenience, masculine and feminine. All males in Welsh belong to the masculine group and all females to the feminine, but objects as well as people are referred to as either **e** (lit. *he*) or **hi** (*she*). There is no separate word for *it* in Welsh.

(a)   *Feminine singular*

Feminine singular nouns undergo Soft Mutation after **yr, y** or **'r**, so if you see (or hear) a noun mutating after a definite article in Welsh, you will know that it is feminine singular. Nine words out of ten indicate their gender in this way so it is best to learn new words together with the definite article. For example:

>tre   *a town*   **y dre**   *the town*

The Soft Mutation **t → d** shows that *town* is feminine (and referred to as **hi** *it*).

Ble mae'r dre ar y map? – Mae **hi** yma   *Where's the town on
   the map? – It is here*

Exceptions are words like **afon** *river* which cannot mutate.

All words ending in **-fa** are feminine, e.g. **geirfa** (**yr eirfa**), **lolfa**
(*lounge*), **swyddfa** (*office*), etc.

(b) Masculine singular

The letter **m** is mutable, so the word **map** in the example above
which is not mutated, must be masculine (and referred to as **e** *it*):

Ble mae'r map? Mae **e** ar y silff   *Where is the map? It is on
   the shelf*

Words beginning with the 'hard' consonants **c**, **p**, or **t** which do not
change after **y** or **'r** are masculine.

Ble mae**'r cwpan**? (**cwpan** *cup*)	*Where's the cup?*
Mae **e** yn y cwpwrdd	*It's in the cupboard*
Ble mae**'r cwpwrdd**?	*Where is the cupboard?*
Mae **e** yn y cornel	*It's in the corner*

but note

Ble mae**'r gath**? (**cath**)	*Where is the cat?*
Mae **hi** yn y gegin (**cegin** *kitchen*)	*It's in the kitchen*

Cath and **cegin** are both feminine. Learn them along with the
definite article: **cath – y gath**, **cegin – y gegin**, etc.

2.8 Fill in the gaps in the following sentences with the correct
pronoun (**e** or **hi**):

(*a*)	Ble mae'r carped?	Mae . . . yn y gegin.
(*b*)	Ble mae'r Post?	Mae . . . ar y sgwâr. (*square*)
(*c*)	Ble mae'r dorth?	Mae . . . yn y cwpwrdd.
(*d*)	Ble mae'r cloc?	Mae . . . ar y wal.
(*e*)	Ble mae'r gadair?	Mae . . . 'n y lolfa.

carped	*carpet*	**cadair**	*chair*
torth	*loaf*	**cloc**	*clock*
Post	*post (office)*		

7   *What do you do?*

Beth yw'ch tad?	*What is your father?*
Beth mae eich (*or* **mae**'ch) tad yn neud?	*What is your father doing?/What does your father do?*

When **beth** (*what*) is followed by a *verb*, the form of the auxiliary is **mae**, not **yw**.

Similarly:

Beth rydych chi'n neud yn y nos?   *What do you do at night (in the evening)?*

Rydw i'n edrych ar y teledu   *I look at (the) television*

2.9   Put the correct form of the verb in the following sentences.

(*a*)   Meddyg . . . . . . Gareth.
(*b*)   . . . . . . Elwyn yn byw yn Aberystwyth.
(*c*)   Ble . . . . . . chi'n gweithio?
(*d*)   I ble . . . . . . hi'n mynd nawr?
(*e*)   O ble . . . . . . nhw'n dod?

Darllen a deall

Read this conversation, then answer the questions below.

Two members of a Welsh language class who don't know each other well, meet before an evening session and decide to try out their Welsh.

Terry   Noswaith dda.

Bethan   Noswaith dda, Mr . . .?

Terry   Terry. Ond Terence, Terence Smith yw'n enw iawn i. A chi?

Bethan   Bethan Jones.

Terry   O ble rydych chi'n dod, Mrs Jones?

Bethan   Rwy'n dod o Nottingham ond mae mam yn dod o Sir Dyfed. O ble rydych chi'n dod?

Terry   O Shrewsbury. Beth yw'r enw Cymraeg am Shrewsbury? Ydych chi'n gwybod?

Bethan   Yr Amwythig. Rwy'n gwybod achos mae 'mamgu a 'nhadcu yn byw yno. Mae 'nhad yn siarad am yr Amwythig yn amal. Beth yw eich gwaith chi? Beth rydych chi'n neud?

Terry	Rydw i'n ffarmio, a gwerthu llaeth.
Bethan	Ydych chi'n byw ar ffarm, 'te?
Terry	Ydw. Mae'r wraig a fi a'r plant . . .
Bethan	Faint?
Terry	Dau. Bachgen a merch.
Bethan	Teulu niwclear! Ble rydych chi'n byw?
Terry	Rydyn ni'n byw ar ffarm Coed y Gog.
Bethan	Ydych chi'n mwynhau ffarmio yno?
Terry	Ydyn. Rydyn ni'n hoffi'r lle yn fawr.

enw iawn	*right, full name*	**plant**	*children*
gwybod	*to know (a fact)*	**Faint?**	*How many/much?*
achos	*because*	**bachgen**	*boy*
mamgu a 'nhadcu	*my grandmother*	**merch**	*girl, daughter*
	and grandfather	**coed**	*wood, forest*
yn amal	*often*	**y gog**	*cuckoo*
ar ffarm	*on a farm*	**yno**	*there*
ffarmio	*to farm*	**lle**	*place*
gwerthu llaeth	*to sell milk*		

Dewiswch yr ateb cywir (*Choose the correct answer*):

1 Enw iawn Terry yw
- (*a*) Terence Jones
- (*b*) Terence Meredew
- (*c*) Terence Smith.

2 Mae Bethan yn dod
- (*a*) o Sir Dyfed
- (*b*) o Nottingham
- (*c*) o'r Amwythig.

3 Teulu niwclear yw
- (*a*) bachgen a merch
- (*b*) gŵr a gwraig
- (*c*) gŵr a gwraig a bachgen a merch.

4 Mae Terry yn mwynhau
- (*a*) prynu llaeth
- (*b*) gwerthu llaeth
- (*c*) byw yn Lincoln.

3 Mae hi'n braf

In this unit you will learn more greetings, how to ask about someone's health, to introduce one person to another, and talk about the weather, You will also learn how to express your likes and dislikes, show appreciation, and give and accept thanks.

Dialogue

Gwen's friend Gwyneth has come to visit her and is introduced to Elen. They discuss the weather while Geraint, Gwen's son, makes some coffee.

Mae Gwyneth yn canu'r gloch. (*Gwyneth rings the bell.*) Mae Gwen yn agor y drws. (*Gwen opens the door.*)

Gwyneth	Bore da, Gwen. Sut rydych chi y bore 'ma?
Gwen	Da iawn, diolch, Gwyneth. A sut rydych chi'n teimlo heddiw? Rydych chi'n edrych yn dda. Rydych chi'n cadw'n ifanc iawn.
Gwyneth	Ydw i? Diolch. A sut mae John eich gŵr?
Gwen	Mae e'n dda iawn. Mae e'n brysur yn yr ardd heddi. Mae e'n mwynhau garddio. Dewch mewn. Ga i eich helpu chi gyda'ch cot. Mae Elen yma. Ydych chi'n nabod Elen?
Gwyneth	Nag ydw . . . dydw i ddim yn meddwl.
Gwen	Wel 'te. Ga i eich cyflwyno chi? Elen, dyma Gwyneth. Gwyneth, dyma Elen.
Elen	Sut rydych chi?
Gwyneth	Sut rydych chi?
Gwen	Eisteddwch ar y gadair 'ma, Gwyneth. Mae Geraint yn neud coffi i ni yn y gegin. (*Mae hi'n galw. She calls*) Geraint! Ydy'r coffi'n barod?
Geraint	Nag ydy, mam, dydy e ddim yn barod eto. Ble mae'r llaeth?

Gwen	Yn y botel yn yr oergell. Esgusodwch fi . . . (*Mae Gwen yn mynd allan. Gwen goes out.*)
Gwyneth	Mae hi'n braf heddi, on'd ydy hi? (*Mae Gwen yn dod yn ôl. Gwen comes back.*)
Elen	Ydy, mae hi'n braf iawn. Mae'r haul yn gynnes a dydy hi ddim yn wyntog fel ddoe. (*Mae Geraint yn dod mewn*)
Geraint	Mae'r coffi'n barod nawr, mam. Dyma fe.
Gwen	O'r gore. Geraint. Diolch. Ydych chi'n cymryd siwgwr a llaeth, Gwyneth? . . . Elen?
Elen	Llaeth, ond dim siwgwr i fi, os gwelwch yn dda . . . Diolch.
Gwyneth	Dim siwgr na llaeth i fi. Rydw i'n hoffi coffi du. Diolch yn fawr, Geraint. Rydych chi'n garedig iawn.
Geraint	Peidiwch â sôn. Rydw i'n mynd allan nawr. Da boch chi . . . Hwyl, mam.
Elen a Gwyneth	Da boch chi, Geraint.
Gwen	Hwyl, Geraint.

Sut rydych chi?	*How are you?*	**dyma fe**	*here it is*
teimlo	*to feel*	**neud coffi**	*making coffee*
heddiw/heddi	*today*	**i ni**	*for us*
eich gŵr	*your husband*	**Ydy'r coffi 'n barod?**	*Is the coffee ready?*
Mae e'n brysur	*He's busy*		
gyda'ch cot (chi)	*with your coat*	**Yn yr oergell**	*In the fridge*
Ydych chi'n nabod . . .?	*Do you know . . .?*	**Esgusodwch fi**	*Excuse me*
Wel 'te	*Well then*	**iawn**	*very*
Ga i eich cyflwyno chi?	*May I introduce you?*	**fel ddoe**	*like yesterday*
		na	*nor*
dyma	*here is/this is*	**Rydych chi'n garedig**	*You are kind*
		Peidiwch â sôn	*Don't mention it*

3.1 Cywir neu anghywir? (Rewrite the statements that are wrong.)

(*a*) Mae Gwyneth yn agor y drws i Gwen.

(*b*) Mae Elen yn neud coffi.

(*c*) Mae Elen yn neud coffi.

(*d*) Mae hi'n wyntog.

(b) Mae John yn brysur yn yr ardd.

(e) Mae Geraint yn garedig iawn.

3.2 Atebwch y cwestiynau hyn:

(a) Ydy Gwen yn canu'r gloch?

(b) Ydy John yn brysur yn y tŷ?

(c) Ydy Geraint yn neud coffi?

(d) Ble mae e'n neud y coffi?

(e) Ydy Elen yn hoffi coffi du?

Useful words and phrases

How to:

1 *Ask how someone is and reply.*
   Sut rydych chi *or* Sut ydych chi (N.W.)
   or Shwd ych chi? (S.W.)   *How are you?*
   Sut mae?   *How are (things)?*
   Sut hwyl? *or*
   Sut rydych chi'n teimlo?   *How do you feel?*

   Da iawn, diolch.
   Eitha da *or* Go dda. *Quite well.*
   Gweddol. *Fairly well.*

2 *Enquire about someone else and reply.*
   Sut/Shwd mae John?
   Mae e'n dda iawn, diolch *or* (*if female*)
   Mae hi'n dda iawn, diolch.

3 *Compliment someone*
   Rydych chi'n edrych yn dda.
   Rydych chi'n cadw'n ifanc iawn.

4 *Introduce people.*
   Ga i eich cyflwyno chi?
   Elen, dyma Gwyneth. Gwyneth, dyma Elen.

5 *Ask someone to do something.*
   Dewch mewn, os gwelwch yn dda.
   Eisteddwch.

6 *Ask someone if they take milk/sugar and say you don't want any.*
Ydych chi'n cymryd siwgwr?
Ydych chi'n cymryd llaeth?
Dim siwgwr i fi.
Dim siwgwr na llaeth i fi.

7 *Express appreciation and respond.*
Rydych chi'n garedig iawn.
Peidiwch â sôn.
Rhaid i chi ddim. (lit. *You needn't.*)

8 *Talk about the weather.*
Mae hi'n braf.
Mae'r haul yn gynnes.
Dydy hi ddim yn wyntog.

9 *Say 'Excuse me'.*
Esgusodwch fi, os gwelwch yn dda.

10 *Say 'Goodbye'.*
Da boch chi. (Both **chs** coalesce)
Hwyl! *or* Pob hwyl! *or* Hwyl fawr!

How Welsh works

1 How to say *I'm not* and to answer *No*.

(a) D . . . ddim

The negative of the verb *to be* is formed by putting the negative marker **d** (contracted from **nid**) before the question forms and adding **ddim** to make a 'double negative' (as in the French *ne . . . pas*) – one negative reinforcing the other. Here is the complete verb in the negative:

Dydw i ddim	*I'm not, I don't*
Dwyt ti ddim	*You're not, you don't* (fam.)
Dydy e ddim	*He's not, he doesn't*
Dydy hi ddim	*She's not, she doesn't*
Dydy John ddim	*John isn't, doesn't*

Dydyn ni ddim	*We're not, we don't*
Dydych chi ddim	*You're not, you don't*
Dydyn nhw ddim	*They're not, they don't*
Dydy'r plant ddim	*The children aren't/don't*

Examples:

Dydw i **ddim** yn hoffi coffi du	*I don't like black coffee*
Dydw i **ddim** yn meddwl	*I don't think (so)*
Dydw i **ddim** yn deall	*I don't understand*
Dydw i **ddim** yn eich deall chi	*I don't understand you*

Some of these verb forms are contracted in speech, for example **Dyw e ddim** instead of **Dydy e ddim**, and so on.

(b) Nag
Remember that negative answers take **nag** before the affirmative form.

> Ydych chi'n hoffi coffi du? – **Nag** ydw　*Do you like black coffee? – No (I don't)*
>
> Ydyn nhw'n dod? – **Nag** ydyn, **dydyn** nhw **ddim** yn dod heddi　*Are they coming? – No, they're not coming today*

(c) Dydw i byth
Similar to **Dydw i ddim** is **Dydw i byth** *I never:*

| **Dydw i byth** yn smygu | *I never smoke* |
| **Dydy e byth** yn dod yma nawr | *He never comes here now* |

(d) Likes and dislikes
> **Rydw i'n hoffi** te ond **dydw i ddim yn hoffi** coco　*I like tea but I don't like cocoa*

3.3　Complete the following sentences using the above pattern:

1　opera . . . . . . theatr.
2　radio . . . . . . teledu.
3　darllen (*reading*) . . . . . . garddio.
4　coginio (*cooking*) . . . . . . gweu. (*knitting*)
5　cael bath (*to have a bath*) . . . . . . cawod. (*shower*)
6　chwarae golff (*to play golf*) . . . . . . chwarae tenis. (*to play tennis*)

2   More about Gender Mutations

(*a*)   As we have seen in **Uned 2**, feminine singular nouns in Welsh undergo Soft Mutation after **y** (*the*) or the contracted form **'r**, with an initial **c** changing to **g**; **p** to **b**; **t** to **d**. For example:

c → g	**c**adair *chair*	y **g**adair *the chair*	ar y **g**adair *on the chair*
p → b	**p**otel *bottle*	y **b**otel *the bottle*	yn y **b**otel *in the bottle*
t → d	**t**re *town*	y **d**re *the town*	yn y **d**re *in the town*

Masculine singular nouns do not change after **y** or **'r**:

cloc *clock*	y cloc *the clock*	Ble mae'r cloc?
		Where's the clock?
pentre *village*	y pentre *the village*	yn y pentre *in the village*
tŷ *house*	y tŷ *the house*	yn y tŷ *in the house*

Note

1   Remember that masculine nouns are referred to as **e** and feminine nouns as **hi**, so that *it* must always be translated either by **e** or **hi**.

2   Plural nouns are unaffected by gender mutations.

3   **Ch** is one letter in Welsh. Words beginning with **ch** *never* mutate.

(*b*)   Feminine singular nouns beginning with **g, b, d** and **m** also undergo mutation after **yr, y** or **'r**, with **g** disappearing altogether; **b** changing to **f**; **d** to **dd** and **m** to **f**. For example:

g → –	**g**ardd *garden*	yr ardd *the garden*	yn yr ardd
			in the garden
b → f	**b**ord *table*	y **f**ord *the table*	ar y **f**ord *on the table*
d → dd	**d**esg *desk*	y **dd**esg *the desk*	ar y **dd**esg *on the desk*
m → f	**m**am *mother*	y **f**am *the mother*	y **f**am a'r tad *the*
			mother and the father

Note the use of **yr** when **g** is mutated, exposing a vowel – **gardd, yr ardd**.

Remember that it is important to learn the gender of each new noun along with its meaning, and to listen and look out for gender clues. For example, there are two clues to the gender of **trombôn** in the exchange below: (*i*) *masculine* nouns beginning with **c, p** and **t** do not change, and (*ii*) it is referred to as **e**.

Ble mae'r trombôn? *Where's the trombone?*
Mae **e** yn y cwpwrdd *It's in the cupboard*

Note that **cwpwrdd** is also masculine.

3 Commands and requests

(a) Dim
Prohibitions on public notices are usually preceded by **Dim.**

Dim parcio	*No parking*	**Dim smygu**	*No smoking*
Dim cŵn	*No dogs*	**Dim cerddwyr**	*No pedestrians*

(**Cŵn** is the plural of **ci** *dog*. **Cerddwyr** comes from **cerdded** *to walk*.)

On a more personal note:

Dim siwgwr/llaeth i fi, os gwelwch yn dda *No sugar/milk for me, please*

(b) Personal commands
These are expressed by adding **-wch** to the 'stem' of the verb.
(*i*) Sometimes, the stem is the whole verb, e.g.

eistedd *to sit* Eistedd**wch.** *Sit down.*
agor *to open* Agor**wch** y drws/ffenest, os gwelwch yn dda.
  Open the door/window, please.
edrych *to look* Edrych**wch**! *Look!*

Note this useful expression:

Siarad**wch** yn araf, os gwelwch yn dda *Speak slowly, please*

(*ii*) With other verbs, the ending has to be omitted to give the stem, e.g.

cerdd-ed	*to walk*	Cerdd**wch** yn araf. *Walk slowly.*
dysg-u	*to learn*	Dysg**wch** siarad Cymraeg. *Learn to speak Welsh.*
cysg-u	*to sleep*	Cysg**wch** yn dawel. *Sleep well* (lit. *quietly*)
araf-u	*to slow down*	Araf**wch** nawr. *Slow down now.* (road sign)

brysi-o	*to hurry*	**Brysiwch** i wella! *Get better soon!* (lit. *Hurry to get better!*)

(*iii*) Some stems have a slight variation.

mwynhau	*to enjoy*	**Mwynhewch** eich hunain! *Enjoy yourselves!*
cau	*to close*	**Caewch** y drws/ffenest, os gwelwch yn dda. *Close the door/window, please.*

(*iv*) There are a few irregular verbs in Welsh, and these are among the most common:

mynd *to go*	**Ewch** i'ch lôn. *Go into your lane. Get in lane.* (Road sign) In S.W. the form used is Cerwch *Go*, from Cerddwch *Walk*.
dod *to come*	**Dewch** mewn *or* **Dewch** i mewn. *Come inside.* **Dewch** yma. *Come here.* **Dewch** am dro. *Come for a walk.* (lit. *a turn*) **Dewch** ar unwaith! *Come at once!*
(gw)neud *to do, make*	**(Gw)newch** eich gore. *Do your best.*

(In speech the **gw** in **gwneud, gwnewch**, etc. is often omitted.)

bod *to be*	**Byddwch** yn ofalus. *Be careful.* **Byddwch** yn dawel. *Be quiet.*

Note how regular the command forms of the 'irregular' verbs are: **ewch, dewch, (gw)newch, cewch**.

The pronoun **chi** may be inserted for emphasis:

Dewch **chi** yma *You come here*

(c) Negative commands

Not to do something in Welsh is **Peidio â,** and the command form is **Peidiwch!** (*Don't!*) The preposition **â** is often left out in speech, thus avoiding the Aspirate Mutation which follows it (affecting **c**, **p**, and **t**). This **â**, like **a** (*and*), *becomes* **ag** before a vowel.

Peidiwch â sôn	*Don't mention it.*
Peidiwch **ag** aros i fi	*Don't wait for me.*
Peidiwch poeni *or* Peidiwch â phoeni	*Don't worry/Not to worry.*

3.4 See if you can ask someone to do the following (and don't forget to say 'please').

(*a*) Sit here.
(*b*) Open the parcel (**parsel**) for you.
(*c*) Go at once to the hospital.
(*d*) Walk quietly.

3.5 Now tell your friend *not* to do certain things (using **â**).

(*a*) Don't go to bed now.
(*b*) Don't slow down now.
(*c*) Don't worry about (**am**) the garden.
(*d*) Don't hurry.
(*e*) Don't look at (**ar**) the clock.

4   More about descriptions

(*a*) Adjectives which mutate

As we have seen in **Uned 1**, the adjective in Welsh follows the noun it describes. For example:

coffi **du**	*black coffee*
bore **da**	*good morning*
teulu **hapus**	*a happy family*

The phrase **teulu hapus** can be turned into a complete sentence with the aid of the link word **yn**, which contracts to **'n** after a vowel.

Mae'r teulu yn hapus → Mae'r teulu**'n** hapus. *The family is happy.*

Yn before an adjective causes Soft Mutation. Here are some examples:

du	*black*	Mae'r coffi**'n ddu**.	*The coffee is black.*	(**d → dd**)
twym	*hot*	Mae'r coffi**'n dwym**.	*The coffee is hot.*	(**t → d**)
parod	*ready*	Ydy'r coffi**'n barod**?	*Is the coffee ready?*	(**p → b**)

Further examples:

caredig	*kind*	Mae Geraint **yn g**aredig.	(c → g)
prysur	*busy*	Mae John **yn b**rysur yn yr ardd.	(p → b)
gwag	*empty*	Mae'r botel **yn w**ag.	(g → –)
		The bottle is empty.	
gwell	*better*	Ydych chi'**n** well? *Are you better?*	
bach	*small, little*	Mae'r eglwys **yn f**ach.	(b → f)
		The church is small.	
da	*good*	Os gwelwch **yn dd**a.	(d → dd)
mawr	*big*	Diolch **yn f**awr.	(m → f)

(b) Adjectives which do not mutate
Not all adjectives are mutable.

hen (pron. *hane*)	Mae'r castell yn hen.	*The castle is old.*
old		
ifanc *young*	Rydych chi'n edrych yn ifanc.	*You look young.*
oer *cold*	Mae'r tywydd yn oer.	*The weather is cold.*

(c) Adjectives of colour
Yn is frequently used before adjectives of colour. Learn the mutation changes in the following 'comparisons' rhyme:

gwyn	*white*	**Yn w**yn fel yr eira,	(**fel** as **eira** *snow*)
du	*black*	**Yn dd**u fel y frân,	(**brân** *crow*)
pinc	*pink*	**Yn b**inc fel y rhosyn,	(**rhosyn** *rose*)
coch	*red*	**Yn g**och fel y tân,	(**tân** *fire*)
glas	*blue*	**Yn l**as fel yr awyr,	(**awyr** *air, sky*)
melyn	*yellow*	**Yn f**elyn fel yr haul,	(**haul** *sun*)
llwyd	*grey*	**Yn ll**wyd fel yr asyn,	(**asyn** *ass, donkey*)
gwyrdd	*green*	**Yn w**yrdd fel y dail.	(**dail** *leaves*)

Nouns beginning with **ll** and **rh** do *not* mutate (*i*) after the definite article (**rhwyd** *net* is feminine but does not change after **y**), (*ii*) after **yn** – **yn llwyd fel yr asyn**.

5 *Too* and *Very:* Intensifiers

Rhy (*too*) comes before the adjective, as in English, and like the link word **yn** it causes Soft Mutation:

Mae'r haul yn **rhy d**wym heddi. $\qquad$ (t → d)
Mae'r haul yn **rhy b**oeth heddi. $\qquad$ (p → b)
The sun is too hot today.
(**Poeth** and **twym** both mean *hot*.)

Iawn (*very*) on the other hand follows the adjective:

Da iawn $\qquad$ *Very good*
Mae hi'n braf iawn $\quad$ *It's very fine*
Braf (*fine*) does not mutate.

3.6 How would you agree whole-heartedly with the following statements? Add **iawn** to the adjectives used, e.g.

Mae'r haul yn boeth heddi.
Ydy. Mae e'n boeth iawn heddi.

(*a*) Mae'r tywydd yn dwym heddi.
(*b*) Mae John yn edrych yn hen.
(*c*) Mae'r capel yn fach.
(*d*) Mae'r lle (m) yn dawel.

6 How to talk about the weather

(*a*) Mae hi'n
The impersonal *it* in phrases like *it's fine, it's possible*, etc. is feminine in Welsh and expressed as **Mae hi'n**.

Mae hi'n braf heddi
or Mae hi'n ffein heddi $\quad$ *It's fine today*

Mae hi'n is often contracted to **Mae'n**.

Ydy. **Mae'n** braf iawn $\quad$ *Yes. It's very fine*

(*b*) Sut mae'r tywydd? (*How's the weather?*)

Tywydd da (*good*)		**Tywydd drwg** (*bad*)	
Mae'n heulog	*It's sunny*	Mae'n wyntog	*It's windy*
Mae'n gynnes	*It's warm*	Mae'n gymylog	*It's cloudy*
Mae'n dwym	*It's hot*	Mae'n oer	*It's cold*
Mae'n hyfryd	*It's lovely*	Mae'n ddiflas	*It's miserable*
Mae'n fwyn	*It's mild*	Mae'n wlyb	*It's wet*

Note the following idioms:

Mae'n bwrw glaw	*It's raining*
Mae'n bwrw eira	*It's snowing*
Mae'n bwrw cesair	
or Mae'n bwrw cenllysg (N.W.)	*It's hailing*

7   Describing how things happen: Adverbs

Yn is used to turn adjectives into adverbs (like the suffix *-ly* in English). It also causes Soft Mutation, as in the phrases **Os gwelwch yn dda; Diolch yn fawr.** Further examples:

Mae'n bwrw glaw'**n drwm** (**trwm** *heavy*)	*It's raining heavily*
Rydych chi'n siarad Cymraeg **yn dda** *well*	*You speak Welsh*
Rydw i'n teimlo'n hapus/oer/ifanc/boeth	*I'm feeling happy/ cold/young/hot*

Darllen a deall

Read the dialogue, then choose the correct option (*a*), (*b*) or (*c*).

Gareth ab Owain is about to cross the road in Ynyswen when he sees an old man with a white stick hesitating to cross.

Gareth	Esgusodwch fi. Ga i'ch helpu chi?
Old man	O! Diolch yn fawr. Rydych chi'n garedig iawn.
Gareth	Mae'r tywydd yn braf heddi.
Old man	Ydy. Mae'n braf iawn. Pwy ydych chi? Beth yw'ch enw chi?
Gareth	Gareth yw'n enw i. Gareth ab Owain.
Old man	Owen Bifan ydw i. Dydw i ddim yn gallu gweld yn dda. O ble rydych chi'n dod, Gareth? Dydych chi ddim yn byw yma yn Ynyswen, ydych chi?
Gareth	Nag ydw. Dydw i ddim yn byw yma. Rydw i'n dod o America. Americanwr ydw i, a mae 'nhad yn hanner Americanwr, hanner Cymro. Ond Cymro yw 'nhadcu.
Old man	Pwy yw e?
Gareth	Siôn Owain ydy e. Mae e'n byw ar ffarm Ynysddu.

Old man	Rydw i'n nabod Siôn Owain yn dda iawn. Mae e'n hen, fel fi. Wel, wel! A sut mae eich tad?
Gareth	Mae e'n dda iawn, diolch.
Old man	Mae e'n briod ag Americanes, on'd ydy e?
Gareth	Ydy. Americanes yw 'mam. Mae hi'n dod yn wreiddiol o Texas.
Old man	Rydych chi'n siarad Cymraeg yn dda iawn.
Gareth	Ydw i? Diolch yn fawr. Rydw i'n siarad Cymraeg gyda 'nhad bob amser. Mae'n teulu ni'n siarad Cymraeg, a mae mam yn dysgu.

gweld	*to see*	**'nhadcu**	*my grandfather*
hanner	*half*	**yn wreiddiol**	*originally*
yn briod	*married*	**bob amser**	*always*

Dewiswch yr ateb cywir (*Choose the correct answer*):

1 Mae'r tywydd
   (*a*) yn wyntog   (*b*) yn oer   (*c*) yn braf.

2 Dydy Owen Bifan ddim yn gallu
   (*a*) siarad yn dda   (*b*) deall yn dda   (*c*) gweld yn dda.

3 Mae Gareth yn siarad Cymraeg
   (*a*) yn dawel   (*b*) yn dda   (*c*) yn well.

4 (*a*) Cymro yw Gareth   (*b*) Americanes yw Gareth
   (*c*) Americanwr yw Gareth.

5 Mae mam Gareth
   (*a*) yn siarad Cymraeg   (*b*) yn dysgu Cymraeg
   (*c*) yn deall Cymraeg.

4   Oes banc yma?

In this unit you will learn how to describe a locality and ask about shops and so on, how to ask about opening and closing times, and about distances and the frequency of public transport.

Dialogue

P.C. Edwards, the village policeman in Ynyswen, is being questioned by Mrs Morgan, one of the new inhabitants, about the facilities available.

Mrs Morgan	Bore da. Susan Morgan ydw i. Rydw i newydd symud i'r pentre. Fi yw mam Luned Morgan. Mae Luned yn nyrs yn ysbyty'r dre.
P.C. Edwards	Bore da, Mrs Morgan. Rydw i'n nabod Nyrs Morgan yn dda. Croeso i Ynyswen. Ers pryd rydych chi'n byw yma?
Mrs Morgan	Ers ddoe. Beth yw'ch enw chi?
P.C. Edwards	Siôn Edwards yw'n enw i. Fi yw plisman y pentre.
Mrs Morgan	Sut le yw Ynyswen, Mr Edwards? Ydy e'n bentre mawr?
P.C. Edwards	Nag ydy. Dydy e ddim yn bentre mawr iawn, ond mae e'n bentre hyfryd. Mae e'n bentre tawel, gwledig.
Mrs Morgan	Ydy, mae e . . . Oes banc yma?
P.C. Edwards	Oes, mae . . . un . . . dau . . . tri, mae tri banc yma.
Mrs Morgan	Oes siopau yma?
P.C. Edwards	Oes, mae . . . un . . . dwy . . . tair, mae tair siop yma. Siop y groser, siop y cigydd, a siop y fferyllydd . . . Maen nhw'n siopau modern hefyd.

Mrs Morgan	Ble mae Swyddfa'r Post?
P.C. Edwards	Ar sgwâr y pentre.
Mrs Morgan	Beth? Pardwn?
P.C. Edwards	Mae Swyddfa'r Post ar sgwâr y pentre.
Mrs Morgan	Pryd mae hi'n agor?
P.C. Edwards	Mae hi'n agor am naw o'r gloch yn y bore, a mae hi'n cau am chwech.
Mrs Morgan	Oes marchnad yma?
P.C. Edwards	Oes, mae un farchnad yma. Dydy hi ddim yn farchnad fawr. Mae hi ar agor bob dydd Mercher.
Mrs Morgan	Mae hi'n ddydd Mercher heddi, felly mae hi ar agor heddi.
P.C. Edwards	Ydy. Mae hi ar agor o hanner awr wedi naw hyd hanner awr wedi pedwar.
Mrs Morgan	Diolch. Oes eglwys yma?
P.C. Edwards	Oes, mae dwy eglwys yma – eglwys fach y plwyf i fyny ar y mynydd a'r eglwys arall ar sgwâr y pentre. Mae pedwar capel yma, hefyd.
Mrs Morgan	Oes toiledau yma?
P.C. Edwards	Oes.
Mrs Morgan	Ble maen nhw?
P.C. Edwards	Maen nhw ar y sgwâr. Yn Stryd y Bont.
Mrs Morgan	Pa mor bell yw hi i'r dre?
P.C. Edwards	Tair milltir.
Mrs Morgan	Oes trên i'r dre?
P.C. Edwards	Nag oes, does dim trên, ond mae bws.
Mrs Morgan	Pa mor amal mae'r bws yn rhedeg?
P.C. Edwards	Bob dwy awr.

Rydw i newydd symud	*I've just moved*	ar agor	*open*
Fi yw	*I'm*	bob dydd Mercher	*every Wednesday*
Ers pryd rydych chi'n byw yma?	*How long have you lived here?*	ac felly	*and so*
		o hanner awr wedi naw	*from half past nine*
Sut le?	*What kind of a place?*	hyd hanner awr wedi pedwar	*until half past four*
Ydy e'n bentre mawr?	*Is it a big village?*	eglwys fach y plwyf	*small parish church*
hyfryd	*lovely*	capel	*chapel*

tawel	*quiet*	**i fyny**	*up*
gwledig	*rural*	**ar y mynydd**	*on the mountain*
(**gwlad** *country*)		**arall**	*other*
siop y groser	*grocer's*	**Stryd y Bont**	*Bridge Street*
cigydd	*butcher's*	**Pa mor bell yw hi?**	*How far is it?*
fferyllydd	*chemist's*	**Tair milltir**	*Three miles*
Pryd mae hi'n agor?	*When does it open?*	**mae'r bws yn rhedeg**	*the bus runs*
am naw o'r gloch	*at nine o'clock*	**Pa mor amal?**	*How often?*
mae hi'n cau	*it closes*	**Bob dwy awr**	*Every two hours*
am chwech	*at six*		

4.1 Cywir neu anghywir? (Rewrite the statements that are false.)

(*a*) Siôn Edwards yw plisman y pentre.

(*b*) Mae pedwar banc yn y pentre.

(*c*) Mae Swyddfa'r Post yn agor am hanner awr wedi naw.

(*d*) Mae eglwys y plwyf ar sgwâr y pentre.

(*e*) Mae trên i'r dre bob dwy awr.

4.2 Atebwch:

(*a*) Oes banc yn y pentre?

(*b*) Ble mae Swyddfa'r Post?

(*c*) Pryd mae hi'n cau?

(*d*) Pryd mae'r farchnad ar agor?

(*e*) Oes trên i'r dre?

(*f*) Pa mor amal mae'r bws yn rhedeg i'r dre?

Useful words and phrases

How to:

1 *Ask for a description.*
Sut le yw Ynyswen?

2 *Ask what there is, and reply.*

Oes banc yma?	Oes.
Oes siopau yma?	Oes.
Oes trên i'r dre?	Nag oes.

3 *Ask where something is and reply.*

Ble mae Swyddfa'r Post?	Mae hi ar sgwâr y pentre.
Ble mae eglwys y plwyf?	Mae hi i fyny ar y mynydd.

4 *Ask when a place opens and closes etc. and reply.*
Pryd mae Swyddfa'r Post yn agor?
Pryd mae Swyddfa'r Post (*or* hi) yn cau?
Am naw o'r gloch yn y bore.
O hanner awr wedi naw hyd hanner awr wedi pedwar.

5 *Ask how far it is to somewhere and reply.*
Pa mor bell yw hi i . . .?
Un/dwy/tair/pedair milltir.

6 *Ask 'How often?' and reply.*
Pa mor amal mae'r bws yn rhedeg i'r dre?
Bob dwy awr.

How Welsh works

1 Indefinite nouns and expressions

(a) **Mae** *and* **Oes**
Mae means *There is* in sentences like:

    Mae plisman ar y sgwâr   *There is a policeman on the square*

However, if you are asking a question, **Oes** is used:

Oes plisman ar y sgwâr?	*Is there a policeman on the square?*
Oes banc yma?	*Is there a bank here?*
Oes siopau yma?	*Are there (any) shops here?*

(b) **Does dim**
Does dim means *There isn't* or *There's no*. For example:

    Does dim plisman ar y sgwâr   *There isn't a policeman on the*
      square
    Does dim trên i'r dre *There's no train to town*

Note how the word order differs from the usual pattern in the negative.

> **Does dim** allt heb oriwaered   *There's no uphill without a downhill* (Welsh proverb)

(c) Answering questions beginning with Oes?

A question beginning with **Oes?** is answered either by repeating **Oes** (i.e. *Yes, there is*) or by **Nag oes** *No, there isn't.*

Oes marchnad yma?	**Oes**
Is there a market here?	*Yes*
Oes trên i'r dre?	**Nag oes**
Is there a train to (the) town?	*No*
Oes siopau yn y dre?	**Oes,** (mae siopau yn y dre)
Are there shops in the town?	*Yes, (there are shops in the town)*

Note **Ydy'r . . .?**   *Is the . . .?*
  Oes . . .?   *Is there . . .?*

(d) Rhywun, rhywbeth

Rhywun means *anyone, someone*; **rhywbeth** means *anything, something.* Examples:

> Oes **rhywun** yma?   *Is there anyone here?*
> Oes **rhywbeth** yn y ddesg?   *Is there anything in the desk?*

4.3   What were the questions to which these are the answers?

(*a*) Oes, mae toiledau ar y sgwâr.
(*b*) Nac oes, does dim cloc ar yr eglwys.
(*c*) Oes, mae dwy siop yn y Stryd Fawr. (*the high street*)
(*d*) Nac oes, does dim plisman ar y sgwâr.
(*e*) Nac oes, does dim bws i'r pentre.

2   More about Gender Mutations

As well as mutating after the definite article **y** or **'r**, a feminine singular noun will also mutate after **un** *one* (though note that in South Wales this rule is seldom observed).

marchnad   Mae **un f**archnad yn y pentre.
            There's one market in the village.
cadair   Does dim **un g**adair yn y gegin.
            There isn't one/a single chair in the kitchen.

A feminine singular noun will itself cause the adjective which follows it to mutate:

Does dim **marchnad** fawr yn Ynyswen.   (**mawr** → **fawr**)
There isn't a large market in Ynyswen.
Mae **eglwys** fach ar ochr y mynydd.   (**bach** → **fach**)
There's a little church on the side of the mountain.

Note that when the gender of a noun cannot be deduced from how it behaves after **yr, y, 'r** or **un** because its initial letter cannot mutate, an adjective coming after it will usually provide a clue. For example, **yr eglwys** contains no clue as to the gender of **eglwys**, but when we hear or see **eglwys fach**, we know that **eglwys** must be feminine. Similarly **afon fach** *a small river*; **afon fawr** *a big river* – therefore **afon** is feminine.

Ydy'r Ystwyth yn **afon** fawr? Nag ydy, afon fach yw **hi**
Is the Ystwyth a big river? No, it's a small river.

Note also **Prydain Fawr** *Great Britain*.

Summary
Gender mutations are caused by feminine singular nouns which
(*i*)   mutate after **y, yr** or **'r**: Mae**'r f**erch . . . *The girl* (**merch**) *is* . . .
(*ii*) mutate after **un** : **un g**einiog *one penny* (**ceiniog**)
(*iii*) cause adjectives which come after them to mutate: **merch** fach *a small girl*

4.4 Read the following dialogue and say which words are masculine and which are feminine.

Mae teulu Mrs Morgan yn symud i'r tŷ newydd. (*The removal man wants to know where everything is to go.*)

Man   Ble mae'r carped yn mynd?
Mrs Morgan Mae e'n mynd ar y llawr pren yn y stafell fyw.

Man	Ble mae'r cwpwrdd yn mynd?
Mrs Morgan	Yn y cornel wrth ochr y ffenest fach.
Man	A'r gadair bren? Ble mae hi'n mynd?
Mrs Morgan	Wrth ochr y lle tân mawr.
Man	Beth am y cloc mawr a'r piano?
Mrs Morgan	I'r lolfa fawr.

carped	*carpet*	**cwpwrdd**	*cupboard*
llawr	*floor*	**cornel**	*corner*
pren	*wood(en)*	**ffenest**	*window*
stafell fyw	*living room* (**byw** *to live*)	**lle tân**	*fireplace*

Note: Welsh uses nouns and verbs adjectivally, and these also mutate after a feminine singular noun e.g.

pren	*wood*	cadair **b**ren	*wood(en) chair*
byw	*to live*	stafell **f**yw	*living room*
canu	*to sing*	Cymanfa **G**anu	*Singing Festival*

3 Further uses of 'yn'

We have already seen **yn** used as (*i*) a preposition meaning *in*: yn y pentre *in the village*; (*ii*) a link word between a subject and a verb: Rydw i'**n** byw yma *I live here*; and (*iii*) a link word between a noun and an adjective: Mae'r tywydd **yn** braf *The weather is fine*.

A further use of **yn** is to link a noun or pronoun with another noun or pronoun. In this case, it has a similar function to parts of the verb *to be*. For example:

Mae Ynyswen **yn b**entre bach. (**pentre**)
Ynyswen is a small village.

Note that **yn** in this position will cause a Soft Mutation of mutable consonants (with the exception of **ll** and **rh**).

Mae hi'**n dd**ydd Mercher heddi.	(**dydd**)
It's Wednesday today.	
Dydy hi ddim **yn f**archnad fawr.	(**marchnad**)
It isn't a big market.	
Mae hi'**n d**ywydd ofnadwy.	(**tywydd**)
It's awful weather.	

Mae John **yn dd**yn prysur.   **(dyn)**
John is a busy man.
Mae Geraint **yn f**achgen caredig.   **(bachgen)**
Geraint is a kind boy.
Mae Gwen **yn f**erch ddeallus.   **(merch)**
Gwen is an intelligent girl.

Used as a linking word, **yn** is never followed by the definite article **y/yr.**

The construction **yn** + Soft Mutation can also be used when replying to the question **Beth yw eich gwaith chi?** or **Beth ydych chi?** (*What do you do for a living?*)

Rydw i **yn b**lisman → Rydw i**'n b**lisman **(plisman)**
Rydw i**'n b**eilot *I'm a pilot* **(peilot)**

(Alternatively, you can say **Plisman ydw i**, **Peilot ydw i**.)

4.5 Meddyg ydw i *I'm a doctor*. Find a different way of saying this in Welsh, then do the same for the other occupations listed.

peiriannydd	*an engineer*	sgrifenyddes	*a secretary*
ffarmwr	*a farmer*	gweinidog	*a minister*
gwraig (y) tŷ	*a housewife*	pensaer	*an architect*
athro	*a teacher* (m)	dyn/gŵr busnes	*a businessman*
athrawes	*a teacher* (f)	gwraig fusnes	*a businesswoman*
prifathro	*a head teacher*	milfeddyg	*an animal*
cigydd	*a butcher*		*doctor, vet*
teipyddes	*a typist*	cyfrifydd	*an accountant*

4.6 Which is the odd man out in the following list?

Sgrifenyddes, Gwraig fusnes, Cigydd, Gwraig tŷ.

4.7 You are a visitor to Ynyswen and you don't know where to find anything. What would you ask P.C. Edwards in the following situations? Use the pattern **Oes . . . yma?**

(*a*) You want to cash a cheque.
(*b*) You have a sick dog.
(*c*) You feel unwell yourself.
(*d*) You need spiritual advice.
(*e*) You want some meat for dinner.

4.8   There is one empty seat on the plane in which you are to travel. Who would you give it to?

(*a*) y gweinidog, (*b*) y wraig fusnes, (*c*) y meddyg, (*d*) y peilot.

4   How to denote possession: *'s* and *of* (the genitive)

In phrases such as *the policeman's name* or *the name of the policeman*, the thing which is 'possessed' (i.e. the name) comes first in Welsh, followed by the 'possessor' (the policeman):

Beth yw **enw'r plisman?**	*What's the policeman's name?*
Beth yw **enw'r ferch**	*What is the girl's name?*
Pwy yw **mam Luned?**	*Who is Luned's mother?*

(The construction is similar to the way an adjective follows a noun:

siop fach	*a small shop*
siop y groser	*the grocers's shop*
ysbyty'r drc	*the town('s) hospital)*

Note that in the first two sentences above, the definite article is omitted before **enw**. Further examples:

enw'r pentre	*the name of the village*
canol y ddinas	*the centre/middle of the city*

If the possessor is a name the definite article is omitted.

pentre Ynyswen   *the village of Ynyswen*

Where English uses expressions such as *the village square*, the genitive construction must be kept in Welsh.

sgwâr y pentre	*the village square* (lit. *the square (of) the village*)
eglwys y plwyf	*the parish church*

This pattern can be extended:

car John	*John's car*
Beth yw lliw car John?	*What's the colour of John's car?*

This genitive construction is often found in place names:

Aber Ystwyth	*the mouth of (the river) Ystwyth*
Llan tri sant	*the church of the three saints*
Dinas Caerdydd	*the City of Cardiff.*

and in **Nwy Cymru** (*Wales Gas*), **Dŵr Cymru** (*Welsh Water*) as well as in personal names, e.g. **Gareth ab Owain** (*Gareth the son of Owain*).

4.9 How would you ask for the following? Beginning with **Ble mae . . .?** (*Note*: there is no mutation after **mae**.)

(*a*) The village market (*b*) the town's supermarket (**arch-farchnad**) (*c*) the village eisteddfod (*d*) Llantrisant church (*e*) John's coffee (*f*) the school bus (*g*) Mrs Morgan's house (*h*) Mrs Morgan's family (*i*) the village school (*j*) the town square.

4.10 Look at the family tree of the Bowen family (**teulu Bowen**).

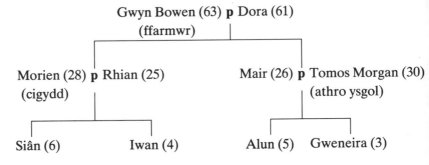

p = **priod** *marriage partner/spouse*

Atebwch:

(*a*) Beth yw enw mam Morien?

(*b*) Pwy yw tad Gweneira?

(*c*) Beth yw cyfenw Morien?

(*d*) Pwy yw tadcu Iwan a Siân?

(*e*) Beth yw gwaith Tomos Morgan?

5   Rhif(au) (*numbers*)

Numbers are important as you use them for time, money, amount of goods, telephone calls, etc. Practise saying them out loud and learn them thoroughly.

1	un	6	chwech
2	**dau** (masc.) **dwy** (fem.)	7	saith
3	**tri** (masc.) **tair** (fem.)	8	wyth
4	**pedwar** (masc.) **pedair** (fem.)	9	naw
5	**pump**	10	deg

The masculine numbers *two*, *three* and *four* precede masculine nouns, e.g. **dau afal** *two apples*. Feminine numbers *two*, *three* and *four* precede feminine nouns: **tair merch** *three girls*. The numbers one to four are useful indicators of gender – a noun preceded by **dwy**, **tair** or **pedair** must be feminine, and we have already seen how a noun which mutates after **un** is also feminine.

    ceiniog *penny*   **un g**einiog *one penny*

The number itself is the marker of the plural and the word that follows is singular in form (cf. English: six *foot*, twelve *stone*). This is another case of Welsh economy in the matter of agreement.

The modern decimal method counts in tens and units:

11	**un deg un**
12	**un deg dau**
13	**un deg tri**
	etc.
20	**dau ddeg***
21	**dau ddeg un**
	etc.
30	**tri deg**
	etc.
100	**cant**
1,000	**mil** *(one) thousand*

4.11   Beth yw rhif. (No key for this one!)

(*a*) eich ffôn chi? (*b*) eich car chi? (*c*) eich meddyg? (*d*) yr heddlu? (*police*) (*e*) eich cyfrif banc chi?

(**cyfrif** *account*)

4.12   Faint yw . . .? (*How much is/are . . .?*)

(*a*)   Faint yw un deg dau a thri deg dau?
(*b*)   Faint yw dau ddeg dau a dau ddeg dau?

***dau** and **dwy** are followed by the Soft Mutation

(c) Faint yw tri deg un a chwe deg saith?
(d) Faint yw pum deg a phum deg?
(e) Faint yw chwe deg un a thri deg naw?

6 *How old are you?*

Beth yw eich oed chi *or*	(lit.) *What is your age?* i.e
Beth yw'ch oed chi?	*How old are you?*
Rydw i'n un deg wyth	*I'm eighteen*

Numbers, too, mutate after **yn**:

Mae Tomos **yn d**ri deg wyth *Tomos is thirty-eight*

4.13 Beth yw oed . . .? (*How old is . . .?*) Look at the Bowen family tree and answer the following questions:

(a) Beth yw oed Gwyn Bowen? (**Mae e'n** . . . . . .)
(b) Beth yw oed Morien?
(c) Beth yw oed Dora? (**Mae hi'n** . . . . . .)
(d) Beth yw oed Alun?
(e) Beth yw oed mam Gweneira?

7 Sut

Sut has two meanings:
(i) *How,* as in **Sut (r)ydych chi? Sut mae John?** etc.
(ii) *What kind of,* as in **Sut le yw Ynyswen?** When used in this way, **sut** causes Soft Mutation (**lle → le**). For example:

Sut bentre yw Ynyswen?	*What kind of a village is Ynyswen?*
Sut ddinas yw Caerdydd?	*What kind of a city is Cardiff?*

When answering a question beginning with **Sut . . .?**, note that the adjective comes *after* the noun:

Sut le yw Ynyswen?	Lle **bach** yw e . . . *It's a small place*
Sut ddyn yw John?	Dyn **prysur** yw e . . . *He's a busy man*
Sut ferch yw Gwen?	Merch **ddeallus** iawn yw hi . . . *She's a very intelligent girl*

9 *How far?*, *How often?* etc.

We have seen that *how* followed by a verb or a noun in Welsh is **sut**. When *how* is followed by an adjective or an adverb, the expression **pa mor . . .** is used. It is followed by the Soft Mutation (except for **ll** and **rh**).

> **Pa mor b**ell yw hi i'r dre? *How far is it to town?*
> **Pa mor** amal mae'r bws yn mynd i'r dre? *How often does the bus go to town?*
> **Pa mor dd**a mae John yn chwarae? *How well does John play?*

Note: **Ydy hi'n bell?** *Is it far?*

> **Pa mor bell** yw hi i'r dre. **Ydy hi'n bell** i gerdded? *How far is it to town? Is it far to walk?*

In South Wales, **pwy** is used instead of **pa**.

> **Pwy mor** bell yw hi i'r dre? *How far is it to town?*

10 Beth

Said in a polite tone of voice, **Beth?** means *I beg your pardon?* (You can also say **Pardwn?** or, in some parts of Wales, **Sut?**)

Beth! (with an exclamation mark) is used as an expression of astonishment, as is the English *What!* '**Mae Siôn yn sâl!**' '**Beth! Eto?**' '*John is ill!*' '*What! Again?*'

Darllen a deall

Read the dialogue, then choose the right answer. (Dewiswch yr ateb cywir.)

Elen's new neighbour is curious to know about the neighbourhood and its facilities.

Elen	Pnawn da.
Heledd	Pnawn da. Sut rydych chi? Heledd Macdonald ydw i.
Elen	Elen Prys ydw i. Sut rydych chi?
Heledd	Da iawn diolch. Rydw i'n brysur iawn. Rydyn ni newydd symud yma.
Elen	Croeso i'r pentre! O ble rydych chi'n dod, Mrs Macdonald?

Heledd	Heledd, os gwelwch yn dda. Rydw i'n dod o Aberystwyth ond mae'r gŵr yn dod o Dundee. Albanwr ydy e. Mae e'n beiriannydd. Dydy e ddim yn gallu siarad Cymraeg eto ond mae e'n dysgu.
Elen	Ydy'r plant yn siarad Cymraeg?
Heledd	O, ydyn. Oes ysgol dda yn y pentre?
Elen	Oes. Y gŵr yw prifathro'r ysgol. Byddwch yn ofalus!
Heledd	O! Iawn. Pa mor bell yw'r ysgol?
Elen	Dydy hi ddim yn bell. Tua hanner milltir, rwy'n meddwl.
Heledd	Ers pryd rydych chi'n byw yma?
Elen	Rydyn ni'n byw yma ers mil naw saith wyth.
Heledd	A rydyn ni'n byw yma ers dydd Mercher! Oes siopau da yn y pentre?
Elen	Oes, mae dwy siop dda iawn yma . . . a Swyddfa'r Post hefyd.
Heledd	Ble mae Swyddfa'r Post?
Elen	Mae hi rhwng yr ysgol a'r eglwys – ar y sgwâr. Ac mae siopau modern iawn yn y dre.
Heledd	Pa mor bell yw'r dre?
Elen	Tua deg milltir.
Heledd	Oes trên i'r dre?
Elen	Oes. Mae trên i'r dre.
Heledd	Pa mor amal maen nhw'n rhedeg?
Elen	Mae'r bws yn mynd bob awr, a'r trên yn mynd am naw o'r gloch, ac am un o'r gloch ac am chwech.
Heledd	Oes parc yma i'r plant i chwarae?
Elen	Oes. Mae parc hyfryd iawn yma. Mae pwll nofio, yma a lle i chwarae tenis. Mae clwb golff yma hefyd. Ydy'r gŵr yn chwarae golff?
Heledd	O, ydy. Mae pob Albanwr yn hoffi chwarae golff!
Elen	Wel, mae hi'n bedwar o'r gloch a mae'r plant yn dod adre o'r ysgol. Da boch chi nawr.
Heledd	Da boch chi a diolch yn fawr.

Iawn!	*OK!*	**pwll nofio**	*swimming pool*
o'r gloch	*o'clock* (lit. *of the bell*)	**dod adre**	*(to) come home*
i chwarae	*to play*		

1   Mae Mrs Macdonald yn dod o
(*a*) Dundee (*b*) Ynyswen (*c*) Aberystwyth.

2   Mae Mr Macdonald
(*a*) yn brifathro (*b*) yn beiriannydd (*c*) yn feddyg.

3   Pwy yw prifathro'r ysgol?
(*a*) Gŵr Heledd (*b*) Gŵr Elen (*c*) Tad Elen.

4   Mae teulu Elen yn byw yn y pentre ers
(*a*) 1987 (*b*) 1897 (*c*) 1978.

5   (*a*) pob Albanwr
        Mae (*b*) pob Sais . . . . . . yn hoffi chwarae golff
              (*c*) pob Cymro.

5 Oes plant gyda chi?

In this unit you will learn how to ask about someone's family, how to go shopping for food and ask about quantities and prices. You will also learn how to say what you are fond of and to state your intentions.

Dialogue

Mrs Glenys Penri and her two young children are doing their shopping in the village store. The grocer, Elward James, greets them.

Elward	Pnawn da, Mrs Penri. Sut rydych chi a'r plant?
Glenys	Rydyn ni'n dda iawn diolch, Elward.
Elward	Maen nhw'n tyfu'n gyflym.
Glenys	Ydyn. Maen nhw'n tyfu'n rhy gyflym.
Elward	Beth yw oed Gwyn nawr?
Glenys	Mae e'n bedair blwydd oed.
Elward	A beth yw oed Mair?
Glenys	Mae hi'n ddwy flwydd a hanner.
Elward	Ydych chi, Gwyn a Mair, yn hoff o hufen iâ?
Gwyn, Mair	Ydyn, diolch.
Elward	Wel, dyma hufen iâ i Mair a hufen iâ i Glyn.
Gwyn, Mair	Diolch yn fawr, Mr James.
Elward	Mae plant hyfryd iawn gyda chi, Mrs Penri.
Glenys	Diolch, Elward . . . Oes tatws gyda chi?
Elward	Oes, mae digon o datws gyda fi. Tatws newydd Sir Benfro. Faint rydych chi eisiau?
Glenys	Rydw i eisiau dau gilo o datws, os gwelwch yn dda.
Elward	Dau gilo o datws. Oes rhywbeth arall?
Glenys	Oes llaeth gyda chi?

Elward	Oes. Sawl peint?
Glenys	Dau beint.
Elward	Dau beint. Rhywbeth arall?
Glenys	Oes. Mae rhestr gyda fi yma . . . Dyma hi. (*Reads from list*) Tun o bys . . . hanner cilo o gaws – Caws Caerffili. Tatws. O! mae tatws i lawr gyda fi ddwy waith . . . hanner dwsin o wyau. Beth yw pris yr wyau?
Elward	Wyth deg ceiniog am hanner dwsin.
Glenys	O'r gore. A chwarter cilo o gig moch.
Elward	Tun o bys, hanner cilo o gaws, hanner dwsin o wyau, chwarter cilo o gig moch. Oes rhywbeth arall? Torth o fara? . . . menyn? . . . pot o farmalêd i frecwast?
Glenys	Nag oes. Mae digon o fara a menyn gyda fi. Dyna'r cyfan am y tro, rydw i'n meddwl. Faint yw'r cyfan?
Elward	Tair punt naw deg ceiniog . . . Diolch. Oes digon o le yn eich basged chi?
Glenys	Nag oes. Mae gormod o nwyddau gyda fi.
Elward	Mae gyda fi syniad. Dodwch hanner y nwyddau yn y fasged, a'r hanner arall yn y bag plastig 'ma . . . Dyna ni!
Glenys	Diolch yn fawr.
Elward	Edrychwch ar y plant! Maen nhw'n hufen iâ o glust i glust!

tyfu'n gyflym	*growing quickly*	**Dyna'r cyfan**	*That's everything*
hufen iâ	*ice-cream*	**am y tro**	*for the time being*
Dyma	*Here's*	**Rydw i'n**	*I think*
digon o datws	*enough potatoes*	**meddwl**	
(tatws)		**yn eich basged**	*in your basket*
Faint?	*How much?*	**gormod o**	*too many goods*
gwerthu	*to sell*	**nwyddau**	
Sawl?	*How many?*	**Mae gyda fi**	*I've got an idea*
Mae rhestr gyda fi	*I've got a list*	**syniad**	
Tun o bys (pys)	*A tin of peas*	**Dodwch**	*Put*
o gaws (caws)	*of cheese*	**Dyna ni!**	*There we are!*
cig moch	*bacon*	**Edrychwch ar**	*Look at the*
dwsin o wyau	*a dozen eggs*	**y plant!**	*children!*
o fenyn (menyn)	*of butter*	**o glust i glust**	*from ear to ear*

5.1 Cywir neu anghywir? Rewrite the statements that are incorrect.

(*a*) Mae plant Mrs Penri yn tyfu'n gyflym.
(*b*) Mae Gwyn yn dair blwydd oed.
(*c*) Dydy'r plant ddim yn hoff o hufen iâ.
(*d*) Dydy Mrs Penri ddim eisiau torth o fara.
(*e*) Mae basged Mrs Penri yn rhy fawr.

5.2 Atebwch:

(*a*) Beth yw oed Mair?
(*b*) Sut blant ydy Gwyn a Mair?
(*c*) Faint o wyau mae Mrs Penri eisiau?
(*d*) Oes cig moch gyda Elward James yn y siop?
(*e*) Oes digon o le yn y fasged i'r cyfan?

Useful words and phrases

How to:

1 *Ask about someone's children and reply.*
    Oes plant gyda chi?
    Oes, mae plant gyda fi.
    Nag oes, does dim plant gyda fi.

    Beth yw oed Gwyn/Mair, nawr?
    Mae Gwyn yn bedair blwydd oed.
    Mae Mair yn ddwy flwydd a hanner.

2 *Ask about food, and say how much you want.*
    Oes tatws gyda chi?
    Dau gilo o datws.
    Hanner cilo o gaws.
    Tun o bys.
    Torth o fara.

3 *Ask about prices.*
    Beth yw pris yr wyau?
    Faint yw'r cyfan?

4 *Say you have enough.*
    Mae digon o fara gyda fi.

How Welsh works

1 *I've got, have you any?*, etc. (possession)

(a) Mae . . . gyda fi

This expression is used for *I've got, I have* in Welsh, and means literally *There is . . . with me.*

> **Mae** car **gyda fi** *I have/I've got a car* (lit. *There is a car with me*)
> **Mae** digon o datws **gyda fi** *I've got plenty of potatoes*

(b) Oes . . . gyda chi?

> **Oes** is used for the question form.
> **Oes** plant **gyda chi?**　　　*Have you (got) (any) children?*
> **Oes** digon o betrol **gyda chi?**　*Have you (got) enough petrol?*
> **Oes** lle **gyda chi** i fi?　　　*Have you got room for me?*

Note: In North Wales, the preposition **gan** is used, but it is one of a number of prepositions which change their form depending on the pronoun which comes after it, e.g.

> **Oes** plant **gynnoch/ganddoch chi?** *Have you got any children?*

The preposition **gyda**, which remains the same, is easier to learn, and will be used in this book.

Gyda in rapid speech is contracted to **'da: Oes gardd 'da chi?** *Have you got a garden?*

(c) Does dim . . .

Does dim is used to form the negative:

Does dim plant **gyda ni**　*We haven't any children*

Useful expressions:
> Does dim syniad gyda fi　　　　　*I've got no idea*
> Does dim gwahaniaeth/ots gyda fi　*I don't mind* (lit. *There's no difference/odds with me*)

5.3   How would you ask someone the following questions?

(*a*) Have you got a new car?   (*b*) Do you have gas (**nwy**) in the house? (*c*) Have you got a microwave? (**meicrodon**)   (*d*) Have you any idea?

(d)   *Specific Objects*

If you are asking about something specific – i.e. *the book* rather than *a book*, **ydy** must be used to form the question.

> **Ydy'r** llyfr gyda chi?   *Have you got the book?*
> **Ydy'r** arian gyda chi?   *Have you got the money?*

Who's got the . . .? is **Gyda pwy mae'r . . .?**

> **Gyda pwy mae'r** allwedd/agoriad (N.W.)?   *Who's got the key?*
> **Gyda fi mae'r** allwedd/agoriad   *I've got the key*

5.4   What questions prompted the following replies?

(*a*)   Mae'r llyfr gyda John.
(*b*)   Mae'r hufen iâ gyda Mair.
(*c*)   Mae'r car gyda Sioned.
(*d*)   Mae'r ci gyda 'mam a 'nhad.
(*e*)   Mae'r gerddoriaeth gyda Miss Parri ar y piano.

2   Descriptions

Gyda (*with*) is frequently used in descriptions. For example:

Pwy yw'r ferch 'na	**gyda**'r llygaid glas?
Who is that girl	*with the blue eyes?*
	gyda'r gwallt hir, du?
	with the long black hair?
	gyda'r llais hyfryd?
	with the lovely voice?

3   How old are you?

Beth yw eich oed chi?	*How old are you?* (fam.)
Beth yw dy oed di?	(lit. *What is your age?*) (pol.)

The feminine forms of the numerals (**dwy**, **tair**, **pedair**) are used before **blwydd** (*year(s) old*) – a shortened form of the feminine noun **blwyddyn**.

Mae'r ferch fach yn flwydd oed	*The little girl is a year old*
Mae Siân yn **ddwy** flwydd oed	*Siân is two years old*
Mae Rhian yn **dair**	*Rhian is three*

Note the mutation of numbers after **yn**.

Beth yw oed eich plant chi? Mae Huw **yn b**edair, Elwyn **yn bump** a Dilwyn **yn dd**eg
How old are your children?   Huw is four, Elwyn is five, and Dilwyn is ten

4   Contact Mutations

Hitherto, we have dealt with two classes of mutation:
(*i*) Gender Mutations, caused by the feminine singular noun, and
(*ii*) Structure Mutations, caused by the link word **yn** before nouns and adjectives. A third class is Contact Mutations, that is, mutations caused by words that mutate *on contact*. These are mainly prepositions (*on*, *of*, *by*, *from*, *for*, etc.) The two most common in Welsh are **i** *to*, *for* and **o** *from*, *of* (*out of*).

pot **o** farmalêd (**marmalêd**) **i** frecwast (**brecwast**)
a pot of marmalade for breakfast

Contact Mutations affect all mutable consonants. As the changes after **i** and **o** occur very frequently, they are listed below in full. Try to learn them.

clust c → **g**	o glust i glust	*from ear to ear*
pentre p → **b**	o bentre i bentre	*from village to village*
tre t → **d**	o dre i dre	*from town to town*
gwlad g → **–**	o wlad i wlad	*from country to country*
blwyddyn b → **f**	o flwyddyn i flwyddyn	*from year to year*
dydd d → **dd**	o ddydd i ddydd	*from day to day*
lle ll → **l**	o le i le	*from place to place*
man m → **f**	o fan i fan	*from place to place*
rhes rh → **r**	o res i res	*from row to row*

(In South Wales **rh** is generally pronounced as **r**, so that this last mutation does not apply.)

Some useful expressions:

o gam i gam	*step by step*
igamogam	*zigzag*
o bell ac agos	*from far* (**pell**) *and near*
Croeso i Gymru	*Welcome to Wales* (**Cymru**)
Croeso i Loegr	*Welcome to England* (**Lloegr**)

5.5   Tell the police at the checkpoint where you have come from and where you are going. Begin **O Gaernarfon . . . i . . .**

	Departure point	*Destination*
(*a*)	Caernarfon	Caerdydd
(*b*)	Prestatyn	Pontypridd
(*c*)	Trawsfynydd	Tonypandy
(*d*)	Glanyrafon	Glyn Ceiriog
(*e*)	Bangor	Brynaman
(*f*)	Dolgellau	Degannwy
(*g*)	Llanelli	Llundain
(*h*)	Manceinion (Manchester)	Morgannwg
(*i*)	Rhydychen (Oxford)	Rhaeadr

5   Hoff o

Hoff o *fond of, like* is an alternative expression to **hoffi**. It can be used with either a noun or a verb. Examples:

Ydych chi'n hoff o hufen iâ?	*Are you fond of ice-cream?*
Rydw i'n hoff o gerddoriaeth	*I'm fond of music*
Ydych chi'n hoff o ddawnsio?	*Are you fond of dancing?*

Although **hoff o** and **hoffi** are similar in meaning, **hoff o** causes Soft Mutation (whereas **hoffi** does not).

Ydych chi'n hoffi dawnsio?	*Do you like dancing?*
Ydw, rydw i'n **hoff** iawn **o dd**awnsio.	*Yes. I'm very fond of dancing.*

Note the position of **iawn** in the last sentence.

5.6   Substitute **hoff o** for **hoffi** in the following sentences:

(*a*)   Ydych chi'n hoffi caws Caerffili?

(*b*)   Ydych chi'n hoffi mynd i'r Eisteddfod Genedlaethol?
(*c*)   Mae'r gath yn hoffi dod gyda ni i'r pentre.
(*d*)   Mae Geraint yn hoffi gyrru'r car. (**gyrru** *to drive*)
(*e*)   Dydy e ddim yn hoffi gwaith.

6   Quantities

O *of* followed by the Soft Mutation is used in many expressions of quantity.

torth **o f**ara	*a loaf of bread*	(**bara**)
peint **o g**wrw	*a pint of beer*	(**cwrw**)
galwyn **o b**etrol	*a gallon of petrol*	(**petrol**)
liter **o l**aeth	*a litre of milk*	(**llaeth**)
dysgled **o d**e (S.W.)		(**te**)
cwpaned **o d**e (N.W.)	*a cup of tea*	
cawod **o l**aw	*a shower of rain*	(**glaw**)

Many words expressing unspecified quantities, such as *enough*, *many*, *too much*, etc. are also followed by **o**.

Oes **digon o le** gyda chi?   *Have you got enough (of) room?*

Oes **llawer o raglenni** Cymraeg ar S4C?   *Are there many Welsh programmes on S4C?*

Oes **gormod o sbôrt** ar y teledu?   *Is there too much sport on television?*

Oes **llawer o bobl** yn dysgu Cymraeg nawr?   *Are there many people learning Welsh now?*

Oes. Mae **rhagor o bobl** yn dysgu Cymraeg o flwyddyn i flwyddyn.   *Yes. There are more people learning Welsh from year to year.*

Dewch i eistedd yma: mae **mwy o le** yma   *Come and sit here: There's more room here*

5.7   Do you have any of the following? Say Yes, you have plenty.
e.g. **Oes llaeth gyda chi? Oes, mae digon o laeth gyda fi.**

(*a*)   Oes petrol gyda chi?
(*b*)   Oes arian gyda chi?
(*c*)   Oes rhosynnau gyda chi yn yr ardd?   (**rhosyn(nau)** *rose(s)*)

(d) Oes tatws gyda chi yn yr ardd?

(e) Oes te gyda chi yn y cwpwrdd?

5.8 You are entertaining. Ask your guest if he wants (a) more potatoes (b) more meat (c) more carrots (**moron**) (d) more coffee.

Use the polite form **Ydych chi eisiau rhagor o . . .?**

7 *How many? How much? How often?*

(a) Sawl

Sawl . . .? *How many . . .?* is applied only to nouns that can be counted, and can be followed by **un**, as in **Sawl un?** *How many?* (lit. *How many a one?*) or by a singular noun, in the same way as a numeral. For example:

Sawl peint?	*How many pints?*
Dau beint	*Two pints*
Sawl plentyn?	*How many children?*
Pedwar plentyn	*Four children*

(b) *How many times?* (**unwaith, dwy waith, tair waith, etc.**)

(a) **Gwaith** is masculine when it means *work*:

Mae'r **gwaith** yn galed   *The work is hard*

But feminine when it means *time (s):*

Un **waith**	*once*
Dwy **waith**	*twice*
Tair **gwaith**	*three times*
Pedair **gwaith**	*four times*

Rydyn ni'n cynnal Dosbarth Gloywi Iaith ddwy **waith** y mis   *We hold a Language Enhancement Course twice a month*

Sawl **gwaith**	*Many times*
Sawl **gwaith?**	*How many times?* (*or* Pa mor amal? *How often?*)

Note that in the phrase **ddwy waith y mis** (*twice a month*), Welsh uses the definite article **y** whereas English has the indefinite article *a*. This pattern is also found in phrases such as

Deg ceiniog **y** cilo	*Ten pence a kilo*
Punt **y** botel	*A pound a bottle*
Can' punt **yr** wythnos	*A hundred pounds a week*
Deg ceiniog a thrigain **y** liter	*70p a litre*

(c) **Faint**

Faint . . .? *How much . . .?* is used for

(i) prices:

Faint yw'r cyfan? *How much is the lot? (How much does it come to?)*
Faint yw dwsin o wyau? *How much is a dozen eggs?*

(ii) quantity and countable nouns. Here it is followed by **o:**

Faint o siwgwr?	*How much sugar?*
Faint o gaws?	*How much cheese?*

Faint o is followed by a plural noun if countable.
Faint **o wyau** rydych chi eisiau? *How many eggs do you want?*
Faint o **weithiau** rydych chi'n mynd i'r dre bob wythnos? or Sawl gwaith rydych chi'n . . .? *How many times do you go to town every week?*

8 *I want*

(a) **Rydw i eisiau**

This idiom is commonly used for *I want* in North Wales.
Eisiau is a noun, not a verb and note that there is no **'n** after **Rydw i**, etc.

Rydw i eisiau dau gilo o datws *I want two kilos of potatoes*
Mae e eisiau rhagor o arian *He wants more money*

Rydw i eisiau can also be used with a verb to mean *I want to:*

> Rydw i eisiau mynd adre'n gynnar heno   *I want to go home
>   early tonight*
> Rydw i eisiau dysgu Cymraeg   *I want to learn Welsh*

Do you want . . .?
> Ydych chi eisiau rhagor o goffi?   *Do you want more coffee?*
> Ydy'r plant eisiau dod?   *Do the children want to
>   come?*

I don't want . . .
> Dydw i ddim eisiau rhagor o goffi   *I don't want any more
>   coffee*
> Dydy John ddim eisiau mynd i'r gwely   *John doesn't want to
>   go to bed*

(b) **Moyn**

The verb **moyn** *to want* (from **ymofyn** *to seek*) is used extensively in South Wales, where **Rydw i** is also contracted to **Rwy'n.**

> Rwy'n **moyn** mynd i'r dre heddi   *I want to go to town today*

9   How to express future intention

I *to* is used in Welsh to express intention or purpose.

> Rydw i'n mynd **i weld** y meddyg   *I'm going to see the doctor*
> Rwy'n mynd **i gael** gwersi gyrru (car)   *I'm going to have (car)
>   driving lessons*   **gwers** *lesson*

Note that although the infinitive **gweld** already means *to see*, **i** must always be added when you are stating what you're going to or intend to do. It is followed by Soft Mutation.

> Rydyn ni'n mynd **i gael** cinio gyda'r teulu   *We are going to
>   have dinner with the family*
> Ydy hi'n mynd **i fod** yn braf fory?   *Is it going to be fine
>   tomorrow?*

Purpose is sometimes expressed in English by *and:* Come *and* have a cup of coffee. In Welsh **i** must be used. For example:

Dewch **i** gael cwpaned/dysgled o goffi/o de   *Come and have a cup of coffee/tea*
Dewch **i**'n gweld ni rywbryd   *Come and see us sometime*
Ewch **i** weithio gyda fe   *Go and work with him*

5.9   Invite various people to do things with you. Use the sentence pattern **Dewch i . . . gyda fi.**

(*a*) come shopping   (*b*) dance   (*c*) sing   (*d*) learn   (*e*) garden.

10   More about Contact Mutations

Neu *or* causes mutation on contact. Examples:

Te **neu g**offi?   *Tea or coffee?*
Coffi **neu d**e?   *Coffee or tea?*
Tri **neu b**edwar o blant   *Three or four children*
Ga i ofyn cwestiwn **neu dd**au i chi?   *May I ask you a question or two?*

5.10   Reverse the order of the following choices, using **neu.**

(*a*) cath neu gi?   (*b*) bath neu gawod?   (*c*) prynhawn neu fore?
(*d*) tri neu bump?   (*e*) coginio neu arddio?

Darllen a deall

Read the dialogue, then choose the correct statement.

John drives into a garage and asks the attendant for petrol.

John	Pnawn da. Rydw i eisiau petrol, os gwelwch yn dda.
Attendant	Pnawn da. Dwy seren neu bedair seren?
John	Oes petrol di-blwm gyda chi?
Attendant	Oes. Faint rydych chi eisiau?
John	Deg galwyn, os gwelwch yn dda.
Attendant	Deg galwyn o betrol di-blwm. O'r gore . . .
John	Faint yw e?

Attendant	Rydych chi'n talu llai am betrol di-blwm. Dyma'r bil.
John	Ydych chi'n cymeryd siec neu gerdyn credyd?
Attendant	Does dim gwahaniaeth gyda fi. Cerdyn credyd? Arhoswch am funud, os gwelwch yn dda . . . Llofnodwch yma . . . Diolch. Siwrnai dda!
John	Diolch yn fawr. Pnawn da.

seren	*star*	**neu**	*or*
di-blwm	*unleaded*	**cerdyn credyd**	*credit card*
galwyn	*gallon*	**Llofnodwch**	*Sign*
talu llai	*pay less*	**siwrnai dda**	*(Have a) good*
bil	*bill*		*journey*
siec	*cheque*		

1 Mae John eisiau
   (*a*) petrol dwy seren   (*b*) petrol di-blwm   (*c*) petrol tair seren.

2 Mae e'n gofyn
   (*a*) am dair galwyn   (*b*) am bedair galwyn   (*c*) am ddeg galwyn.

3 Rydych chi'n talu
   (*a*) llai   (*b*) rhagor   (*c*) gormod am betrol di-blwm.

4 Mae John yn talu am betrol
   (*a*) gyda siec   (*b*) gydag arian   (*c*) gyda'r cerdyn credyd.

6 Ble'r wyt ti?

In this unit you will learn about the familar forms used when talking to close friends, relatives and children, more about requests and commands, how to tell the time in detail, how to give days and dates and how to describe people.

Dialogue

John is a film producer whose latest film has been chosen for the Cannes Film Festival. He tells his wife, Mair, the good news.

John   Mair! Ble rwyt ti?

Mair   Rwy yn y lolfa. Dere mewn. Rwyt ti gartre'n gynnar! Dim ond ugain munud wedi tri yw hi. Ond mae'n hyfryd dy weld di.

John   Mae gyda fi newyddion da, Mair. Rwy'n mynd i Cannes ddydd Iau i'r Ŵyl Ffilmiau. Am dri diwrnod! Maen nhw'n dangos 'yn ffilm ddiweddara i.

Mair   Ardderchog! Dere 'ma i fi dy gusanu di. Llongyfarchiadau! Rwyt ti'n cael dy ben-blwydd ddydd Sadwrn hefyd.

John   Rwy'n gwybod. Anrheg pen-blwydd y cwmni i fi yw'r cyfle 'ma i ddangos 'yn ffilm i!

Mair   Pa ffilm yw hi?

John   Y ffilm am y ferch anabl 'na yn mynd i'r gofod.

Mair   Nerys Cochran? Ydy hi'n mynd gyda chi?

John   Ydy. Rydyn ni'n mynd â hi. Hi yw seren y ffilm.

Mair   Wel, paid ti â gwario gormod o amser gyda'r ferch dal 'na gyda'r gwallt coch. Rwy'n ei nabod hi'n eitha da!

John   Twt, mae Nerys yn ferch bert ond mae hi'n ddiniwed iawn. Ond paid â phoeni, mae gwahoddiad i ti i ddod hefyd.

Mair   Ho, ho! Tynn y goes arall.

John   Oes, yn wir. Dwy ddim yn tynnu dy goes di. Ydy dy
basport di'n iawn? Cer i nôl e, i neud yn siŵr . . . Pryd mae
e'n gorffen?

Mair   Mil naw cant naw deg a naw.

John   Mae gyda fe ddigon o amser i fynd eto. Wyt ti'n dod?

Mair   Wrth gwrs! Pryd rydyn ni'n mynd?

John   Rydyn ni'n hedfan nos Fercher.

Mair   Tri diwrnod ar y Riviera! Dydd Iau a dydd Gwener yn
siopa . . .

John   A dydd Sadwrn yn nofio yn y Môr Canoldir a thorheulo –
gyda Nerys Cochran!

Ble rwyt ti?	*Where are you?*	**y cwmni**	*the company*
gartre	*at home*	**y cyfle 'ma**	*this opportunity*
yn gynnar	*early*	**gwario**	*to spend*
Dim ond	*Only*	**eitha da**	*quite well*
Gŵyl (*f*) **Ffilmiau**	*Film Festival*	**Twt**	*tut tut*
am dri diwrnod	*for three days*	**Tynn y goes**	*Pull the other leg*
dangos	*to show*	**arall (coes)**	*other leg*
'yn ffilm (*f*)	*my last film*	**yn wir (gwir)**	*indeed*
ddiwetha i		**yn iawn**	*correct, OK*
dy gusanu di	*to kiss you*	**i neud yn siŵr**	*to make sure*
(cusanu)		**hedfan**	*to fly*
dy ben-blwydd	*your birthday*	**y Môr**	*the Mediterranean*
anrheg	*birthday*	**Canoldir**	*Sea*
pen-blwydd	*present*		

6.1   Cywir neu anghywir? Ail-ysgrifennwch y brawddegau
anghywir yn gywir.

(*a*)   Mae John yn dod adre am ugain munud wedi tri bob dydd.

(*b*)   Mae gyda John newyddion da.

(*c*)   Mae'r Ŵyl Ffilmiau yn Llundain.

(*d*)   Dydy Mair ddim yn nabod Nerys Cochran yn dda iawn.

(*e*)   Mae penblwydd John ddydd Gwener.

6.2   Atebwch y cwestiynau hyn.

(*a*)   Pryd mae'r Ŵyl Ffilmiau yn Cannes?

(*b*)   Ydy Mair yn nabod Miss Cochran?

(*c*) Pryd mae pasport Mair yn gorffen?
(*d*) Sawl diwrnod maen nhw'n bwriadu treulio ar y Riviera?
(*e*) Beth maen nhw'n mynd i neud ddydd Sadwrn?

Useful words and phrases

How to:

1 *Use the familiar form of address.*
   Ble rwyt ti?
   Wyt ti'n dod?
   Dere 'ma.
   Tynn y goes arall.

2 *Ask and tell the time.*
   Beth yw hi o'r gloch?
   Mae hi'n ugain munud wedi tri.

3 *Give the date and say what day it is.*
   Mil naw cant naw deg a naw *or*
   Mil naw naw naw 1999.
   Rwy'n mynd i Cannes ddydd Iau.

4 *Describe people.*
   Mae Nerys yn ferch bert.
   Mae hi'n ferch dal.
   Mae hi'n ddiniwed iawn.

How Welsh works

1 Ti, dy . . . di (*you, your*)

Welsh, like French, Spanish, German, etc., uses the familar forms
ti *you* and **dy . . . di** *your* when talking to children, close relatives
and friends. (Be careful not to use these forms when addressing
older people or strangers unless they tell you to do so.)

(a) You	*Polite form*	*Familiar form*
	Rydych chi	Rwyt ti
	Ydych chi?	Wyt ti?

Affirmative	Rwyt ti'n gwybod.	*You know.*
Question	Wyt ti'n dod? *Are you coming?*	

Negative	Dwyt ti ddim yn nabod Nerys. *You don't know Nerys.*	
With **ble**	Ble rwyt ti, Mair? *Where are you, Mair?*	

(b) Your

In the familar form, this is expressed by the possessive pronoun **dy**, 'buttressed' by its corresponding personal pronoun **di.**

Ydy **dy b**asport **di'**n iawn? *Is your passport OK?*

Note that **dy** is followed by the Soft Mutation.

(c) 'You' as object

When *you* is the object of a sentence, it is translated by **dy . . . di**. Examples:

Mae'n hyfryd **dy w**eld **di**	*It's lovely to see you*
Ga i **dy** helpu **di**?	*May I help you?*
Ga i **dy g**usanu **di**?	*May I kiss you?*
Dydw i ddim yn gallu **dy g**lywed **di**	*I can't hear you*

6.3 Change the conversation between Aled and Ifan in **Unit 1.8** into the familiar form.

6.4 You meet a friend. How would you ask where the following are? (**Ble mae dy . . . di?**)

(*a*) his car (*b*) his wife (*c*) his house (*d*) his cat (*e*) his passport?

2 Commands using the familiar forms

(a) Positive Commands

These are expressed by

(i) using the infinitive only:

Eistedd (di) yma	*(You) sit here*
Aros i fi	*Wait for me*
Agor y ffenest	*Open the window*

(ii) using the stem only:

tynnu	*to pull*	**Tynn** y goes arall	*Pull the other leg*
cymeryd	*to take*	**Cymer** hwn	*Take this*
or **cymryd**			
yfed	*to drink*	**Yf** (pron. *eve*) **hwn**	*Drink this*
codi	*to get up*	**Cod!** or **Cwyd!**	*Get up!*

(iii) adding -a to the stem:

ffonio	*to phone*	Ffonia fi	*Phone me*
anghofio	*to forget*	Anghofia fe	*Forget it*

A useful idiom:
gad-ael *to leave, let*
    Gad lonydd i fi *Leave me alone*

Please (If you please) is **Os gweli di'n dda** in the familiar form (or
Plîs).

(b) Irregular verbs

mynd	*to go*	**Cer** i nôl (S.W.)	*Go (to) and fetch*
		Dos i nôl (N.W.)	
dod	*to come*	**Dere** 'ma (S.W.)	*Come here*
		Tyrd 'ma (N.W.)	
(gw)neud	*to do*	**(Gw)na** dy waith	*Do your work*
cael	*to be allowed to*	**Cei** agor y parsel	*You can open the parcel*

Cei, like **cewch** is the *Yes* form of **Ga i?**
Ga i . . .? *May I . . .?* **Cei** *You may* (i.e. *Yes*).
Ga i ddod? **Cei.** *May I come? Yes.*

bod *to be*   **Bydd** yn ofalus!   *Be careful!*
          Bydd yn dawel!   *Be quiet!*

(c)   Negative commands

Paid! *Don't!*
Paid (â) gwario gormod o amser   *Don't spend too much time*
Paid is followed by â, although many people omit it.

The pronoun **ti** can be added for emphasis:

Paid ti â gwario gormod o amser   *Don't **you** spend too much time*

Paid â, according to the strict rules of grammar, should be followed by the Aspirate Mutation. This rule is often bypassed in speech by omitting â, except in such well-used phrases as:

Paid â phoeni ⎫	
Paid â hidio ⎭	*Don't worry*
Paid â becso	(lit. *Don't vex*)
Paid â gwastraffu amser	*Don't waste time*
Paid â symud!	*Don't move!*
Paid â siarad!	*You don't say!*
Paid â siarad cymaint!	*Don't talk so much!*

6.5   Elfyn has to go to school in his best suit as he has an interview at a bank. His mother warns him not to play football . . .

Mam	Elfyn! Mae'n amser codi! Mae hi'n hanner awr wedi saith. Cofia fod dy fws di'n mynd am ddeg munud wedi wyth.
Elfyn	Does dim brys, mam.
Mam	Oes, mae e. Cod. Cer i'r stafell ymolchi o flaen dy chwaer. Mae hi'n gwario oriau yno fel rwyt ti'n gwybod.
Elfyn	Ble mae'n siwt i?
Mam	Mae dy siwt di y tu ôl i'r drws yn yr ystafell ymolchi. Mae dy grys newydd di, dy dei di a dy sanau di i lawr yma. Cofia, dwyt ti ddim i chwarae pel-droed yn yr ysgol y bore 'ma, na neud dim byd i rwygo dy ddillad.
Elfyn	O'r gore mam, peidiwch â phoeni.
Mam	Dere, brysia. Mae dy frecwast di'n barod ers hanner awr. Cofia di olchi dy wyneb a dy wddw yn lân y bore 'ma.

Mae'n bwysig i ti edrych yn lân ac yn raenus yn y cyfweliad.

Elfyn   Ydy . . . O'r gore, mam.

Cofia fod . . .	*Remember that . . .*	**dim byd**	*nothing at all*
o flaen	*before, in front of*	**rhwygo**	*to tear*
y tu ôl i'r drws	*behind the door*	**Mae'n bwysig**	*It's important*
i lawr	*down*	**graenus**	*neat, well-*
gwddw	*neck*		*groomed*

Atebwch y cwestiynau hyn.

(*a*)   Pryd mae bws Elfyn yn mynd i'r ysgol?
(*b*)   Ydy Elfyn yn gwario oriau yn y 'stafell ymolchi?
(*c*)   Ble mae siwt Elfyn?
(*d*)   Sut grys yw crys Elfyn?
(*e*)   Ers pryd mae brecwast Elfyn yn barod?

3   Gwybod *or* adnabod, yn gyfarwydd â (*to know*)

(*a*) **Gwybod** means *to know a fact* (like Fr. *savoir* Ger. *wissen*, etc.). When Mair tells John that his birthday is on the Saturday of the forthcoming trip, he says:

Rwy'n gwybod   *I know*

To know that . . . is/are is **Gwybod fod . . .**

Wyt ti'n **gwybod fod** yr Ŵyl Ffilmiau yn Cannes?   *Do you know that the Film Festival is in Cannes?*

To know how to . . . is **Gwybod sut i . . .**

Ydych chi'n **gwybod sut i** drwsio car?   *Do you know how to repair a car?*

(*b*) **Nabod** (full form **adnabod**) means *to know a person* (cf. Fr. *connaître*, Ger. *kennen*, etc.)

Rwy'n nabod Nerys yn eitha da   *I know Nerys quite well*

(*c*) **Yn gyfarwydd â** can mean (*i*) *to know a place:*

> Wyt ti'n gyfarwydd â Llandudno?   *Do you know Llandudno (well)?*

or (*ii*) *to know* (i.e. *be acquainted with*) *a person:*

> Ydych chi'n gyfarwydd â'n ficer newydd ni?   *Are you acquainted with our new vicar?*

6.6 Use the appropriate form of the verb *to know* in the following sentences:

(*a*) Wyt ti'n . . . . . . fod John a Mair yn mynd i Cannes?
(*b*) Sut wyt ti'n . . . . . . ?
(*c*) Ydyn nhw'n . . . . . . Llanelli?
(*d*) Ydy Mair yn . . . . . . Nerys Cochran?
(*e*) Ydych chi'n . . . . . . Llundain?

4   *To take* and *To bring*

(*a*) mynd â

To take in Welsh is **mynd â** (lit. *to go with*). Examples:

> Rydyn ni'n **mynd â** Nerys gyda ni   *We are taking Nerys with us*
> Rwy'n **mynd â**'r plant i'r ysgol yn y car   *I take the children to school in the car*
> **Cer** â'r ci am dro   *Take the dog for a walk*

(*b*) dod â

Similarly, *to bring* is **dod â** (lit. *to come with*):

> Mae Mair yn **dod â**'r pasport   *Mair brings the passport*
> **Dewch** â'r plant gyda chi *or* **Dere** â'r plant gyda ti (fam.)   *Bring the children with you*

5   Dyddiau'r wythnos (*the days of the week*)

(*a*) Days and nights

Note (*i*) that a week in Welsh is **wyth nos** – *eight nights.*

(*ii*) the first element in the name of the day in Welsh changes, depending whether it is day or night.

(*iii*) the Soft Mutation after **nos.**

dydd Sul	*Sunday*	nos Sul	*Sunday night*
dydd Llun	*Monday*	nos Lun	*Monday night*
dydd Mawrth	*Tuesday*	nos Fawrth	*Tuesday night*
dydd Mercher	*Wednesday*	nos Fercher	*Wednesday night*
dydd Iau	*Thursday*	nos Iau	*Thursday night*
dydd Gwener	*Friday*	nos Wener	*Friday night*
dydd Sadwrn	*Saturday*	nos Sadwrn	*Saturday night*

The days of the week undergo Soft Mutation when they mean *on . . .*, e.g. **(ar) ddydd Llun** *on Monday*. (This mutation is dealt with in Appendix 5.)

Parts of the day

bore dydd Llun	*Monday morning*
pnawn dydd Mawrth	*Tuesday afternoon*
nos Fercher	*Wednesday evening, night*

(ar) ddydd . . .   *on a certain day . . .*
pythefnos   *a fortnight* (lit. *fifteen nights*).

(b) **Dydd** *and* **diwrnod** *(day)*

Dydd refers to a specific point in time, a date. For example:

> Rwy'n mynd i Cannes **ddydd** Iau   *I'm going to Cannes on Thursday*

Diwrnod refers to a period of time, e.g. *a day's work, a day at the seaside*, and is used after a number.

> Mae'n **ddiwrnod** braf heddiw. Rydyn ni'n mynd i gael **diwrnod** ar lan y môr   *It's a fine day today. We're going to have a day at the seaside*
>
> Tri **diwrnod** ar lan y Môr Canoldir!   *Three days on the shore of the Mediterranean!*

Nos and **noson** follow the same pattern as **dydd** and **diwrnod.**

> Mae hi'n **nos** Sul heno   *It's Sunday night tonight*

Mae hi'n **noson** arw   *It's a rough night* (**garw** *rough*)

Note that **dydd** and **haul** (*sun*) are masculine, whereas **nos** and **lleuad** or **lloer** (*moon*) are feminine.

6.7   You will find all the vowel sounds in the days of the week in English. Which vowel sound is missing from the days of the week in Welsh?

6   Pa flwyddyn yw hi? (*What year is it?*)

1997 is expressed in full as **mil** (*a thousand*) **naw cant** (*nine hundred*) **naw deg** (*nine tens*, i.e. *ninety*) **a saith** (*and seven*), but you will usually hear **mil, naw naw saith.**

BC = **C.C. (Cyn Crist)**; *AD* = **O.C. (Oed Crist** *Christ's age*).

Mil is feminine, so that dates in the twenty-first century will begin with **dwy (fil) . . .: Dwy saith tri un O.C.** *AD 2731*

Some important dates

588	Pum cant wyth deg wyth:	Marw Dewi Sant, nawdd Sant Cymru *Death of St David, patron saint of Wales*
1282	Mil dau wyth dau:	Y Normaniaid yn concro Cymru *The Normans (finally) conquer Wales*
1588	Mil pump wyth wyth:	Y cyfieithiad cyntaf o'r Beibl i Gymraeg. *The first translation of the Bible into Welsh.*
1988	Mil naw wyth wyth:	Y Cyfieithiad Newydd o'r Beibl i Gymraeg *The New Translation of the Bible into Welsh*

6.8   Can you give the following dates in Welsh?

(*a*) 1688   (*b*) 1756   (*c*) 1871   (*d*) 1926   (*e*) 2022.

7   More about time and numbers

The decimal system of counting is based on the ten fingers. The Celts, whose system Welsh has inherited, used their toes as well as their fingers to count – thus was evolved a system of numbering in twenties (called the Vingesimal System, cf. French **vingt** *twenty*). Vestiges of this system are still found in modern French, e.g. **quatre-vingts** *eighty*, similar to the Welsh **pedwar ugain** *four twenties*.

Welsh uses the decimal system for arithmetic, but the traditional method is used to tell the time, a person's age, amounts of money and the order of the centuries.

Numbers used to tell the time are, for the hours:

    un ar ddeg   *eleven* (lit. *one and ten*)

    deuddeg   *twelve*

(not to be confused with **dau ddeg** *two tens = twenty*).

And for the minutes:

    ugain munud i   *twenty minutes to* (+ Soft Mutation)

    pum munud ar hugain wedi *twenty-five* (lit. *five and twenty*)

      minutes past

O'clock is **o'r gloch** (lit. *of the bell*, cf. Fr. *cloche*).

Beth yw hi o'r gloch? ⎫

Beth yw'r amser? ⎭   *What's the time?*

1.00   Mae'n un o'r gloch. *It's one o'clock.*

2.05   Mae'n bum munud wedi dau. (**pump** drops its last letter before another word)

3.10   Mae'n ddeg munud wedi tri.

4.15   Mae'n chwarter wedi pedwar.

5.20   Mae'n ugain munud wedi pump.

6.25   Mae'n bum munud ar hugain wedi chwech.

7.30   Mae'n hanner awr wedi saith.

7.35   Mae'n bum munud ar hugain i wyth.

8.40   Mae'n ugain munud i naw.

9.45   Mae'n chwarter i ddeg.

10.50   Mae'n ddeg munud i un ar ddeg.

11.55   Mae'n bum munud i ddeuddeg.

12.00   Mae'n ddeuddeg o'r gloch. Canol dydd neu ganol nos. (*Midday* or *midnight.*)

Note that both **Mae'n** and **i** are followed by the Soft Mutation, and so too is **am** *at*, a preposition frequently used with times.

6.9 Overheard at the bus stop (**safle'r bws**). Read the dialogue, then answer the questions.

A Beth yw hi o'r gloch, os gwelwch yn dda?
B Mae'n hanner awr wedi tri.
A Pryd mae'r bws i'r dre yn dod?
B Am bum munud ar hugain i bedwar. Does dim llawer o amser i aros.
A Nag oes. Ond mae'r ddihareb yn dweud 'Hir pob aros'.
B Eitha gwir. Dyma'r bws yn dod! Mae e'n gynnar.
A Ydy, mae e.

dim llawer o amser	*not much time*	**Hir pob aros** lit. *Long every wait*
mae'r ddihareb yn dweud	*the proverb says*	(Welsh proverb)

(*a*) Beth yw amser y bws?
(*b*) I ble mae'r bws yn mynd?
(*c*) Beth yw'r ddihareb Gymraeg am aros?
(*d*) Pryd mae'r bws yn dod? Ar amser neu yn gynnar?

6.10 What time is it?

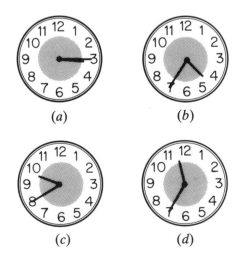

(*a*)   (*b*)

(*c*)   (*d*)

8 How to talk about more than one: plurals

The most common plural endings of nouns in Welsh are:

(a) **-au**

Beth yw **enwau**'r plant? *What are the names of the children?*

Plurals such as **siopau, eisteddfodau, gêmau, llwybrau** (*paths*), **llyfrau** (*books*), **trenau, coesau,** etc. belong to this group. Some words such as **llongyfarchiadau!** (*congratulations!*) and **nwyddau** (*goods*) are only found in the plural form.

Toiledau are usually labelled **Merched** *Ladies*, **Dynion** *Gents*, and **Toiled i'r Anabl** *Toilet for the Disabled*.

Ble mae toiledau'r merched, os gwelwch yn dda? *Where are the ladies' toilets, please?*

(b) **-iau**

Examples: **clociau, stampiau, ffrindiau, banciau, cotiau, ffilmiau, gwyliau** (*holidays, festivals*).

Some plurals undergo slight modification from the singular, e.g. **cadair** *chair* → **cadeiriau, gair** → **geiriau** and **awr** (*hour*) → **oriau.**

Most borrowings from English, especially those ending in the 'hard' consonants **c,p,** and **t,** have the ending in **-iau.**

Note: Plural nouns of *both* genders (*i*) do not mutate after **y, yr** or **'r**:

y ferch *but* y merched
y gadair *but* y cadeiriau

and (*ii*) do not cause mutation of the following adjective (as in the feminine singular).

y ferch bert *but* y merched pert (**pert** *pretty*)
set deledu *but* setiau teledu (*television sets*)

9 How to describe people

(a) Physical characteristics

tal *tall*   Y ferch dal 'na gyda'r gwallt coch   *That tall girl with the red hair*

byr *short*   Y dyn byr 'na gyda'r gwallt gwyn   *That short man with*
                  the white hair

Note that the link word **yn** causes a following adjective to
mutate.

Siôn   Siân

Mae Siôn yn dal ac yn denau.   Mae Siân yn fyr ac yn dew.
Siôn is tall and thin.   *Siân is short and fat.*
Mae gwallt Siôn yn olau.   Mae gwallt Siân yn dywyll.
Siôn's hair is fair.   *Siân's hair is dark.*

(b) Personality

Mae Nerys yn ferch ddiniwed iawn   *Nerys is a very innocent*
(lit. *harmless*) *girl*

hapus → yn hapus *happy*   trist   → yn drist *sad*

deallus → yn ddeallus	*intelligent*	twp → yn dwp	*stupid*
tawel → yn dawel	*quiet*	siaradus → yn siaradus	
			talkative

6.11 Gwyn and Gwen are twins (**efeilliaid**) but opposite in all their characteristics. Describe them, given the following clues.

(*a*) Mae Gwyn yn dal ond mae Gwen yn . . . . . .
(*b*) Mae Gwyn yn . . . . . . ond mae Gwen yn dew.
(*c*) Mae Gwyn yn . . . . . . ond mae Gwen yn hapus.
(*d*) Mae Gwyn yn . . . . . . ond mae Gwen yn siaradus.
(*e*) Mae gwallt Gwyn yn olau ond mae gwallt Gwen yn . . . . . .

Darllen a deall

The school careers master gives Elfyn a mock interview.

Teacher	Bore da.
Elfyn	Bore da.
Teacher	Beth yw dy enw di?
Elfyn	Elfyn Prys.
Teacher	A dy gyfeiriad di?
Elfyn	Tegfan, dau ddeg saith Heol Berwyn, Ynyswen.
Teacher	Beth yw dy oed di?
Elfyn	Rwy'n un deg saith.
Teacher	Beth wyt ti'n neud nawr?
Elfyn	Rwy yn yr ysgol, Ysgol Gyfun Ynyswen.
Teacher	Wyt ti'n sefyll arholiadau eleni?
Elfyn	Ydw. Rwy'n sefyll arholiadau Safon Uwch.
Teacher	Beth yw dy bynciau di?
Elfyn	Cerddoriaeth, Cyfrifiadureg a Mathemateg.
Teacher	Oes cyfrifiadur gyda ti gartre?
Elfyn	Mae cyfrifiadur gyda 'nhad. Rwy'n cael ei ddefnyddio fe weithiau.
Teacher	Beth yw dy ddiddordebau di?
Elfyn	Gwrando ar gerddoriaeth, chwarae rygbi a nofio.
Teacher	Pam rwyt ti eisiau gadael yr ysgol?
Elfyn	Rwy eisiau dod i nabod pobol ac ennill arian.
Teacher	Da iawn, Elfyn. Rwy ti'n ateb yn synhwyrol iawn.

sefyll	*to sit* (lit. *stand*)	Rwy'n cael ei	*I'm allowed to*
arholiad(au)	*an exam/exams.*	ddefnyddio fe	*use it*
Safon Uwch	*A level* (lit. *higher*	gwrando ar	*to listen to*
	standard)	ennill	*earn, win*
Cyfrifiadur (eg)	*Computer (Studies)*	pwnc (pynciau)	*subjects*
diddordeb(au)	*interests*	synhwyrol	*sensibly*

Atebwch:

(*a*)   Beth yw cyfeiriad Elfyn?
(*b*)   Beth yw oed Elfyn?
(*c*)   Pa bynciau mae e'n neud?
(*d*)   Beth yw diddordebau Elfyn?
(*e*)   Pam mae e eisiau gadael yr ysgol?

7 Beth sy'n bod arnoch chi?

In this unit you will learn how to describe physical symptoms, and how to make an appointment, how to express necessity, make suggestions, and learn ways of stating wants and needs.

Dialogue

John Powel is not feeling well and his wife makes an appointment for him to see the doctor.

Gwen	John! Mae brecwast yn barod.
John	Does dim eisiau brecwast arna i y bore 'ma, Gwen.
Gwen	Pam?
John	Achos dydw i ddim yn teimlo'n dda.
Gwen	Beth sy'n bod John?
John	Dydw i ddim yn gwybod. Mae poen arna i yn 'y mhen i, ac yn 'y nghefn i.
Gwen	Hm . . . Rwyt ti'n edrych yn dost. Dere 'ma. Oes, mae gwres arnat ti. Mae rhaid i ti fynd i weld y meddyg.
John	Oes rhaid i fi?
Gwen	Oes. Mae rhaid i ti. Rydw i'n mynd i ffonio nawr. Ble mae rhif ffôn y meddyg? O, dyma fe. Wyth naw dau, dim saith pedwar . . .
	(Mair, the doctor's receptionist, answers)
Mair	Bore da. Meddygfa Ynyswen. Ga i eich helpu chi?
Gwen	Bore da. Mae John, y gŵr, mewn poen mawr. Ydy hi'n bosib iddo fe weld Doctor Robinson y bore 'ma?
Mair	Pwy sy'n siarad, os gwelwch yn dda?
Gwen	Gwen, gwraig John Powel, sy 'ma.
Mair	O, helo, Mrs Powel. Nawr 'te, gadewch i fi weld. Ydy, mae'n bosib iddo fe weld y meddyg. Beth am ddeg munud wedi deg?

Gwen	O'r gore. Diolch yn fawr i chi, Mair . . .
John	Pryd mae'r meddyg eisiau 'y ngweld i?
Gwen	Mae rhaid i ti fod yn y feddygfa am ddeg munud wedi deg. Rwy'n mynd â ti i weld y meddyg. Rwy'n mynd i nôl y car nawr.
John	Dydw i ddim yn rhy dost i yrru'r car 'yn hunan. Does dim rhaid i ti fynd â fi.
Gwen	Rwy'n mynd â ti, achos dwyt ti ddim yn ddigon da i yrru'r car dy hunan.
John	O'r gore, 'te. Rwyt ti'n iawn. Ble mae 'nhrowsus i?

(Yn y feddygfa. In the surgery)

Meddyg	Helo, John. Dydw i ddim yn eich gweld chi yma yn amal. Beth sy'n bod arnoch chi? Mae rhaid i fi ddweud dydych chi ddim yn edrych yn dda.
John	Nag ydw. Mae poen arna i yn 'y nghefn i ac yn 'y mhen i, a does dim chwant bwyd arna i.
Meddyg	Gadewch i fi weld. Ble mae'r thermomedr 'na . . .? Hm. Mae gwres arnoch chi. Mae gwres uchel arnoch chi. Tynnwch eich crys, John. Ers pryd mae'r poenau 'ma arnoch chi?
John	Ers neithiwr.
Meddyg	Ble mae'r poen, John? Fan yma?
John	Ww . . . ww.
Meddyg	Wel . . . Mae rhywbeth yn gwasgu ar nerfau eich cefn chi. Dydw i ddim yn gwybod yn siŵr beth yw e, a rhaid i ni fod yn ofalus. Rydw i eisiau i chi fynd i'r ysbyty yng Nghaerdydd fory i gael pelydr X. Nawr . . . mae'n well i chi fynd adre a gorffwys.
John	Ond beth am 'y ngwaith i?
Meddyg	Peidiwch â phoeni am eich gwaith am y pythefnos nesa, o leia. Rhaid i chi fynd adre – a gorffwys. Byddwch yn ofalus o'ch iechyd. Mae e'n werthfawr iawn.

teimlo'n dda	*feel well*	**neithiwr**	*last night*
yn dost	*ill* (S.W.)	**yn gwasgu**	*pressing*
mae gwres arnat ti	*you've got a*	**yng Nghaerdydd**	*in Cardiff*
	temperature (lit.	**Mae'n well i chi**	*You'd better*
	there's heat on you)	**adre**	*home(wards)*

Mae rhaid i ti fynd	*You must go*	**gorffwys**	*to rest*
rhif ffôn	*telephone number*	**o leia**	*at least*
Ydi hi'n bosib?	*Is it possible?*	**Byddwch yn**	*Be careful*
Beth am?	*What about?*	**ofalus**	
i fynd â ti	*to take you*	**o'ch iechyd**	*of your health*
(mynd â)		**gwerthfawr**	*valuable,*
'yn hunan	*myself*		*precious*
dim	*nought*		

7.1 Cywir neu anghywir? Ail-ysgrifennwch y brawddegau anghywir yn gywir.

(*a*) Dydy John Powel ddim yn teimlo'n dda.
(*b*) Mae Gwen yn mynd â John yn y car.
(*c*) Mae John yn ddigon da i yrru'r car.
(*d*) Mae'r meddyg yn gweld John yn amal.
(*e*) Mae rhaid i John fynd i'r ysbyty yng Nghaernarfon i gael pelydr X.

7.2 Atebwch:

(*a*) Beth yw rhif ffôn y feddygfa?
(*b*) Ydy hi'n bosib i John weld y meddyg am ddeg munud wedi deg?
(*c*) Ydy John yn ddigon da i yrru'r car?
(*d*) Ydy'r meddyg yn gwybod beth sy'n bod ar John?
(*e*) I ble mae rhaid i John fynd i gael pelydr X?

Useful words and phrases

How to:

1 *Say you want, or don't want, something.*
Mae eisiau bwyd arna i.
Does dim eisiau bwyd arna i.
(a more idiomatic structure than **Rydw i eisiau**)

2 *Say that you are not feeling well and describe your symptoms.*
Dydw i ddim yn teimlo'n dda.
Does dim chwant bwyd arna i.
Mae poen arna i.
Mae gwres arna i.

3 *Say, I must, you must, etc.*
Mae rhaid i fi, i ti . . . etc.

4 *Give a telephone number and ask who's speaking.*
Wyth naw dim, dau saith pedwar.
Pwy sy'n siarad, os gwelwch yn dda?

5 *Suggest an appointment.*
Ydy hi'n bosib i fi . . .?
Beth am . . .?

How Welsh works

1 *I must, You must, etc.*

Mae rhaid i fi *I must* (lit. *There is a necessity to/for me*)

> **Mae rhaid i ti** fynd i weld y meddyg   *You must go and see the doctor*

The preposition **i** has special forms in the third person singular and plural (i.e. *he/she* and *they*).

Mae rhaid i fi	*I must*	Mae rhaid i ni	*We must*
Mae rhaid i ti	*You must*	Mae rhaid i chi	*You must*
Mae rhaid **iddo fe**	*He must*	Mae rhaid **iddyn nhw**	*They must*
Mae rhaid **iddi hi**	*She must*	Mae rhaid i'r plant	*The children must*

> e.g. Mae rhaid **iddi hi** ffonio   *She must phone*

2 **More about Contact Mutations**

(a) *After personal and interrogative pronouns*

The personal pronouns **fi, i**; **ti, di**; **fe, e**; **hi**; **ni**; **chi**; **nhw**, together with the interrogative pronouns **pwy, beth** and **faint** are all followed by the Soft Mutation. Examples:

> Mae rhaid **i ti f**ynd i weld y meddyg.   **mynd** → **fynd**
> *You must go and see the doctor.*
> Mae rhaid **i fi dd**weud.   **dweud** → **ddweud**
> *I must say.*

Mae rhaid **i chi** frysio.　　　　　　　**brysio → frysio**
You must hurry.

Any noun that can be substituted for a pronoun in this construction will also cause Soft Mutation.

> Mae rhaid **i ti f**ynd i weld y meddyg.
> Mae rhaid **i John f**ynd i weld y meddyg.

(This rule accounts for the Soft Mutation of **dim** in the negative forms of the verb, e.g. **Dydw i ddim, dydy e ddim,** etc.)

Mae is often omitted before **rhaid**:

> Rhaid i chi fynd adre a gorffwys　　*You must go home and rest*
> Rhaid i ti orffwys nawr　　*You must rest now*

If the order of words in the idiom **Oes plant gyda chi?** is changed to **Oes gyda chi blant?**, note the Soft Mutation after **chi**. This reversion is particularly common in sentences like the following:

> Mae gyda fi **b**lant yn yr Ysgol Feithrin　*I have children in the Nursery School*
> Mae gyda ni **o**rmod o lyfrau yn y tŷ　*We have too many books in the house*

(b)　*After* Ga i . . .?

Note also the Soft Mutation after **Ga i . . .?** *May/Can I . . .?* (from the verb **cael**).

> **Ga i dd**od gyda chi?　*May I come with you?*
> **Ga i w**eld y meddyg　*May I see the doctor?*

Ga i . . .? before a noun means *Can/May I have . . .?*

> **Ga i b**ensil, os gwelwch yn dda? (**pensil**)　*May I have a pencil, please?*

The preposition **i** *to, for* always causes Soft Mutation.
Note the two mutations in the following sentences:

cyllell *knife*　**Ga i g**yllell **i d**orri'r cig?　(**torri** *to cut*)
　　　　　　　　Can I have a knife to cut the meat?

After the ubiquitous **yn** and the definite article, **i** is the most common word in Welsh, so don't forget the mutation that follows it – **i ddod, i weld, i gael,** etc.

7.3 Insert the correct form of the words in brackets in the following sentences.

(a) Ga i (pensil) i (tynnu) llun? (*a picture*)
(b) Oes gyda chi (car) newydd?
(c) Rhaid i fi (cael) cyllell i (torri'r) bara menyn.
(d) Ga i (gwybod) eich enw chi?
(e) Ga i (dod) i (garddio) gyda chi?

7.4 Insert the correct form of the verb in the following sentences:

cael	Rhaid i fi . . . . . . rhagor o awyr iach. (*fresh air*)
prynu	Rhaid i fi . . . . . . bwyd.
talu	Rhaid i fi . . . . . .'r bil.
gweld	Rhaid i fi . . . . . . y meddyg.
bwyta	Rhaid i fi . . . . . . llai. (*less*)
dod â	Rhaid i fi . . . . . . nwyddau i Gwen.
llanw	Rhaid i fi . . . . . .'r tanc petrol. (*fill*)
mynd â	Rhaid i fi . . . . . .'r plant i'r ysgol.
rhoi	Rhaid i fi . . . . . . bwyd i'r gath.

3   *Must I . . .?* (the interrogative)

As we have seen, the interrogative form of **mae** when followed by an indefinite noun is **Oes?**

> Mae rhaid i fi fynd   *I must go*
> **Oes** rhaid i fi fynd?   *Must I/Do I have to go?* (lit. *Is there a necessity . . .?*)

Oes, unlike **mae**, cannot be left out in the interrogative sentence.

The answer to a question beginning with **Oes** is either **Oes** *Yes* or **Nag oes** *No*. But be careful with the negative: Welsh uses another construction for *You mustn't/don't have to*. The word to use is **Peidiwch** or **Paid** (see **Uned 6**).

> Peidiwch â phoeni   *You mustn't worry/Don't worry/Not to worry*

Does dim rhaid i chi means *There is no necessity for you*, i.e. *You needn't*:

> Does dim rhaid i chi fynd nawr   *You needn't go now*

7.5 Turn the sentences in Ymarfer 7.4 into questions, e.g. **Oes rhaid i chi . . . rhagor o awyr iach?**

7.6 Find out (*a*) what the speaker (male) has to do in the first three of the above sentences (e.g. **Oes rhaid iddo fe . . .?** etc.) (*b*) what the speaker (female) has to do in the second group of three sentences (e.g. **Oes rhaid iddi hi . . . meddyg?** etc.) and (*c*) what both must do in the third group (e.g. **Oes rhaid iddyn nhw . . .'r tanc petrol?** etc.)

4 Gorfod

An alternative to the idiom **Rhaid i fi**, etc. is the verb **gorfod** (**gorffod** in some areas) *to be compelled to, to have to*.

> Rwy'n gorfod dal y trên cynnar i Gaerdydd fory   *I have to catch the early train to Cardiff tomorrow*

5 Sy (*is, are*)

(*a*) After **Beth**

In **Uned 1** we saw how two parts of a sentence which refer to the same thing, or have the same identity, can be joined together by **yw** or **ydy**, e.g. **Beth yw'ch enw chi?** *What's your name?*

When **Beth** is followed by a verb (denoting an activity or state of being) the form of the verb *to be* used in the Present Tense is **sy**.

> Beth **sy**'n digwydd? *What's happening?*
> Beth **sy**'n bod? *What's the matter, what's wrong?* (lit. *What's being?*)

(*b*) After **Pwy**

Sy can also follow **Pwy** in a similar construction.

> Pwy **sy**'n siarad? *Who's speaking?*
> Gwen **sy**'n siarad *It's Gwen (who's) speaking*

Notice how the answer can be substituted for the interrogative word here, giving the printed word an emphasis that can only be conveyed by using different type in English: **Fi sy'n siarad nawr** *I'm talking now.*

Sy in this context makes the word that precedes it (i.e. the subject) the focus of information and attention in the sentence.

Pwy sy'n dod gyda ni?   *Who's coming with us?*
John sy'n dod gyda ni   *John's coming with us.*

(c) *Followed by an adverb or phrase beginning with a preposition*

Pwy sy **'na**?   *Who's there?*
Fi sy **'ma**!   *It's me!* (lit. *It's me who is here*)

Beth sy **ar y gwely?**   *What's on the bed?*
Y gath sy **ar y gwely**   *It's the cat that's on the bed*
Beth sy **ar y teledu heno?**   *What's on the television tonight?*

(d) *After* **Faint**

Faint o . . .? (*How many . . . ? How much . . . ?*) can also be followed by **sy.**

Faint o blant **sy** gyda chi?   *How many children have you got?*
Faint o laeth **sy** yn y jwg?   *How much milk is (there) in the jug?*

Note that **sy** remains the same whether its subject is singular or plural.

7.7 You can't hear everything that's being said because of a pneumatic drill working outside! Ask for clarification, using **Beth sy . . .?, Pwy sy . . .?** or **Faint . . . sy . . .?** e.g.
Mae (. . . . . .) yn mynd at y meddyg. – Pwy sy'n mynd at y meddyg?

(*a*)   Mae (. . . . . .) yn prynu bwyd yn siop Elward James.
(*b*)   Mae'r (. . . . . .) yn mynd i'r dre bob awr.
(*c*)   Mae'r (. . . . . .) yn agor am naw o'r gloch.
(*d*)   Mae (. . . . . .) o laeth yn y jwg.
(*e*)   Mae (. . . . . .) o blant yn y dosbarth heddi.

6   Wants and needs: some idiomatic uses of 'ar'

I want can be either **Rwy'n moyn** or **Rydw i eisiau**. The latter is a hybrid form derived from the more idiomatic **Mae eisiau arna i** (lit. *There is a need on me*).

> Mae eisiau bwyd arna i   *I want food* or *I'm hungry*

Ar is one of a number of Welsh prepositions with 'personal' forms, which can be conjugated i.e. they change, depending on the pronoun which comes after them.*

arna i	*on me*	**arnon ni**	*on us*
arnat ti	*on you*	**arnoch chi**	*on you*
arno fe	*on him*	**arnyn nhw**	*on them*
arni hi	*on her*	ar **y plant**	*on the children*

In speech, by analogy with **arno fe**, the other personal forms often change the vowel **a** to **o** – **arno i**, etc.

Mae eisiau can be followed by a verb as well as a noun.

> Mae eisiau **mynd** i'r dre arna i   *I want to go to town*
> *or*   Mae arna i eisiau **mynd** i'r dre

The interrogative form

As with **Mae rhaid** → **Oes rhaid?** the interrogative form of **Mae eisiau** is **Oes eisiau?**

> **Oes eisiau** rhagor o fwyd arnoch chi?   *Do you want more food?*

This construction, too, has its alternative, used when the need is expressed in a phrase, to avoid postponing the personal form of **ar** to the end of the sentence:

> Oes arnoch chi eisiau rhagor o fwyd?

The negative form

I don't want is **Does dim eisiau.**

> **Does dim eisiau** brecwast arna i y bore 'ma   *I don't want breakfast this morning*
> *or*   **Does** arna i **ddim eisiau** brecwast y bore 'ma

---

*This a grammatical phenomenon found only in the Celtic branches of the Indo-European family of languages.

With **Beth** *and* **Faint**

Beth sy eisiau arnoch chi?	*What do you want?*
Faint o laeth sy eisiau arnoch chi?	*How much milk do you want?*

7   More idioms with 'ar'

(a)   *Describing your state of health*

Beth sy'n bod **arnoch chi?**	*What's the matter with you?*
Mae poen **arna i**	*I have a pain* or *I'm in pain*

Ar is frequently used to describe a state of health, a physical or mental condition, but usually unpleasant.

Mae peswch arna i	*I've got a cough*
Mae annwyd trwm arni hi	*She's got a heavy cold*
Mae'r ddannodd arno fe	*He's got (the) toothache*
Oes chwant bwyd arnoch chi?	*Are you hungry?*
Mae syched arnon ni	*We're thirsty*
Mae syched mawr arno fe*	*He's very thirsty*

(b)   *Other useful expressions*

Ar can also be used to describe a state of mind.

	Mae ofn arna i	*I'm afraid* (lit. *There is a fear on me*)
or	Mae arna i ofn	

The latter is used in an extended sentence.

Mae arna i ofn fod rhaid i John fynd i'r ysbyty   *I'm afraid that John will have to go to (the) hospital*

Note also:

Mae bai arna i   *I'm at fault, I'm to blame.*
or more emphatically
Arna **i** mae'r bai   *The fault is mine*
Mae cywilydd arna i   *I'm ashamed*
and
Mae hiraeth arna i (am)**   *I long for/pine for*

*Cf. Anglo-Irish *He's got a big thirst on him* – a literal translation of the Welsh and Irish idiom. Both languages have inherited this construction from their common Celtic ancestor.

****Hiraeth:** *longing, nostalgia, home-sickness* or *sadness after loss.*

Mae chwant arna i is often used to mean *I'd like to* or *I feel like.* For example:

> Mae chwant arna i fynd i'r dre heddi   *I feel like going to town today*

7.8 Tell a friend what you feel like doing. (**Mae chwant arna i . . .**)

(*a*)   Mynd am dro i fyny'r mynydd.
(*b*)   Cymryd gwyliau yr wythnos nesa.
(*c*)   Gwerthu'r tŷ.
(*d*)   Prynu car newydd.
(*e*)   Gorffwys y pnawn 'ma yn lle (*instead of*) mynd i siopa.

8   *My* and *In* (the Nasal Mutation)

This mutation, which appears the most formidable to the eye, presents little oral difficulty. It affects six consonants only; the changes are listed below. If you say them aloud, you will see what a slight difference there is between the radical, or the original sound, and its mutated form. If you can't manage the final h – **peidiwch a phoeni!** (Thousands of Welshmen – and women – have survived without it!)

> **c → ngh**   as in English   *Bring ‿ him* (−*ng* + *h*)
> **p → mh**
> **t → nh**

The other three consonants, which are the 'soft' forms of **c**, **p** and **t**, omit the aspiration.

> **g → ng   b → m   d → n**

We have already seen examples of this mutation, albeit in the middle of a word, in the opposites **cywir** and **anghywir**, derived from the nasalising negative particle **an** + **cywir** → **anghywir**. So too in **anghofio** *to forget*, from **an** + **cofio**, and **amhosib** (**p → mh**) from **an** + **posib** (**n** changes to **m** before a labial sound, i.e. one produced by the lips, cf. English *in* + *possible* → *impossible*).

There are two words in Welsh that cause Nasal Mutation: **yn** meaning *in* and **fy** *my* or its spoken forms **'yn, 'y.**

(a) **Yn** *in*

This chameleon-like word changes its form according to what follows it. It changes to **yng** before the mutated form **ngh** or **ng**, and to **ym** before **mh** or **m**.

c → ngh	yng Nghaerdydd	*in Cardiff*
p → mh	ym Mhontypridd	*in Pontypridd*
t → nh	yn Nhonypandy	*in Tonypandy*
g → ng	yng ngardd John	*in John's garden*
b → m	ym masged Gwen	*in Gwen's basket*
d → n	yn nosbarth Glenys	*in Glenys' class*

In speech, the nasal consonants are not pronounced separately: **Yng Nghymru** *in Wales* is pronounced *ung-hum-ree*.

7.9 Your friend can't make up his mind where to go on holiday and rejects all your suggestions, e.g.

You Canada?
Friend Gwyliau yng Nghanada? Dim diolch.

What will he say to the following suggestions?

(a) Califfornia.   *(d)* Gwlad Groeg. *(the land of) Greece*
(b) Paris.   *(e)* Bwlgaria.
(c) Tyddewi. *St David's*   *(f)* Denmarc.

(b) **'Yn** *My*

The possessive adjective **'yn** *my* (the spoken form of **fy**) is contracted to **'y** which is a very weak sound, often absorbed into the nasal sound which follows, especially when it follows a vowel such as in **mae**.

c →ngh	Mae poen arna i yn **'y ngh**efn. (**cefn**)
	I've got a pain in my back.
p →mh	Mae poen arna i yn **'y mh**en.
	I've got a pain in my head.
t →nh	Ble mae **'nh**rowsus i? (**trowsus**)
	Where are my trousers?
g →ng	Beth am **'y ng**waith i? (**gwaith**)
	What about my work?
b →m	Mae poen arna i yn **'y mr**aich. (**braich**)
	I've got a pain in my arm.

d →n   Mae'r llyfr ar **'y n**esg i. (**desg**)
            The book is on my desk.

7.10   You accompany Dan, a hypochondriac, to the doctor. How would he describe his symptoms, beginning **Mae poen arna i yn . . . i.**

(*a*) his back   (*b*) his legs (**coesau**)   (*c*) his tongue (**tafod**)
(*d*) his arm   (*e*) his ear.

Darllen a deall

Olwen is sitting in the doctor's surgery waiting for her turn when a stranger comes in.

Man   Esgusodwch fi. Ydy'r meddyg yma?
Olwen   Ydy. Peidiwch â phoeni. Dyw e ddim wedi mynd eto.
Man   Diolch. Rydyn ni newydd symud i fyw yma. Dydyn ni ddim yn siŵr iawn o amser agor ac amser cau'r feddygfa yma.
Olwen   Mae hi'n agor am ddeg yn y bore ac yn cau am ddeuddeg ar ddydd Mawrth a dydd Iau.
Man   Diolch yn fawr i chi. Rhaid i fi sgrifennu'r amser i lawr yn 'yn nyddiadur i. Mae cof gwael 'da fi.
Olwen   Rydw i yr un fath â chi . . . Ydych chi'n byw yn agos?
Man   Ydw. Rydyn ni'n byw yn y stad dai newydd wrth y parc. Jac Ifan ydw i. Fi yw'r athro newydd yn yr ysgol gynradd.
Olwen   Wel, wel. Mae gyda fi fachgen yn eich dosbarth chi.
Jac   Yn 'yn nosbarth i? Beth yw ei enw e?
Olwen   Rhodri. Rhodri Williams.
Jac   Y bachgen gyda'r gwallt coch? Rwy'n gweld nawr o ble mae Rhodri yn cael y gwallt coch 'na.
Olwen   Mae gwallt coch gyda fi, a'r gŵr a'r teulu i gyd.
Jac   Faint o blant sy gyda chi, Mrs Williams?
Olwen   Mae gyda ni bedwar o blant. Mae dau yn yr ysgol gyfun a dau yn eich ysgol chi.
Jac   Pwy sy yn ein ysgol ni ar wahân i Rhodri?
Olwen   Catrin. Mae hi yn nosbarth y plant bach – dosbarth Mrs Jones.

Jac   Beth yw oed Catrin?

Olwen Mae hi'n bedair oed, ond mae hi'n dost ers dydd Mawrth. Mae'r doctor yn dweud fod rhaid iddi hi aros gartre o'r ysgol yr wythnos 'ma, o leia, achos mae ei gwres hi'n uchel.

Jac   Beth sy'n bod arni hi? Oes annwyd arni hi?

Olwen Mae arna i ofn fod y ffliw arni hi. Rydw i eisiau i'r meddyg ddod heno neu bore fory i weld sut mae hi. Pwy sy'n dost gyda chi? Rydych chi'n edrych yn eitha iach.

Jac   Ydw. Rydw i'n hunan yn ddigon iach. Y wraig sy'n dost. Mae peswch trwm arni ers misoedd. Mae'r tywydd 'ma mor oer . . . A! Mae'r gloch yn canu.

Olwen Ydy. Mae'n well i fi fynd mewn. Da boch chi. Pob hwyl i Mrs Ifan.

Jac   Diolch. Da boch chi, a diolch yn fawr am y sgwrs.

sgrifennu (short form of **ysgrifennu**)	*to write*	**yr un fath â**	*the same (kind) as*
dyddiadur	*diary*	**stad dai**	*housing estate*
cof	*memory*	**i gyd**	*all*
gwael	*poorly, weak*	**ar wahân i**	*apart from*

Atebwch:

(*a*)   Pryd mae'r feddygfa yn cau ar ddydd Iau?

(*b*)   Ydy hi ar agor ar ddydd Mercher?

(*c*)   Ble mae Jac yn byw nawr?

(*d*)   Beth yw enw mab Olwen?

(*e*)   Ym mha (*In what*) ddosbarth mae Rhodri?

(*f*)   Sut wallt sy gyda fe?

(*g*)   Pwy, o deulu Olwen, sy yn yr ysgol gynradd ar wahân i Rhodri?

(*h*)   Faint o blant sy gyda Olwen?

(*i*)   Beth yw oed Catrin?

(*j*)   Pam mae rhaid i Catrin aros gartre o'r ysgol?

Note: Proper names seldom mutate in speech.

8 Beth sy wedi digwydd?

In this unit you will learn how to talk about what has happened in the immediate past and to ask questions with regard to causes and effects.

Dialogue

The local newspaper correspondent has turned up at the scene of an accident in which two drivers were injured. P.C. Edwards, who is on duty, replies to her questions.

Gohebydd	Beth sy'n bod, Mr Edwards? Beth sy wedi digwydd?
P.C. Edwards	Mae damwain wedi digwydd yma – rhwng dau gar. Maen nhw wedi taro yn erbyn ei gilydd ar ganol y ffordd.
Gohebydd	Ga i ofyn cwestiwn neu ddau i chi? Oes rhywun wedi cael niwed?
P.C. Edwards	Oes, mae un gyrrwr wedi torri ei goes, falle ei ddwy goes, a mae'r llall wedi anafu ei ben a'i gorff, a mae arna i ofn ei fod e wedi torri ei fraich dde.
Gohebydd	Mae'r ddamwain 'ma wedi anafu'r ddau ohonyn nhw yn ddrwg iawn, felly. Druan ohonyn nhw. Ers pryd mae hyn wedi digwydd?
P.C. Edwards	Gadewch i fi weld . . . Mae hi'n chwech o'r gloch nawr . . . ers hanner awr.
Gohebydd	Ble mae'r gyrwyr nawr?
P.C. Edwards	Mae'r ambiwlans wedi mynd â'r ddau ohonyn nhw i'r ysbyty. Mae teulu un o'r gyrwyr – ei dad

a'i fam a'i wraig, a'i blant, hefyd, rwy'n credu, wedi mynd yno i'w weld e. Dyn ni ddim wedi gallu dod o hyd i deulu'r dyn arall eto. Maen nhw wedi bod yn chwilio ond does neb yn gwybod eto . . .

Gohebydd   Diolch i chi am roi'r ffeithiau i fi. Rydych chi wedi bod yn garedig iawn. Mae'n well i fi fynd i ffonio'r swyddfa nawr.

P.C. Edwards   Wel, dyma P.C. Ifans wedi cyrraedd o'r diwedd. Rwy wedi bod yn aros amdano fe ers dros hanner awr.

He turns to P.C. Ifans.

Ble rwyt ti wedi bod? Rwy wedi blino aros amdanat ti. Dwy ddim wedi cael te.

P.C. Ifans   Beth sy'n bod arnat ti? Wyt ti'n gwybod mod i ddim wedi cael 'y nghinio i eto?

damwain (f)	*accident*	**yn ddrwg**	*badly*
rhwng	*between*	**Druan ohonyn nhw**	(lit.) *Pity for them*
yn erbyn	*against*	**tua**	*about*
gyrrwr	*driver*	**chwilio**	*to search, look*
ei gorff	*his body*	**'y nghinio i** (**cinio**)	*my dinner*

8.1   Cywir neu anghywir? Ail-ysgrifennwch y brawddegau anghywir yn gywir.

(*a*)   Does dim damwain wedi digwydd.
(*b*)   Mae'r ddau gar wedi taro ei gilydd.
(*c*)   Maen nhw wedi taro ei gilydd ar ochr y ffordd.
(*d*)   Mae'r ddamwain wedi digwydd ers tair awr.
(*e*)   Mae P.C. Ifans wedi cael ei ginio.

8.2   Atebwch:

(*a*)   Rhwng beth mae'r ddamwain wedi digwydd?
(*b*)   Ers pryd mae'r ddamwain wedi digwydd?
(*c*)   Pwy sy wedi mynd i weld y gyrrwr yn yr ysbyty?
(*d*)   Ers pryd mae P.C. Edwards wedi bod yn aros am P.C. Ifans?
(*e*)   Pam mae e wedi blino aros amdano fe?

Useful words and phrases

How to:

1 *Ask what the matter is, what's happened.*
Beth sy'n bod?
Beth sy wedi digwydd?

2 *Ask when something happened.*
Ers pryd mae hyn wedi digwydd?

3 *Ask if someone has been hurt.*
Ydych chi wedi cael niwed?
Oes rhywun wedi cael niwed?

4 *Say you're tired.*
Rydw i/Rwy wedi blino.

How Welsh works

1 Contractions

Contractions of the various parts of the verb **bod** *to be* are quite common in Welsh (cf. English *I'm* for *I am*, *I'd* for *I would*, etc.) but these tend to differ according to locality. The following are the contractions used in South and North Wales.

	S. Wales	N. Wales
Rydw i	Rwy	Dwy
Rydyn ni	Ryn ni	Dan ni
Rydych chi	Rych chi	Dach chi

2 *I have . . .* (the Perfect Tense)

(*a*) The immediate past (*I have . . .*) can be expressed in Welsh simply by substituting **wedi** for **yn** as the link word.

Beth sy'n digwydd?	*What is happening?*
Beth sy **wedi** digwydd?	*What has happened?*

This tense is called the Perfect because the action is 'perfected' or complete. Further examples:

| Maen nhw **wedi** dod | *They have come* |
| Mae'r glaw **wedi** peidio | *The rain has ceased/stopped* |

(b)   Questions with a definite subject follow this pattern:

Ydy P.C. Edwards **wedi cael** te?   *Has P.C. Edwards had tea?*

Those with an indefinite subject take **oes**:

Oes rhywun **wedi cael** niwed?   *Has anyone been hurt (had an injury)?*

Note that the answers will be the same as for the present tense:

Ydy . . . . . . wedi . . . ?   **Ydy/Nag ydy.**
Oes . . . . . . wedi . . . ?   **Oes/Nag oes.**

(c)   *Who, what?* + Perfect Tense

Pwy sy wedi cael damwain?   *Who has had an accident?*

(d)   *Where, where to, where from?*

Ble rwyt ti wedi bod?	*Where have you been?*
I ble mae e wedi mynd?	*Where has he gone (to)?*
O ble rydych chi wedi dod?	*Where have you come from?*

3   The past participle

Wedi with the infinitive (the part of the verb that goes with *to*) is equivalent to the past participle in English, e.g. **blino** *to tire*, **wedi blino** *tired*.

Rydw i **wedi blino**	*I'm tired*
Rydw i **wedi dyweddïo**	*I'm engaged*
Mae e **wedi meddwi**	*He's drunk*
Mae e **wedi marw**	*He's dead*

8.3   Tell someone you've done what you were asked, e.g.

Ydych chi'n neud y coffi? **Rydw i wedi neud** y coffi.
Are you making the coffee? I have made the coffee.

(a)   Ydych chi'n cael cinio?

(*b*)   Ydych chi'n mynd â'r plant i'r ysgol?
(*c*)   Ydych chi'n darllen y papur?
(*d*)   Ydych chi'n agor y ffenest?
(*e*)   Ydych chi'n gwrando ar y newyddion?

4   Ei (*his*)

Ei (pron. *ee*) *his* causes Soft Mutation.

c → g	Mae un gyrrwr wedi torri **ei g**oes (**coes** *leg*)	
	One driver has broken his leg.	
p → b	Mae e wedi anafu **ei b**en (**pen** *head*)	
	He has injured his head.	
t → d	Dydy P.C. Edwards ddim wedi cael **ei d**e eto (**te** *tea*)	
	P.C. Edwards hasn't had his tea yet.	
g → –	Mae **ei w**raig wedi mynd i weld sut mae e (**gwraig** *wife*)	
	His wife has gone to see how he is.	
b → f	Mae'r gyrrwr wedi torri **ei f**raich dde (**braich** *arm*)	
	The driver has broken his right arm.	
d → dd	efallai **ei dd**wy goes (**dwy** *two*)	
	Perhaps his two (both) legs	
ll → l	Mae e wedi anafu **ei l**aw (**llaw** *hand*)	
	He has hurt his hand.	
m → f	Mae **ei f**am wedi mynd i'r ysbyty (**mam** *mother*)	
	His mother has gone to the hospital.	

Ei . . . e is also used to translate *its* when referring to a masculine noun. For example:

> Beth sy'n bod ar y car?   *What's the matter with the car?*
> *Mae* **ei** danc e'n wag   *Its tank is empty*

Note that **ei** is pronounced like the preposition **i** *to/for* and **i** *I/me*, which also cause Soft Mutation.

8.4   Insert the appropriate form of the given word in each of the following sentences:

(*a*)   braich   Mae e wedi torri ei . . . . . .
(*b*)   parsel   Mae e newydd agor ei . . . . . .
(*c*)   gwlad   Mae e'n caru ei . . . . . .   (**caru** *to love*)
(*d*)   teulu   Mae ei . . . . . . wedi symud i'r dre.
(*e*)   car   Mae ei . . . . . . wedi cael damwain.

5 'i (*his*)

After **a**, **o** and **gyda**, **ei** is contracted to '**i** (or '**w** – see 7(*c*)), e.g. **ei dad a'i fam** *his father and his mother*. Further examples:

Mae e'n hoff iawn **o'i** gar newydd   *He's very fond of his new car*

Mae e'n mynd i ffwrdd ar ei wyliau **gyda'i** deulu   *He goes away on his holidays with his family*

A useful idiom is **Beth sy o'i le . . . ?** *What's wrong . . .?*

Beth sy o'i le (ar y car/ar y teledu/ar y bwyd, etc.)?   *What's wrong (with the car/with the television/with the food, etc.)?* (lit. *What is out of its place . . .?*)

8.5 Fill in the gaps with the most appropriate words in their correct form.

gardd   teledu   cath   llyfrau   carafan

(*a*)   ei gi a'i . . . . . .
(*b*)   ei gar a'i . . . . .
(*c*)   ei bapurau a'i . . . . . .
(*d*)   ei fideo a'i . . . . . .
(*e*)   ei dŷ a'i . . . . . .

6 *I see him, He sees me* (object pronouns)

In English, object pronouns (i.e. pronouns which are the objects of a sentence, such as *him*, *her*, *me*, *us*, etc.) come after the verb, e.g. *I see him*. In Welsh, there is a different construction. The possessive *adjective* comes before the verb and the personal pronoun is placed after it. Examples:

Rydw i'n **ei** weld **e**	*I see him*
Mae e'n **'y** ngweld **i**	*He sees me*
Maen nhw'n **ein** nabod **ni**	*They know us*
Rydyn ni'n **eu** nabod **nhw**	*We know them*

We have already seen examples of this construction in the phrases

Ga i **eich** helpu **chi**?	*May I help you?*
Ga i **eich** ffonio **chi**?	*May I phone you?*

8.6 Read the following paragraph about Tom and answer the questions, using the object pronoun **ei**.

Mae Tom yn codi bob bore am wyth o'r gloch, ac mae'n cael ei frecwast am naw o'r gloch. Rhwng deg ac un-ar-ddeg mae e'n darllen y papur. Am hanner awr wedi un-ar-ddeg, mae e'n gadael y tŷ a mynd am dro. Ar y ffordd i'r parc mae e'n gweld ei ffrind Eric. Mae e'n dal y bws am ddeuddeg o'r gloch a mynd adre.

Begin **Mae e'n ei . . .**
(*a*) Pryd mae Tom yn cael ei frecwast? (*b*) Pryd mae e'n darllen y papur? (*c*) Pryd mae e'n gadael y tŷ? (*d*) Ble mae e'n gweld ei ffrind Eric? (*e*) Pryd mae e'n dal y bws?

7 *I give him a book, I ask him a question* (the indirect object)

(*a*) *Recognising the indirect object*

In the sentence *I see him*, *him* is the 'object' of my seeing. In the sentence *I give him a book*, however, the 'object' of my giving is *a book*. *Him*, in this case, is the *indirect object*. The indirect object is often preceded by *to*, as in *I give a book* **to him**. In Welsh, the thing given comes first, followed by the recipient (usually a person), preceded by **i** *to*. For example:

> Rwy'n rhoi llyfr **i John**   *I give John a book* (lit. *I give a book to John*)
> Rwy'n rhoi llyfr **iddo fe**   *I give him a book* (lit. *to him*)

So in these sentences *book* is the direct object (answering the question 'What do I give?') and *John* or *him* is the *indirect object* (answering the question 'To whom do I give it?').

(*b*) *Verbs which take indirect objects*

darllen *to read*
Mae eu tad wedi darllen stori **iddyn nhw**   *Their father has read them a story*

dysgu *to teach*
Rydw i'n dysgu Cymraeg **i oedolion**   *I'm teaching adults Welsh* (lit. *Welsh to adults*)

dangos *to show*

Dangoswch eich llyfr/gardd/tŷ/dillad newydd **i fi** *Show* me *your book/garden/house/new clothes*

Gofyn *to ask*

Ga i ofyn cwestiwn neu ddau **i chi**? *May I ask* you (lit. *to you*) *a question or two?*

prynu *to buy*, **gwerthu** *to sell*

Rwy wedi prynu/gwerthu car **iddo fe** *I have bought/sold* him *a car*

(c) To his

There are two ways of saying *to his*, avoiding **i'i**.

(*i*) the more literary and North Wales form **i'w**:
  Mae e'n rhoi ei arian **i'w fam** bob wythnos *He gives his money* to his mother *every week*

(*ii*) the South Welsh form **idd i** (by analogy with **iddo, iddi**):
  Mae e'n rhoi ei arian **idd i fam** bob wythnos

8   Other verbs taking an indirect object

A few more verbs are followed by the preposition **i** in Welsh – i.e. they take an indirect object where English does not appear to. Two of these are:

diolch (i) *to thank*

Diolch yn fawr **i chi** am eich caredigrwydd *Thank you very much for your kindness*

Diolchwch **iddyn nhw** am ddod *Thank them for coming* (command form)

gadael (i) *to let, allow*

Gadewch **i fi** weld *Let me see*

Gadewch **iddyn nhw** fynd/ddod/fod/gysgu/ganu *Let them go/come/be/sleep/sing*

8.7 Reply to the questions, saying you haven't done various things. Follow this pattern:

Ydych chi wedi gofyn i John? Nag ydw, dydw i ddim wedi gofyn **iddo fe** eto . . .

(*a*) Ydych chi wedi rhoi'r ffeithiau i'r gohebydd?

(*b*) Ydych chi wedi gofyn i Gwen?

(c) Ydych chi wedi dangos y llythyr i Tom?
(d) Ydych chi wedi darllen y Radio Times? (m)
(e) Ydych chi wedi gwerthu'r car?

9 Am (*for, at, about*)

(a) *Personal forms of* am

This is another preposition that has personal forms, which are a compound of **ar** and **dan**.

> Rwy wedi blino aros **amdanat ti**   *I'm tired of waiting for you*
> Rwy wedi bod yn aros **amdano fe** ers hanner awr   *I've been waiting for him for half an hour*
> Beth **amdanoch chi**? Ydych chi'n dod?   *What about you? Are you coming?*

Here is the complete list of forms:

amdan**a i** *for/about me*	amdan**on ni** *for/about us*
amdan**at ti** *for/about you*	amdan**och chi** *for/about you*
amdan**o fe** *for/about him*	amdan**yn nhw** *for/about them*
amdan**i hi** *for/about her*	

(b) *Verbs followed by* am

aros	*to wait for*	Peidiwch aros **amdana i**.
		Don't wait for me.
talu am	*to pay for*	Rydw i wedi talu **amdanyn nhw**.
		I've paid for them.
siarad am	*to talk about*	Mae'n nhw'n siarad **am y ddamwain**.
		They are talking about the accident.
gofalu am	*to look after, care for*	Gofalwch **amdanoch eich** hunain!
		Look after yourselves!
cofio am	*to remember (about)*	Cofiwch **am eich** het!
		Remember your hat!
		Dwy'n cofio dim **amdano**.
		I don't remember anything about it/him.
gwisgo am	*to put on, dress*	Gwisgwch eich **cot amdanoch** chi.
		Put your coat on.

anghofio am	*to forget*	meddwl am	*to think about*
chwilio am	*to search for*	poeni am	*to worry about*
edrych am	*to look for*	sôn am	*to mention,*
gofyn am	*to ask for*		*to talk about*

(c)   *To reinforce the infinitive*
Am is also found as the second preposition in some phrases, reinforcing the infinitive 'to':

> Gofynnwch i Aled am ddod/am fynd/am alw/am ddarllen
> *Ask Aled to come/to go/to call/to read.*
> Dwedwch wrth Gwen am aros amdana i.
> *Tell Gwen to wait for me.*

Note the Soft Mutation after **am**:
> Da **am dd**rwg sy'n fendigedig   *Good for evil is blessed*
> (Welsh folk verse)

8.8   Ask Aled how long he has been looking for various people/things, following the pattern:

> Rydw i'n chwilio am 'nhad. Ers pryd (*since when*) rwyt ti'n chwilio **amdano fe**?

(*a*)   Rydw i'n chwilio am Gwen.
(*b*)   Rydw i'n chwilio am 'y nghar i.
(*c*)   Rydw i'n chwilio am y gath.
(*d*)   Rydw i'n chwilio amdanat ti.
(*e*)   Rydw i'n chwilio am y plant.
(*f*)   Rydw i'n chwilio amdanoch chi.

10   *Each other, one another*

Ei gilydd means literally *his other*:

> Maen nhw wedi taro yn erbyn ei gilydd   *They have crashed*
> *against one another/each other*

This idiom is also used with **ein** and **eich**:

> Rydyn ni'n gweld **ein gilydd** bob dydd   *We see one another*
> *every day*
> Ydych chi'n nabod **eich gilydd**?   *Do you know one another?*

Note also:

Rhywun neu'i gilydd   *Someone or other*

> Mae rhywun neu'i gilydd wedi gadael ei het ar ôl   *Someone or other has left his/her hat behind*

Rhywbeth neu'i gilydd   *Something or other*

> Mae rhywbeth neu'i gilydd yn ei boeni fe   *Something or other is worrying him*

8.9   Combine the following sentences, e.g.

Rydw i'n ffonio Gwen.	Mae Gwen yn 'yn ffonio i.
(*I phone Gwen.*)	(*Gwen phones me.*)

Rydyn ni'n ffonio **ein gilydd**.
(*We phone each other.*)

(*a*)   Rydw i'n helpu John. Mae John yn 'yn helpu i.
(*b*)   Mae John yn ffonio Gwen. Mae Gwen yn ffonio John.
(*c*)   Mae John yn siarad â chi. Rydych chi'n siarad â John.
(*d*)   Mae hi'n ei basio fe. Mae e'n ei phasio hi.
(*e*)   Rydyn ni'n eu gweld nhw. Maen nhw'n ein gweld ni.

11   The personal forms of 'o'

These are a compound of **o** + **hon**:

ohono **i**	*of me*	ohon**on ni**	*of us*
ohon**ot ti**	*of you*	ohon**och chi**	*of you*
ohono **fe**	*of him*	ohon**yn nhw**	*of them*
ohoni **hi**	*of her*		

Examples:

> Mae'r ddamwain 'ma wedi anafu'r ddau **ohonyn nhw**   *This accident has injured both of them*
> Mae gormod **ohonon ni** i lanw bws mini   *There are too many of us to fill a minibus*

8.10   Tell Gwen that you like the same people and things as she does e.g.
Gwen: Rydw i'n hoff iawn o deulu Enid.   You: Rydw i'n hoff iawn **ohonyn nhw** hefyd.

(*a*) Rydw i'n hoff iawn o John. (*b*) Rydw i'n hoff iawn o Enid. (*c*) Rydw i'n hoff iawn o'r ci. (*d*) Rydw i'n hoff iawn o gerddoriaeth Mozart. (*e*) Rydw i'n hoff iawn o nofelau Daniel Owen.

Darllen a deall

John Powel meets Penri, a young friend of his nephew Alun.

John	Helo, Penri, sut hwyl?
Penri	Helo, Mr Powel, sut ydych chi ers lawer dydd?
John	Rydw i'n cadw'n dda iawn, diolch, a sut mae Alun? Dydw i ddim wedi ei weld e ers amser maith.
Penri	Mae Alun wedi cael damwain ar ei feic, a mae e wedi gorfod mynd i'r ysbyty.
John	Ydy e wedi cael llawer o niwed?
Penri	Nag ydy. Mae e wedi bod yn lwcus iawn. Mae e'n dod allan cyn bo hir.
John	Beth rydych chi'ch dau yn neud y dyddiau 'ma? Ydych chi wedi gorffen eich cwrs yn y coleg?
Penri	Ydyn. Mae Alun a fi wedi gorffen, a nawr mae rhaid i'r ddau ohonon ni chwilio am waith.
John	Ble rydych chi wedi bod yn chwilio?
Penri	Rydyn ni wedi bod yn chwilio yng Nghaerdydd, yng Nghasnewydd ac yn Abertawe. Ond heb lwc eto.

ers llawer dydd	*for some time* (lit. *since many a day*)	**cyn bo hir**	*before long*
ers amser maith	*for a long time*	**cwrs**	*course*
ei feic (beic)	*his bicycle*	**Abertawe**	*Swansea*
lwcus	*lucky*	**Casnewydd**	*Newport*

Atebwch:

(*a*) Sut mae John Powel?
(*b*) Beth sy wedi digwydd i Alun?
(*c*) Ble mae e nawr?
(*d*) Beth mae Alun a Penri yn neud nawr?
(*e*) Ble maen nhw wedi bod yn chwilio am waith?

9 Nadolig llawen

In this unit, you will learn how to report what has been said, and deal with ages, dates of birth and festival days.

Dialogue

Gwen meets her friend Ann for a chat about the family and an old friend from North Wales.

Ann   Helo, bore da Gwen. Sut mae'r hwyl?

Gwen   Gweddol, Ann, sut wyt ti? Dwy ddim wedi dy weld di ers amser. Sut mae Aled a'r teulu?

Ann   Maen nhw'n eitha da, ond bod tipyn o annwyd ar Mair.

Gwen   Beth yw ei hoed hi nawr? Tair?

Ann   Ie. Mae hi'n dair blwydd oed erbyn hyn. Newydd gael ei phen-blwydd mae hi – ym mis Mai eleni.

Gwen   Sut mae Dilys, dy chwaer, nawr?

Ann   Mae hi wedi colli ei gŵr. Mae'r plant i gyd wedi priodi nawr, ac mae hi'n byw ar ei phen ei hunan ym Mhont-y-dre.

Gwen   Wyt ti wedi clywed oddi wrth dy ffrind sy'n byw yn y Gogledd yn ddiweddar?

Ann   Pwy? Enid?

Gwen   Ie.

Ann   Rydw i newydd gael llythyr oddi wrthi hi y bore yma. Mae hi'n dweud eu bod nhw'n symud i lawr yma i'r De aton ni i fyw, ar bwys ei mam a'i thad.

Gwen   Sut mae hi?

Ann   Mae hi'n dweud wrtho i ei bod hi'n dda iawn.

Gwen   Dwy ddim wedi ei gweld hi ers blynyddoedd. Ydy hi'n briod?

Ann	O ydy. Mae ei gŵr hi, Trefor, newydd gael swydd yn yr atomfa ym Mhont-y-Ffaldau.
Gwen	Yn yr atomfa newydd?
Ann	Ie.
Gwen	Fel peiriannydd?
Ann	Nage, fel rheolwr yr atomfa. Mae e'n dechrau ar ei waith ym mis Medi.
Gwen	Mae ei thad hi a'i brawd hi'n gweithio yno yn barod. Sut maen nhw'n teimlo, tybed? Beth am dad Enid?
Ann	Mae ei thad ar fin ymddeol. Mae e a'i mam hi'n edrych ymlaen at ei chael hi'n ôl atyn nhw i fyw a chael chwarae gyda'i phlant hi, a chael ei chwmni hi a'i theulu yn eu henaint.
Gwen	Pryd maen nhw'n symud?
Ann	Maen nhw'n bwriadu dod i lawr tua chanol mis Gorffennaf i aros gyda'i theulu hi, a threulio mis Awst yn chwilio am dŷ.

tipyn o annwyd ar Mair	*Mair has a bit of a cold*	**edrych ymlaen at**	*look forward to*
erbyn hyn	*by now* (lit. *by this*)	**ei chael hi yn ôl**	*having her back*
eleni	*this year*	**henaint**	*old age*
sy'n byw yn y Gogledd	*who lives in the North*	**tua chanol mis Gorffennaf**	*about the middle of July*
yn ddiweddar	*late, lately*	**threulio (treulio)**	*spending*
ar fin ymddeol	*about to* (lit. *on the edge of*) *retire*	**chwilio am dŷ**	*looking for a house*

9.1 Cywir neu anghywir? Ail-ysgrifennwch y brawddegau anghywir.

(*a*) Mae Mair newydd gael ei phen-blwydd.

(*b*) Mae hi'n cael ei phen-blwydd ym Mis Awst.

(*c*) Mae Trefor, gŵr Enid, wedi cael gwaith yn y swyddfa yn y dre.

(*d*) Mae Enid yn symud o'r De i'r Gogledd.

(*e*) Mae ei theulu yn edrych ymlaen at gael ei chwmni.

9.2   Atebwch:

(*a*)   Beth yw oed Mair?
(*b*)   Beth mae Enid a'i theulu yn mynd i neud?
(*c*)   Ble mae Trefor wedi cael gwaith?
(*d*)   Fel beth mae e wedi cael gwaith?
(*e*)   Sut mae teulu Enid yn y De yn teimlo?

Useful words and phrases

How to:

1   *Ask how old someone is.*
Beth yw eich oed chi? *or* Beth yw eich oedran chi?
Beth yw oed Gwen?
Beth yw ei (h)oed hi?
Beth yw oed John?
Beth yw ei oed e?

2   *Report what someone has said.*
Mae hi'n dweud bod . . .

3   *Say you have just done something.*
Rydw i newydd gael llythyr.
Newydd gael ei phen-blwydd mae hi.

How Welsh works

1   Contractions

Negative contractions of the verb **bod** *to be* are as follows:

	S. Wales	**N. Wales**
Dydw i ddim	Dwy ddim	Dwy ddim
Dydy e ddim	Dyw e ddim	Dydy o ddim
Dydyn ni ddim	Dyn ni ddim	Dydan ni ddim
Dydych chi ddim	Dych chi ddim	Dydach chi ddim
Dydyn nhw ddim	Dyn nhw ddim	Dydan nhw ddim

2   Ei *(his, her)*

(a)   How to differentiate

Two ways of differentiating between **ei** *his* and **ei** *her* (pron. *ee*) are
(*i*)   by the personal pronoun that follows, e.g.

ei swyddfa **fe**   *his office*
ei swyddfa **hi**   *her office*

and (ii)   by the mutation that follows. **Ei** *his* causes Soft Mutation
of all mutable consonants, whereas **ei** *her* causes Aspirate
Mutation of **c, p** and **t** only.

c → ch	a chael **ei ch**wmni
	and to have her company
p → ph	Mae hi newydd gael **ei ph**en-blwydd
	She's just had her birthday
t → th	a chwmni **ei th**eulu
	and the company of her family

NB In literary Welsh and in some dialects, **ei** *her* aspirates a
following vowel:

Beth yw **ei he**nw hi?   *What's her name?*
Beth yw **ei ho**ed hi nawr?   *How old is she now? (What is her
age now?)*

(b)   'i (her)

As with **ei** *his*, **ei** *her* will contract to **'i** after **a, o** and **gyda**. For
example:

Hi, a**'i ph**lant, a**'i th**ad a**'i** mam   *She, and her children, and
her father and (her) mother*
Mae hi'n mynd i ffwrdd gyda**'i th**eulu bob haf   *She goes away
with her family every summer*
Mae hi'n hoff o**'i ch**ar newydd   *She is fond of her new car*

As with **ei** *his*, **i ei** *(to her)* becomes **i'w**, or **idd i**.

Mae croeso i ni bob amser **i'w** chartre hi (*or* Mae croeso i ni
bob amser **idd i** chartre hi)   *We are always welcome to her
home*

9.3 Say where Gwen's things are, e.g.
Ble mae car Gwen? Mae **ei** char **hi** yn y garej.
Where is Gwen's car? Her car is in the garage.

(*a*) Ble mae cot Gwen? (yn y lolfa)
(*b*) Ble mae cath Gwen? (yn cysgu yn yr ardd)
(*c*) Ble mae pwrs (*purse*) Gwen? Mae hi wedi colli . . .
(*d*) Ble mae tŷ Gwen? (ar y sgwâr)
(*e*) Ble mae cinio Gwen? (yn y meicro-don) (*microwave*)

3 Other causes of Aspirate Mutation

(*a*) *After the object pronoun* ei *(her)*

Ei *her* will cause Aspirate Mutation when it is an object pronoun.

Rydw i'n **ei ch**ofio hi'n dda   *I remember her well*

9.4 Insert the correct form of the verb in the following sentences:

(*a*) (talu)   Rwy'n ei . . . . . . hi bob wythnos.
(*b*) (pasio) Mae e'n ei . . . . . . hi ar y ffordd.
(*c*) (cario) Mae ei mam yn ei . . . . . . hi i'r ysgol yn y car.
(*d*) (cofio) Rwy'n ei . . . . . . hi'n blentyn bach.
(*e*) (caru)   Maen nhw'n ei . . . . . . hi'n fawr iawn.

(*b*) *After* a *(and)*

a chael ei chwmni hi
a chwmni ei theulu
bara **a ch**aws   *bread and cheese*
Faint yw dau **a ph**edwar?   *How much is two and four?*

(*c*) *After* tri *and* chwe

Tri chynnig i Gymro   *Three tries for a Welshman*
chwe cheiniog   *six pence*
chwe chant   *six hundred*

(*d*) *After* â *(with) and its compounds* gyda *(together) with,* tua *(towards, about)*

â   Rwy'n mynd **â ch**ar Gwen i'r garej.
     I'm taking Gwen's car to the garage.

gyda   Rwy'n mynd i'r theatr heno **gyda ch**yfaill i fi.
           I'm going to the theatre tonight with a friend of mine.
tua   Faint o ffordd sy i'r dre? **Tua th**air milltir.
           How far is it to town? About three miles. (lit. *How much
           way/road . . . ?*)

Aspirate Mutations also occur after **â** *as* and **na** *than* with
comparative adjectives.

The Aspirate Mutation tends to disappear from spoken Welsh,
except where it has a differentiating function – as with **ei** *his* and **ei**
her. It is also used in the following examples: **tri chant**, **tri phen**
(*three 'headings' to a sermon*), **chwe chant** and **chwe cheiniog**, **bara
a chaws** (see above), and in comparisons such as **mwy na thebyg**
more than likely.

4   Ar bwys (*beside/by me*, etc.)

In phrases such as *Come and sit by me*, *by me* in Welsh is expressed
as *on my side* (**ar 'y mhwys i**). **Ar bwys** can be conjugated:

ar 'y mhwys i	*by me*	ar ein pwys ni	*by us*
ar dy bwys di	*by you*	ar eich pwys chi	*by you*
ar ei bwys e	*by him*	ar eu pwys nhw	*by them*
ar ei phwys hi	*by her*		

Examples:

Maen nhw wedi symud i fyw **ar ein pwys ni**   *They've moved
     to live by us*
Dere i eistedd **ar 'y mhwys i**   *Come and sit by me*
Dwy ddim eisiau eistedd **ar dy bwys di**   *I don't want to sit by
     you*
Mae'n well gyda fi eistedd **ar ei phwys hi**   *I prefer to sit by her*

5   Summary of mutations after possessive adjectives

(*a*)   After **fy, 'y, 'yn . . . i** *my*: Nasal Mutation of **c,p,t; g,b,d**.

Mae 'nhad a 'mrawd yn dod i 'ngweld i fory   *My father and
     my brother are coming to see me tomorrow*
In this sentence the **'y** is understood.

(*b*)   After **dy** *your* (fam.) and **ei** *his*: Soft Mutation of all mutable consonants.

> Mae **dy** **l**yfr di yn **ei** **f**ag e   *Your book is in his bag*

(*c*)   After **ei** *her*: Aspirate Mutation of **c, p, t,** only.

> Mae hi'n cadw **ei** **ch**ar yn ei garej   *She keeps her car in her garage*

The following table encapsulates the rules:

Mae 'y nghar i yn 'y nghario i	*My car carries me*
Mae dy gar di yn dy gario di	*Your car carries you*
Mae ei gar e yn ei gario fe	*His car carries him*
Mae ei char hi yn ei chario hi	*Her car carries her*

The plural possessive adjectives (*our*, *your* and *their*) do not mutate the words that follow them, but in literary Welsh **ein** *our* and **eu** *their* aspirate a following vowel:

> Heddwch yn **ein** **h**amser ni   *Peace in our time*
> Mae'r plant yn hoff iawn o'**u** **h**athrawes ac o'**u** **h**ysgol   *The children are very fond of their teacher and (of) their school*

6   Reported or indirect speech

This is used when reporting something that is happening or that has happened, and usually begins with *he says that*, *I know that*, *you heard that*, etc. For example *He is ill* (direct speech) → *He says that he is ill* (reported speech). The conjunction *that* in these cases is translated by **bod** or **fod**.

> Mae'r gohebydd wedi clywed **bod** damwain wedi digwydd
> *The reporter has heard that there has been an accident* (lit. *that an accident has happened*)

When *that* in reported speech is followed by a pronoun in English, the object pronoun construction is used in Welsh: **bod** is preceded by the possessive adjective and followed by the personal pronoun.

> Mae hi'n dweud **ei** bod **hi**'n teimlo'n dda   *She says that she is feeling well*
> Mae arna i ofn **ei** fod **e** wedi torri ei goes   *I'm afraid (that) he has broken his leg*

Rydw i'n siŵr **eich** bod **chi**'n iawn *I'm sure (that) you are right*

Rwy'n gwybod **'y** mod i'n iawn *I know (that) I am right*

Note that although *that* may be omitted in English, **bod** must always be inserted in Welsh.

Note also that **bod** is not mutated after **ei** *her*.

The negative '*that not*' is **na (d)** . . . **ddim**, which surrounds the appropriate parts of the verb 'to be'.

Wyt ti'n gwybod **nad** ydw i **ddim** wedi cael 'y nghinio i eto?
Do you know (that) I haven't had my dinner yet?

9.5 Say you're sure that the following statements are correct, following the pattern **Rwy'n siŵr ei/'y** . . .

(*a*) Mae John yn cysgu. (*b*) Mae pwrs Gwen dan y ford. (*c*) Mae e wedi mynd i'r dre. (*d*) Mae e wedi gofyn i Mair am ddod. (*e*) Rydych chi'n gywir.

7 Emphatic answers 'Ie, Nage' (*Yes, No*)

We have seen the pattern for answering simple questions, consisting of a personal pronoun and a verb, e.g.

Ydych chi'n dod? – **Ydw** *Are you coming? – Yes (I am)*

When another part of speech such as a noun appears at the beginning of a question, giving it emphasis or a nuance of emphasis, the answer is either **Ie** *Yes*, or **Nage** *No*. Examples:

Bethan yw'ch enw chi? – **Ie** *Is Bethan your name? – Yes*

Gareth yw'ch enw chi? – **Nage**, Alun *Is Gareth your name? – No, Alun*

Beth yw ei hoed hi nawr? Tair? – **Ie** *How old is she now? Three? – Yes*

If emphasis is laid on a word or group of words at the beginning of the question, the *Yes/No* answer will be **Ie** or **Nage**, e.g.

Cymro ydych chi?	*Are you a Welshman?*
Ie, Cymro ydw i	*Yes, I'm a Welshman*
Saeson ydych chi?	*Are you English (people)?*
Nage, Americaniaid ydyn ni	*No, we are American*

The response to a name being called is either **Ie** or **Nage**, e.g.
Alun? Ie, mam   *Alun? Yes, mum*

Negative question
>**Nid** chi yw tad Eleri?   *You're not Eleri's father?*
>**Nage, nid** fi yw tad Eleri. Ewyrth Eleri ydw i   *No, I'm not Eleri's father. I'm Eleri's uncle*

There is a tendency in some dialects to use **dim** instead of **nid** to negate emphatic sentences, but this should be avoided.

9.6   Match the following questions and answers.

1   Athrawes yw Nerys?
2   Ydy hi'n dysgu yn ysgol Ynyswen?
3   Oes car gyda hi?
4   Yn ei char mae hi'n mynd i'r ysgol?
5   Ydy'r plant yn ei hoffi hi?
(*a*)   Oes, mae car gyda hi.
(*b*)   Ydyn, maen nhw'n ei hoffi hi'n fawr iawn.
(*c*)   Ydy, mae hi'n dysgu yno ers blwyddyn.
(*d*)   Ie, athrawes yw hi.
(*e*)   Nage, ar y bws.

8   Word order in a Welsh sentence

Note how flexible the Welsh sentence can be. Almost any word or phrase can be emphasised by bringing it to the initial position in the sentence.

>Mae Aled yn chwilio am ei gap yn stafell wely ei fam.
>Chwilio am ei gap mae Aled . . . . . . (nid siarad)
>Am ei gap mae Aled yn chwilio . . . . . . (nid am ei dei)
>Yn stafell wely ei fam mae Aled yn chwilio am ei gap
>   (nid yn stafell wely ei frawd)

If the first sentence (above) is turned into a question (**Ydy Aled yn chwilio am ei gap . . .?**) the answer would be **Ydy**. If the subsequent, emphatic sentences are made into questions the answer in each case would be **Ie** (or **Nage**).

Chwilio am ei gap mae Aled? – Ie.
Ei fam sy'n chwilio am ei gap e? – Nage, Aled.

Note that when the 'possessor' is mentioned, the personal pronoun is omitted. It is also omitted when referring to close relatives (e.g. **ei fam** *his mother*, **ei mam** *her mother*; **ei dad**, **ei thad** *his dad, her dad*) except for emphasis.

ei frawd **e**   **his** *brother*   ei brawd **hi**   **her** *brother*

9   Misoedd y flwyddyn (*the months of the year*)

Ionawr	*January*	Gorffennaf	*July*
Chwefror	*February*	Awst	*August*
Mawrth	*March*	Medi	*September*
Ebrill	*April*	Hydref	*October*
Mai	*May*	Tachwedd	*November*
Mehefin	*June*	Rhagfyr	*December*

Note 1   **Mawrth** is also *Tuesday*. (**Dydd Mawrth**)

  2   **Gorffennaf** is derived from **gorffen** + **haf** (*the end of summer*).

  3   **Medi** is the Welsh word for *harvesting* as well as *September*.

  4   The word **mis** is often used before the name of the month – **ym mis Tachwedd** rather than **yn Nhachwedd**, thus avoiding the Nasal Mutation.

  5   The months and seasons (see note 10) are masculine in Welsh:

  Rydyn ni wedi cael dau aeaf **cal**ed. Diolch am Ebrill **cyn**nes! *We've had two hard winters. Thank (goodness) for a warm April!*

Useful expressions

Pryd rydych chi'n mynd ar eich gwyliau?   *When are you going/do you go on your holidays?*
Ym mis Mehefin (bob blwyddyn)   *In June (every year)*
Pryd rydych chi'n cael eich pen-blwydd?   *When is (do you have) your birthday?*

Chwefror dau ddeg naw. Unwaith bob pedair blynedd! *The twenty-ninth of February. Once every four years!*

9.7 (*i*) Look at the school register and fill in the questionnaire about the children's birthdays.

Dyddiad geni	Siôn	21/11/84	Gwyn	22/9/84
	Siân	3/3/85	Gwen	25/12/84
	Aled	2/6/85		

(*a*) Mae Siôn yn cael ei . . . . . . ym mis . . . . . .
(*b*) Mae Siân yn cael ei . . . . . . ym mis . . . . . .
(*c*) Mae Aled yn cael ei . . . . . . ym mis . . . . . .
(*d*) Mae Gwyn yn cael ei . . . . . . ym mis . . . . . .
(*e*) Mae Gwen yn cael ei . . . . . . ym mis . . . . . .

(*ii*) If Siôn were asked: **Pryd rwyt ti'n cael dy ben-blwydd?** how would he answer?

10 Y tymhorau (*the seasons*)

y gwanwyn	(*the) spring*	yr hydref	(*the) autumn*
yr haf	(*the) summer*	y gaeaf	(*the) winter*

Note that Welsh keeps the definite article in phrases such as *in spring*: **yn y gwanwyn** (lit. *in the spring*), **yn yr haf, yn yr hydref, yn y gaeaf.**

9.8 Tabulate the months according to the seasons (spring begins in February) and answer the following:

(*a*) Pryd mae'r haf yn gorffen?
(*b*) Beth yw misoedd y gwanwyn?
(*c*) Ym mha dymor mae hi'n oer iawn?
(*d*) Ym mha dymor mae'r ffarmwr yn medi'r cynhaeaf (*harvest*)?
(*e*) Ym mha dymor mae Gŵyl Banc Awst?

11 Festival days

Dydd Nadolig   *Christmas Day*   Dydd Calan   *New Year's Day*

Nos Galan	*New Year's Eve*	Mai 18: Dydd Ewyllys Da
Dydd Gŵyl	*St David's*	*Goodwill Day*
Dewi	*Day*	Mawrth y cynta *March the first*
Sul y Blodau	*Palm Sunday*	Dydd Gwener y Groglith
Sul y Pasg	*Easter Sunday*	*Good Friday*
Sulgwyn	*Whitsun*	Gŵyl Banc Awst
		August Bank Holiday

12   At (*to*)

Welsh distinguishes between the two meanings of the English preposition *to*. At means *to* in the sense of *towards* rather than *into*, e.g.

gyrru'r car **at** y wal . . .   (*towards*) *the wall*
gyrru'r car **i**'r wal . . .   (*into*) *the wall*

(*a*)   The personal forms of **at** are:

ata i	*towards me*	aton ni	*towards us*
atat ti	*towards you* (fam.)	atoch chi	*towards you*
ato fe	*towards him*	atyn nhw	*towards them*
ati hi	*towards her*		

Examples:

Mae'r plant yn gweld eu tadcu a'u mamgu ac yn rhedeg atyn nhw.   *The children see their grandparents and run towards them.*

(Note that 'grandparents' in Welsh are **tad-cu** (grandfather) and **mam-gu** (grandmother).)

Ga i ddod **atoch chi** am help?   *May I come to you for help?*
or Ga i ddod **atat ti** . . . ?

(*b*)   These verbs are followed by **at**:

anfon (at) *to send (to)*
Maen nhw'n anfon cerdyn **ata i** bob Nadolig   *They send me a card every Christmas*

synnu at *to be surprised at*
   Rydw i'n synnu **atoch chi**   *I'm surprised at you*

sgrifennu at *to write to*
   Cofiwch sgrifennu **ato fe**   *Remember to write to him*

13   Oddi wrth *(away) from*

Oddi wrth is the opposite of **at**.
   Dewch **oddi wrth** y ffenest 'na   *Come away from that window*

(a)   *From* a person is always **oddi wrth** (or its personal forms).

wrtho i	wrthon ni
wrthot ti	wrthoch chi
wrtho fe	wrthyn nhw
wrthi hi	

   Examples:
   Rydw i newydd gael llythyr **oddi wrthi hi**   *I've just had a letter from her*
   Rydw i wedi cael anrheg **oddi wrth 'y mrawd**   *I've had a present from my brother*

Wrth means *by*, *from*, *at*, according to context.

(b)   As well as in combination with **oddi**, the personal forms of **wrth** are used after verbs such as **dweud (wrth)** *to tell (to)*.
   Mae hi'n dweud **wrtho i** eu bod nhw'n dda iawn   *She tells me that they are very well*
   Dwedwch **wrtho fe** am fod yn dawel   *Tell him to be quiet*
   Dwedwch **wrthyn nhw** am aros   *Tell them to wait/stay*

   Other verbs which are followed by **wrth** are:

Curo, cnocio wrth *to knock at*
   Mae rhywun yn curo/cnocio wrth y drws   *Someone is knocking at the door*

Sefyll wrth *to stand at*
   Mae rhywun yn sefyll wrth y drws   *Someone is standing at the door*

Digio wrth *to be angry with*   (**digio** *to offend*)

   Maen nhw wedi digio wrtho i am rywbeth neu'i gilydd   *They are angry with me for something or other*

Darllen a deall

Mari and her brother Sam are having breakfast with their parents, Daniel and Lowri, when a letter arrives from Aunt Siwan in New Zealand. Siwan is helping a young girl to improve her Welsh.

Lowri	Mari, mae llythyr yma i ti.
Mari	Diolch, mam. O! Llythyr o Seland Newydd, oddi wrth modryb Siwan.
Sam	Oddi wrth modryb Siwan? Beth sy yn y llythyr, Mari?
Mari	Mae hi'n gofyn i fi am sgrifennu at ferch o'r un oed â fi.
Sam	Pwy yw'r ferch 'ma? Beth yw ei henw hi?
Mari	Sioned. Mae ei thad hi yn Gymro, ond Maori yw ei mam hi, a mae hi wedi gofyn i Modryb Siwan am help i wella ei Chymraeg hi.
Lowri	Ga i weld y llythyr? . . . Mae modryb Siwan eisiau i ti ddweud rhywbeth amdanat ti dy hunan, dy enw di, ble rwyt ti'n byw, dy oed di, pwy yw dy ffrindiau di . . .
Daniel	Dwed wrthi beth wyt ti'n hoffi neud, am dy ddiddordebau di.
Lowri	Dwed wrthi am yr ysgol, y pynciau rwyt ti'n neud.
Daniel	A gofyn di yr un cwestiynau iddi hi.
Lowri	Pryd mae hi'n cael ei phen-blwydd?
Mari	Mawrth y cynta.
Sam	Dyna 'mhen-blwydd i hefyd! Dydd Gŵyl Dewi Sant!

llythyr	*letter*	**modryb**	*Aunt*
Seland Newydd	*New Zealand*	**dyddiad**	*date*

Dewiswch yr ateb cywir. (Choose the right answer.)

1   Mae'r llythyr oddi wrth Modryb Siwan wedi dod i
    (*a*) Lowri   (*b*) Sioned   (*c*) Mari.

2 (*a*) Maori yw tad Sioned   (*b*) Cymro yw tad Sioned   (*c*) Sais yw tad Sioned.

3 Pwy sy'n dweud fod Modryb Siwan eisiau i Mari ddweud rhywbeth amdani hi ei hunan?
(*a*) ei brawd?   (*b*) ei mam?   (*c*) ei thad?

4 Mae Sioned yn cael ei phen-blwydd
(*a*) ar ddydd Nadolig   (*b*) ar ddydd Llun y Pasg   (*c*) ar ddydd Gŵyl Dewi.

10 Beth yw pris y sgert 'ma?

In this unit you will learn how to ask for something in a shop, to compare different items and to state preferences; and to say to whom something belongs.

Dialogue

Gwen is shopping for clothes and asks Gwenda, the assistant, if she can try on a white skirt she has seen in the shop window.

Gwen	Pnawn da.
Gwenda	Pnawn da. Ga i'ch helpu chi?
Gwen	Ga i weld y sgert wen sy yn y ffenest, os gwelwch yn dda?
Gwenda	Cewch, â chroeso . . . (*She fetches it*) Hon â'r smotiau glas?
Gwen	Ie, dyna hi. Faint yw hi?
Gwenda	Trigain punt yw ei phris hi.
Gwen	Trigain punt? Mae hi'n ddrud.
Gwenda	Ydy, mae hi, falle. Ond mae defnydd da yn hon. Hoffech chi ei threio hi?
Gwen	O'r gore.
	(*Gwen goes into the changing room, then reappears*)
Gwen	O diar. Mae'r sgert 'ma'n rhy fach i fi. Oes gyda chi sgert fwy?
Gwenda	Does dim un wen gyda fi. Ond mae gyda fi un felen sy'n debyg iawn iddi hi. Beth yw eich maint chi?
Gwen	Pedwar-ar-ddeg . . . rwy'n credu.

Gwenda	Dyma un sy'n bedwar-ar-ddeg, ac un sy'n ddeuddeg. Hoffech chi dreio'r rhain? Dydyn nhw ddim mor ddrud â'r un wen.
Gwen	Maen nhw'n hirach hefyd, ac yn fwy ffasiynol, falle. Ond dydy'r defnydd ddim cystal.
Gwenda	Mae hynny'n wir. P'un sy well gyda chi?
Gwen	Mae'n well gyda fi hon. Rwy'n edrych yn ifancach yn hon, rywsut. Faint yw hi?
Gwenda	Ei phris hi yw dwy bunt ar bymtheg ar hugain, yn cynnwys treth ar werth. Dydy hon ddim yn costio cymaint â'r un wen.
Gwen	O'r gore. Dyma . . . ugain . . . deugain punt.
Gwenda	Diolch yn fawr i chi . . . A dyma'r newid . . . un . . . dwy . . . tair punt. Ga i roi'r sgert mewn bag i chi?
Gwen	Diolch.
	(*Mae P. C. Edwards yn dod mewn*)
P. C. Edwards	Esgusodwch fi. Pwy biau'r car 'na y tu allan i'r siop?
Gwen	Y car coch?
P. C. Edwards	Ie.
Gwen	Fi biau hwnna. Oes rhywbeth yn bod?
P. C. Edwards	Oes. Rhaid i chi ei symud e ar unwaith, os gwelwch yn dda.
Gwen	Pam?
P. C. Edwards	Rydych chi wedi ei barcio fe ar y llinellau melyn dwbwl.
Gwen	Mae'n ddrwg gyda fi am hyn. Rwy'n dod ar unwaith.

Ga i weld?	*May I see?*	**yn cynnwys**	*including,*
Cewch	*Yes (you may)*		*containing*
â'r smotiau glas	*with the blue*	**Treth ar werth**	
	spots	**(TAW)**	*VAT*
yn ddrud	*expensive*	**cymaint (â)**	*so much, as*
defnydd	*material*		*much (as)*
ei threio hi	*to try it*	**y tu allan i**	*outside*
maint	*size*	**ar unwaith**	*at once*

ddim cystal	*not so/as good*	**Mae'n ddrwg**	
Mae hynny'n wir	*that's true*	**gyda fi**	*I'm sorry*

10.1 Cywir neu anghywir? Ail-ysgrifennwch y brawddegau anghywir yn gywir.

(*a*)   Sgert wen sy yn y ffenest.
(*b*)   Pedwar ar bymtheg yw maint Gwen.
(*c*)   Mae'r sgert felen yn costio cymaint â'r sgert wen.
(*d*)   Mae Gwen yn rhoi trigain punt am y sgert.
(*e*)   Gwenda biau'r car coch.

10.2   Atebwch:

(*a*)   Beth yw pris y sgert sy yn y ffenest?
(*b*)   Ydy hi'n ddrud?
(*c*)   Oes sgert arall gyda Gwenda?
(*d*)   Pa sgert sy well gyda Gwen?
(*e*)   Ble mae Gwen wedi parcio ei char?

Useful words and phrases

How to:

1   *Ask permission to do something.*
Ga i weld?   *May I see?*
Ga i dreio?   *Can I try?*

2   *Say what you prefer.*
Hon sy well gyda fi *or* Mae'n well gyda fi hon.

3   *Compare things.*
Dydy'r defnydd ddim cystal.
Dydy hi ddim yn costio cymaint â'r sgert wen.

4   *Ask who owns something and to reply.*
Pwy biau . . .?
Fi biau . . .
Gwen biau . . .

How Welsh works

1 Likes and preferences

(a) *Forming the Conditional Tense*

Up until now, we have used the verb *to be* together with the link words **yn** and **wedi** to form our tenses – the Present Tense and the Perfect Tense, e.g.

Present	**Mae** e**'n agor** y drws.	*He is opening the door.*
Perfect	**Mae** e **wedi agor** y drws.	*He has opened the door.*

In the Conditional (the *'would'* tense), however, the verb is 'inflected', i.e. formed by adding endings to the stem. Here is the Conditional Tense of **hoffi** *to like*:

Fe hoffwn i	*I'd like*	Fe hoffen ni	*We'd like*
Fe hoffet ti	*You'd like*	Fe hoffech chi	*You'd like*
Fe hoffe fe	*He'd like*	Fe hoffen nhw	*They'd like*
Fe hoffe hi	*She'd like*	Fe hoffe'r plant	*The children would like*

The affirmative markers in inflected tenses are **fe**, or **mi** (N.W.). Once pronouns, these are now meaningless particles like **R** in **Rydw i**, etc. (but as we shall see later, retaining their capacity to cause mutation).

Examples:
Fe hoffwn i weld y sgert wen yn y ffenest *I'd like to see the white skirt in the window*
Fe hoffwn i gyflwyno Elen i chi (**cyflwyno**) *I would like to introduce Elen to you*

Note the Soft Mutation after the pronoun **i**.

(b) *The interrogative form*

Fe is omitted in the question form:

Hoffech chi ddod gyda fi?	*Would you like to come with me?*
Hoffet ti weld y ffilm?	*Would you like to see the film?*

In the Conditional, as in the Present and Perfect Tenses, the question is answered by repeating the verb in the appropriate form:

Hoffech chi? – Hoffwn. *Would you like? – Yes (I would).*

A simpler affirmative answer, used by most speakers, is **O'r gore** *Very well*, **Diolch (yn fawr)**.

(c) *The negative*

This is formed by omitting the **Fe** marker and adding **ddim** after the personal pronoun.

Hoffwn i ddim gyrru'r car 'na *I wouldn't like to drive that car*

The negative answer is **Na hoffwn**, etc. but a more usual form is **Na, dim diolch** *No, thanks*, or just simply **Na**.

Hoffet ti ddod gyda ni? Na, dim diolch *Would you like to come with us? No, thanks*

(d) *With* **Pwy** *and* **Beth**

Pwy hoffech chi weld? *Who would you like to see?*
Beth hoffech chi neud nesa? *What would you like to do next?*
Beth hoffech chi gael i frecwast? *What would you like (to have) for breakfast?*

(e) *With* **Ble, Sut, Pryd** *and* **Pam**

(I) ble hoffech chi fynd ar eich gwyliau? *(To) where would you like to go for your holidays?*
Sut hoffech chi gael eich coffi? *How would you like (to have) your coffee?*
Pryd hoffech chi ddod? *When would you like to come?*

Pam hoffech chi fynd i Awstria?   *Why would you like to go to Austria?*

Note that in South Wales, the verb **lico** is preferred to **hoffi**.

Licech chi ddod gyda ni?   *Would you like to come with us?*
Licet ti gael hufen iâ?   *Would you* (fam.) *like (to have) an ice cream?*

(f) *With* Gallu

Gallu *to be able* follows the same pattern: **Fe allwn i** *I could*, **Fe allet ti**, etc.

The interrogative forms follow the usual pattern, **Allwn i?** *Could I?* Remember that the affirmative answer uses the radical form, **Gallwn** *Yes, I could.* The negative answer is mutated, **Na allwn** *No, I couldn't.*

10.3   Link these questions with the right answers:

1	Beth hoffet ti weld yn America?	(a)	Fe hoffe fe chwarae golff.
2	Pwy hoffech chi glywed yn canu?	(b)	Fe hoffen ni fynd i sgio ym mis Chwcfror.
3	Beth hoffe John neud heddi?	(c)	Fe hoffen ni fynd mewn Hovercraft.
4	Sut hoffech chi fynd o Dover i Calais?	(d)	Fe hoffwn i weld Rhaeadr Niagra.
5	Pryd hoffech chi fynd i sgio?	(e)	Fe hoffen ni glywed Syr Geraint Evans yn canu.

2   Dyma, dyna *and* dacw

(a)   Dyma *(here)*

As we have seen in **Uned 3**, **dyma** is frequently used in introductions (e.g. **Elen, dyma Gwyneth**) and in phrases such as:

Dyma ni   *Here we are*
Ble mae 'nghap i? **Dyma fe**   *Where's my cap? Here it is*

(b)   **Dyna** *(there)*

Dyna denotes something in the middle distance.

> Ble mae 'nghwpan i? **Dyna fe** ar y ford   *Where's my cup?*
>   *There it is on the table*

(c)   **Dacw** *(there)*

Dacw (contracted to **'co** in South Wales) refers to something further away than **dyna** (cf. Spanish **aquel**).

> Ble mae'r maes carafanau? Dacw fe, wrth droed y
>   mynydd   *Where's the caravan park? There (yonder) it is,*
>   *at the foot of the mountain*
> (S.W. **'co fe/'co hi** *there it is (over there)*)

Note: **Fe** and **hi** are useful indications of the gender of nouns.

(d)   *With Soft Mutation*

Dyma, **dyna** and **dacw**, together with their contracted forms, cause Soft Mutation.

> **Dyma gar** Gwen   *This is/Here's Gwen's car*
> **Dyna dŷ** John   *That's John's house*

(e)   *Useful expressions*

Dyma and **dyna** are often used to express reactions:

> Dyna fe   *That's it*
> Dyna ddigon   *That's enough*
> Dyma le!   *What a place!*
> Dyma dywydd!   *What weather!*

10.4 You are showing a new friend a family photograph album. Answer the questions, using **Dyma fe**, **Dyma hi** or **Dyma nhw** where appropriate.

(a) Ble mae'ch mam?   *(b)* Ble mae'ch chwaer Catrin?   *(c)* Ble mae'ch tad?   *(d)* Ble mae'ch tad-cu (N.W. taid) a'ch mam-gu (N.W. nain)?   *(e)* Ble mae'ch brawd?

3 *This one, that one, these, those* (demonstrative pronouns)

(a) Singular

Referring to masculine nouns:
>   **hwn** *this one*   **hwnna** *that one*

and to feminine nouns:
>   **hon** *this one*   **honna** *that one*

Demonstrative pronouns refer to someone or something already mentioned. For example, **sgert** (fem.):

> Ydych chi'n hoffi **hon**? – Nag ydw, mae'n well gyda fi **honna**
> *Do you like this one? No, I prefer that one*

or **crys** (masc.)   *a shirt*:

> Ydych chi'n hoffi **hwn**? – Nag ydw. Mae'n well gyda fi **hwnna**
> *Do you like this one? – No, I prefer that one*

These demonstrative pronouns, like **dyna fe** and **dyna hi**, are also useful indications of gender.

Note the idiom: I beth mae **hwn/hwnna** dda?   *What's this/that for?* (lit. *good for*)

Demonstrative pronouns can also refer to people:

Pwy yw **honna**?	*Who is that one (girl/woman)?*
Honna â'r het felen?	*That one with the yellow hat?*
Nesta yw **honna**	*That's Nesta*

10.5 You are offered various objects. Reply, saying 'This?' and add that you prefer 'that'. The first one is done for you.

(*a*) Beth am y car 'ma? Hwn?
      Mae'n well gyda fi hwnna.
(*b*) Beth am y ci 'ma?
(*c*) Beth am y gadair 'ma?
(*d*) Beth am y ddesg 'ma?
(*e*) Beth am y babell 'ma?

(b) Plural

The plural form of **hwn/hon** is **rhain** (from **y rhai hyn** *these ones*), and the plural of **hwnna** and **honna** is **rheina** (from **y rhai yna** *those ones there*). Examples:

Beth am y sgertiau 'ma? Hoffech chi dreio **rhain**? *What about the skirts here? Would you like to try these?*
Na. Mae'n well gyda fi **rheina** *No. I prefer those*

4 Hyn *and* hynny

These have two connotations:

(*i*) The literary plural of **hwn**, **hon**, **hwnnw** and **honna**.
y llyfrau **hyn**   *these books*
yr enwau **hynny**   *those names*
Hyn and **hynny** are demonstrative adjectives.

(*ii*) *This* and *that*, referring to a circumstance or an idea, where gender is not indicated or not known.

Beth yw hyn?	*What's this?*
Ydy hyn yn wir?	*Is this true?*
Cofiwch hyn	*Remember this*
Mae hyn yn bwysig	*This is important*
Ydy hynny'n bosib(l)?	*Is that possible?*
Mae hynny'n amlwg	*That's obvious*
Dyw hynny ddim yn iawn	*That's not right*
Rwy'n siŵr o hynny	*I'm sure of that*

Welsh writers prefer **h.y.** (**hynny yw**) to the Latin *i.e.* for *that is*.

Idioms using **hyn**:
Hyd yn hyn   *Up until now*
Ar hyn o bryd   *At this moment*

10.6   What would the following be in Welsh?

(*a*)   Is that true?
(*b*)   Is that possible?
(*c*)   That's no/not a secret (**yn gyfrinach**)
(*d*)   That's right.
(*e*)   Remember that.

5 Piau (*to own*)

A more emphatic way of expressing ownership than using **mae . . .
gyda fi** is to use **piau**.

> Fi biau'r car coch   *I own the red car* or
>   *The red car is mine*

This can be in answer to the question: **Pwy biau'r car coch?**
Whose is the red car?
In speech, **sy** is often inserted between **Pwy** and **biau**.

> Pwy sy biau'r car coch?

Note that *Yes/No* answers to questions using this construction
will be **Ie** and **Nage**. For example:

> Chi sy biau hwn?   *Is this yours/Do you own this?*
> Nage, nid fi sy biau hwnna *No, that's not mine*
> John sy biau fe   *It's John's*

Note that **Nid** is used to negate an emphatic sentence.
Sometimes **Nage** (**Nage fi**) is used.

10.7 Answer the following questions, using **hwn/hon**, **hwnna/
honna** or **rhain/rheina**. e.g.
   Pwy sy biau'r car coch 'ma? Gwen sy biau **hwn**.

(*a*) Pwy sy biau'r bws glas 'na? Phillips ....
(*b*) Pwy sy biau'r tŷ mawr 'na? John Powel ....
(*c*) Pwy sy biau'r llyfrau 'ma? Jac, 'y mrawd ....
(*d*) Pwy sy biau'r het wen 'ma? 'Nhad ....
(*e*) Pwy sy biau'r siopau 'na? Colwyn ....

6 More about descriptions: Feminine forms of adjectives

A handful of Welsh adjectives have feminine forms. The feminine
form of **gwyn** *white* is **gwen**, as in the personal names Gwyn and
Gwen. (The form **gwen** is rarely, if ever, found in speech,
however, because an adjective will mutate after a feminine noun.)

Ga i weld y **sgert wen** sy yn y ffenest? *May I see the white skirt in the window?*

Ydych chi eisiau **torth wen**?/Ydych chi'n moyn **torth wen**? *Do you want a white loaf?*

The feminine form of **Melyn** *yellow is* **felen**. (*Note* how **y** changes to **e** for feminine forms.) Examples:

Mae **sgert felen** yn ffenest y siop *There's a yellow skirt in the shop window*

Peidiwch parcio eich car ar y **llinell felen** *Don't park your car on the yellow line*

Byr *short* has a feminine form **fer**, found in such phrases as

stori fer	*a short story*
merch fer	*a short girl*
rhaglen fer	*a short programme*
sgwrs fer	*a short conversation, chat*

Note that these forms are only used after feminine *singular* nouns.

7 Comparison of adjectives

There are four 'degrees of comparison' in Welsh: the radical or normal form e.g. *red*; the equative, e.g. *as red as*; the comparative, e.g. *redder than*, and the superlative e.g. *the reddest*. We will deal here with the equative and comparative degrees.

(a) The equative degree

This is expressed in Welsh by **mor . . . â . . .** (**ag** before a vowel):

Dydyn nhw ddim **mor** ddrud â'r un wen *They are not as expensive as the white one*

mor wyn â'r eira *as white as (the) snow*

mor ddu â'r frân *as black as the crow*

Note that **mor**, like **yn** and **rhy** (*too*), mutates on contact. (Another way of expressing the equative degree is to use **cyn** (also causes Soft Mutation) + adjective with the ending **-ed** + **â**, e.g. Mae e **cyn** ddu**ed** â'r frân *He's as black as the crow*.)

Irregular comparisons

Some common adjectives are irregular, e.g.

da *good* → **cystal â** *as good as, as well as*

Mae'r tywydd yn Llandudno cystal â'r tywydd yn Ibiza *The weather in Llandudno is as good as the weather in Ibiza*

drwg *bad* → **cynddrwg â** *as bad as, so bad*

Dydy'r tywydd ddim cynddrwg heddi *The weather is not so bad today*

mawr *great, big* → **cymaint â** *as much as, as big as*

Mae tomatos Ifan cymaint ag orennau *Ifan's tomatoes are as big as oranges*

bach *small* → **cyn lleied â(g)** *as small as, as little*

Dydy Cymru ddim cyn lleied ag Ynys Manaw *Wales is not as small as the Isle of Man*

(b) The comparative degree

There are three ways of expressing this in Welsh:

(i) by adding **-ach** to the adjective (cf. *-er* in English).

ifanc *young* Rydw i'n edrych yn ifanc**ach**. *I look younger.*

hir *long* Mae'r sgert 'ma'n hir**ach** (na honna). *This skirt is longer (than that one).*

Note the use of **na** (**nag** before a vowel) for *than* in the last example.

(ii) by using an irregular form of the adjective.

da *good* → **gwell** *better*

Mae'r defnydd 'ma'n **well** (na hwnna) *This material is better (than that one)*

(iii) by putting **mwy** *more* before the adjective, as in English.

Mae'r sgert 'ma'n **fwy ffasiynol** *This skirt is more fashionable*

This construction is usually found with longer adjectives.

Mae Gwen yn **fwy deallus** na'i brawd *Gwen is more intelligent than her brother*

Ond mae Gwyn yn **fwy caredig** na hi   *But Gwyn is kinder than her*

Note that **mwy** does not mutate the adjective that follows.

8   How to state preference

Preference in Welsh is expressed by the use of **gwell** *better*.

Mae'n **well** gyda fi hon **na** honna   *I prefer this one to that one* (lit. *It is better with me this one than that one*)

Mae'n **well** gyda fi Elen **na** Gwyneth   *I prefer Elen to Gwyneth*

Mae'n **well** gyda fi nofio **na** rhedeg   *I prefer swimming to running*

10.8   When offered a choice of two activities, say you prefer the first. (Don't forget the Soft Mutation after **gyda fi**.)

1   rhedeg .... nofio
2   yfed te .... yfed coffi
3   darllen .... gwylio'r teledu (**gwylio** *to watch*)
4   chwarae .... gorffwys
5   carafanio .... gwersylla (*to camp*)

9   Traditional numbers

In **Uned 6** we noted the traditional Celtic method of counting in twenties (e.g. **ugain** *twenty* and **pum(p) ar hugain**, used when telling the time). These are the numbers from ten upwards:

11	un ar ddeg*	**20**	ugain
12	deuddeg	**21**	un ar hugain†
13	tri ar ddeg	**22**	dau ar hugain, *etc.*
14	pedwar ar ddeg	**30**	deg ar hugain
15	pymtheg	**31**	un ar ddeg ar hugain
16	un ar bymtheg	**32**	deuddeg ar hugain
17	dau ar bymtheg	**33**	tri ar ddeg ar hugain, *etc.*
18	tri ar bymtheg *or* deunaw (lit. *two nines*)	**39**	pedwar ar bymtheg ar hugain
19	pedwar ar bymtheg	**40**	deugain (dau + ugain)

41	un a deugain	**80**	pedwar ugain, *etc.*
42	dau a deugain, *etc.*	**90**	deg a phedwar ugain *or*
50	hanner cant *half a hundred*		pedwar ugain a deg, *etc.*
51	un ar ddeg a deugain, *etc.*	**100**	cant
60	trigain (tri + ugain)	**101**	cant ac un, *etc.*
61	un a thrigain, *etc.*		

* Lit. *one on ten.* Note the Soft Mutation after **ar**.
† The aspirate is not observed in S. Wales.

10.9   Look at the mileage chart showing distances from Cardiff and answer the questions. Use **. . . o filltiroedd. (milltir** *a mile*)

Caerdydd	– Merthyr Tudful	23 m.
	– Aberystwyth	105 m.
	– Abergwaun (*Fishguard*)	112 m.
	– Caerfyrddin	67 m.
	– Yr Amwythig	116 m.

Faint o ffordd sy

(*a*)   o Gaerdydd i Ferthyr Tudful?
(*b*)   o Gaerdydd i Aberystwyth?
(*c*)   o Gaerdydd i Abergwaun?
(*d*)   o Gaerdydd i Gaerfyrddin?
(*e*)   o Gaerdydd i'r Amwythig?

Darllen a deall: Mae Tom yn prynu trowsus

Tom goes into a men's clothes shop (**siop ddillad dynion**).

Siopwr   Bore da. Ga i'ch helpu chi?
Tom   Os gwelwch yn dda. Rydw i eisiau prynu trowsus.
Siopwr   O'r gore. Beth yw eich maint chi?

Tom   Deugain o gwmpas y canol a deunaw ar hugain yn y goes.
Siopwr   Hoffech chi unrhyw liw arbennig?
Tom   Oes trowsusau brown gyda chi?
Siopwr   Oes. Beth am rhain? Hoffech chi drio un o'r rhain?
Tom   Beth yw pris rhain?
Siopwr   Deg punt ar hugain yr un.
Tom   Maen nhw'n rhy ddrud i fi. Oes trowsusau rhatach gyda chi?
Siopwr   Oes . . . Mae hwn yn ddeunaw punt. Hoffech chi ei drïo fe?
Tom   O'r gore . . . Mae hwn yn 'yn ffitio i i'r dim. Faint yw ei bris e?
Siopwr   Deunaw punt. (*Mae Tom yn ei dalu fe*) Diolch yn fawr. Bore da.
Tom   Da boch chi.

---

arbennig   *special*

Dewiswch yr ateb cywir.

1   Mae Tom yn mynd i'r siop i brynu
    (*a*) sgert   (*b*) trowsus   (*c*) crys.

2   Maint Tom yw
    (*a*) deunaw ar hugain yn y canol   (*b*) wyth a deugain yn y goes   (*c*) deugain o gwmpas y canol.

3   Fe hoffe Tom gael trowsus o liw
    (*a*) brown   (*b*) glas   (*c*) coch.

4   Mae Tom yn talu
    (*a*) ugain punt   (*b*) deg punt ar hugain   (*c*) deunaw punt am y trowsus.

11   Alla i'ch helpu chi?

In this unit you will learn what you can and cannot do and to make inquiries with regard to directions and distances.

Dialogue

Dilwyn and his family ask a farmer the way to the caravan site at Bryn y Cestyll.

Dilwyn   Noswaith dda.

Ffarmwr   Noswaith dda. Alla i'ch helpu chi?

Dilwyn   Gallwch, os gwelwch yn dda. Rwy wedi dod heb fap, a rwy'n chwilio am faes carafanau Bryn y Cestyll. Allwch chi ddweud wrtho i ble mae e?

Ffarmwr   Galla, galla. Ewch yn syth ymlaen. Trowch ar y dde wrth ochr yr eglwys, ac yna, trowch ar yr ail dro ar y chwith gyferbyn â'r felin. Mae'r maes carafanau tua hanner can llath yn nes ymlaen.

Dilwyn   Ydy'r ffordd yn gul?

Ffarmwr   Ydy, mae'r lôn yn gul iawn. Byddwch yn ofalus o'r troeon!

Dilwyn   Pa mor bell yw hi i'r maes?

Ffarmwr   Tua dwy filltir.

Dilwyn   Diolch yn fawr. Gadewch i fi weld, nawr – mynd ymlaen at yr eglwys, troi ar y dde, ac yna yr ail dro ar y dde.

Ffarmwr   Nage, nage. Yr ail dro ar y chwith.

Dilwyn   O, ie. Diolch yn fawr. Yr ail dro ar y chwith, gyferbyn â'r felin.

Ffarmwr   Cofiwch yr ail dro ar y chwith. Mae'r arwydd yn dweud y gallwch chi gymryd y tro cynta ar y chwith, ond all neb fynd y ffordd 'na nawr. Mae hi wedi bod yn bwrw glaw yn drwm, ac mae'r ffordd 'na dan ddŵr. Ewch chi ddim drwyddo fe. Mae'n well i chi fynd ymlaen at yr ail dro. Cofiwch amdano – yr ail dro, nid y tro cyntaf.

Dilwyn O'r gore, Diolch yn fawr i chi am eich help. Oes siop ar y maes?

Ffarmwr Nag oes. Farm yw Bryn y Cestyll a dydyn nhw'n gwerthu dim ond llaeth a wyau i garafanwyr. Ond mae siop ar y ffordd. Siop Edward Jones. Mae lle parcio ceir y tu ôl i'r siop.

Dilwyn Allwn ni brynu bwyd a nwyddau eraill yno?

Ffarmwr Ho, ho, Gallwch! Mae Edward Jones yn gwerthu popeth – bwydydd, dillad, ffrwythau, poteli gwin; a'i feibion drws nesa yn gwerthu carafanau, pebyll a nwy potel. Mae'n nhw'n gwerthu popeth gallwch chi feddwl amdano fe!

heb fap	*without a map*	**y gallwch**	*that you can*
yn syth ymlaen	*straight on*	**Ewch chi ddim**	*You won't go*
Trowch	*turn*	**y tu ôl i**	*behind*
ar y dde	*on the right*	**ceir** (pl. of **car**)	*cars*
ar y chwith	*on the left*	**potel-i gwin**	*wine bottles*
gyferbyn â	*opposite*	**meibion**	*sons*
tua hanner can llath	*about fifty yards*	(pl. of **mab**)	
yn nes ymlaen	*further on*	**drws nesa**	*next door*
Pa mor bell yw hi?	*How far is it?*	**pebyll**	*tents*
Cofiwch droi	*Remember*	(pl. of **pabell**)	
(troi)	*to turn*	**popeth gallwch chi feddwl amdano fe**	*everything you can think of* (lit. *about it*)

11.1 Cywir neu anghywir? Ail-ysgrifennwch y brawddegau anghywir yn gywir.

(*a*) Mae Dilwyn yn chwilio am faes carafanau Bryn y Cestyll.

(*b*) Mae rhaid iddo droi ar y chwith wrth ochr yr eglwys.

(*c*) Mae'r ail dro gyferbyn â'r felin.

(*d*) Mae'r ffordd gynta dan ddŵr.

(*e*) Mae'r ffarm yn gwerthu popeth.

11.2 Gorffennwch y brawddegau hyn. (Complete these sentences):

(*a*) Rwy'n chwilio . . . . . . faes carafanau Bryn y Cestyll.
(*b*) Mae'r maes carafanau tua . . . . . . o'r tro gyferbyn â'r felin.
(*c*) Fe all Dilwyn gymryd y tro cynta ond . . . neb fynd y ffordd 'na.
(*d*) Ar y ffarm dydyn nhw'n gwerthu . . . ond llaeth a wyau.
(*e*) Mae lle parcio y . . . i'r siop.

Useful words and phrases

How to:

1 *Say you are looking for something.*
   Rydw i'n/Rwy'n chwilio am . . .

2 *Ask for and give directions.*
   (Allwch chi ddweud wrtho i) ble mae . . .?
   (Allwch chi ddweud wrtho i) sut mae mynd i . . .?
   Ewch yn syth ymlaen.
   Trowch ar y dde . . . ar y chwith.

3 *Ask how far somewhere is and reply.*
   Pa/Pwy mor bell yw hi i . . .?
   Tua dwy filltir.
   Tua hanner can llath.

4 *Ask 'Can we . . .'?*
   Allwn ni fynd y ffordd 'ma?
   Allwn ni brynu bwyd yno?

How Welsh works

1 Gallu *to be able, can*

(The positive marker **Fe** is followed by the Soft Mutation.)

Fe alla i	*I can*	Fe allwn ni	*We can*
Fe alli di	*You can*	Fe allwch chi	*You can*

Fe all e	*He can*	Fe allan nhw	*They can*
Fe all hi	*She can*	Fe all y plant	*The children can*
Fe all John	*John can*		

Note that **di** is the form of the pronoun **ti** when it comes after a vowel.

(a)   *Interrogative and negative*

As with **Fe hoffwn i**, etc., **Fe alla i** can be turned into a question by omitting the affirmative marker **Fe**. Examples:

Alla i adael y car fan yma?   *Can I leave the car here?*
(lit. *in this place*)
Allwch chi ateb y cwestiynau hyn? (*or* 'ma)   *Can you answer these questions?*

The negative form omits the **Fe** and adds **ddim** after the verb.

Alla i ddim dod gyda chi   *I can't come with you*

All neb means *No one can*:

All neb fynd y ffordd 'na   *No one can go that way*
All neb ddeall sgrifen ein meddyg ni!   *No one can understand our doctor's writing!*

Note that the pronoun **neb** *no one* causes Soft Mutation (as do the other pronouns).

(b)   *Yes/No answers*

Yes and *No* answers follow the pattern of repeating the verb in the appropriate forms, as with **Ydw i . . .? – Ydych,** etc. In the case of **gallu**, there is nothing before the verb in the affirmative (*yes*) form to cause it to mutate, so that the radical (i.e. unmutated) form must be used.

Allwch chi ddweud wrtho i . . .?   *Can you tell me . . .?*
Galla   *Yes (I can)*

The radical forms are:

Galla	*Yes (I can)*	Gallwn	*Yes (we can)*

Galli	*Yes (you can)*	Gallwch	*Yes (you can)*
Gall	*Yes (he/she/it can)*	Gallan	*Yes (they can)*

All y ffarmwr ateb cwestiwn Dilwyn? – **Gall**   *Can the farmer answer Dilwyn's question? – Yes (he can)*

The negative answer is **Na** followed by the Soft Mutation.
Allwch chi chwarae'r piano? – **Na alla**   *Can you play the piano? – No (I can't)*

(c) *Negative with a pronoun following*

When the negative form is followed by a pronoun, **ddim** is followed by **o**, a combination which contracts to **mo**. Examples:

Mae'n flin gyda fi, alla i **mo**'ch helpu chi   *I'm sorry, I can't help you*
Alla i **mo**'i neud e   *I can't do it*
Allwch chi **mo**'i weld e   *You can't see him/it*

(d) *With* **Pwy, Beth** *and* **Faint**

These all cause Soft Mutation.

Pwy **all** chwarae gyda ni?	*Who can play with us?*
Beth **allwn** ni neud?	*What can we do?*
Faint **allwch** chi weld?	*How many/How much can you see?*

Pam na . . .? *Why . . . not?*
Alli di **dd**od allan heno?   *Can you come out tonight?*
Na alla   *No, I can't*
Pam na alli di ddod?   *Why can't you come?*
Achos mae gwaith gyda fi   *Because I've got work to do*

(e) *With* **Ble, Sut, Pryd** *and* **Os**

The grammatical rule maintains that **Ble**, **Sut**, **Pryd** and **Os** cause no mutation, but quite often in speech they follow the example of **Beth**, **Pwy** and **Faint**. For example:

Ble galla i (*or* Ble alla i) barcio'r car?   *Where can I park the car?*

Sut gallan nhw **dd**od, a'r ffordd dan ddŵr? *How can they come, with* (lit. *and*) *the road under water?*
Pryd gallwch chi **dd**od? *When can you come?*
Dewch, os gallwch chi. *Come, if you can*

Note: the verb **medru** also means *to be able*, and follows the pattern of **gallu – Fe fedra i, Fedri di? Medra**, etc.

2 How to ask for and give directions

Ble mae . . .? *Where is . . .?*
Sut mae (dyn yn) mynd i . . .? *How does one* (lit. *man*) *go/get to . . .?*
Ydy hi'n bell? *Is it far?*

Ewch yn syth ymlaen	*Go straight on*
i'r dde/i'r chwith	*(to the) right/(to the) left*
i fyny at . . ./i lawr at . . .	*up to . . ./down to . . .*
i ddiwedd y . . .	*to the end of the . . .*
hyd nes dewch chi	*until you come*
at y groesffordd	*to the crossroads*
at y draffordd	*to the motorway*
at y goleuadau	*to the (traffic) lights*
at y cylchfan	*to the roundabout*
Mae'r lle	*The place is*
gyferbyn â/ar ddiwedd	*opposite/at the end of*
ar ganol/wrth ochr	*in the middle of/by the side of*
rhwng/yn agos i/heibio i	*between/near/past*
Cymerwch y tro cynta	*Take the first turning*
yr ail/y trydydd tro	*the second/the third turning*

11.3

Maes yr Eisteddfod **The Royal National Eisteddfod Field**

Parc ceir B [P]

Parc ceir C [P]

Toiledau 🚹 🚺

Pabell y Cymdeithasau [Y]

Y Babell Lên 📖

Y Stiwdio Gerdd 💿

Mynedfa B

Theatr y Maes 😃

Celf a Chrefft

Pabell y Dysgwyr [L]

HTV

Y Pafiliwn 🏠

y Babell Fwyd [✗]

BBC

Tocynnau [T]

Urdd Gobaith Cymru

S4C

Maes y carafanau 🚐

Parc bysiau 🚌

Mynedfa A ⬆

Parc ceir A [P]

Y Babell Lên	*Literature Pavilion*	**Y Pafiliwn**	*Main Pavilion*
Y Stiwdio Gerdd	*Music Studio*	**Y Babell Fwyd**	*Dining Pavilion*
Theatr y Maes	*Field Theatre*	**Parc bysiau**	*Bus Park*
mynedfa	*entrance*	**Parc ceir**	*Car park*
Celf a Chrefft	*Arts and Crafts*	**Urdd Gobaith Cymru**	*Welsh League of Youth*
Pabell y Dysgwyr	*Learners' Tent*		

Rydych chi'n sefyll wrth fynedfa A. Allwch chi lanw'r bylchau (*fill the gaps*) yn y brawddegau hyn?

(*a*) Mae stiwdio HTV y . . . . . . i stiwdio'r BBC.

(*b*) Mae'r parc bysiau i'r . . . . . .

(*c*) Mae'r babell fwyd . . . . . . y Pafiliwn.

(*d*) Mae'r Pafiliwn ar . . . . . . y Maes.

(*e*) Mae Celf a Chrefft . . . . . . Theatr y Maes a Phabell y Dysgwyr.

3 Plurals

In **Uned 6** we saw how plurals can be formed by adding either **-au**, e.g. **peth** *thing* → **pethau** *things*, or **iau**, e.g. **ffilm** → **ffilmiau**. There are many other ways of forming the plural of nouns in Welsh.

(a) Changes within the word

bachgen	*boy*	bechgyn	*boys*
castell	*castle*	cestyll	*castles*
pabell	*tent*	pebyll	*tents*
tegell	*kettle*	tegyll	*kettles*

Note the changes **a** → **e** and **e** → **y**.

ffordd	*way, road*	ffyrdd	*ways, roads*
traffordd	*motorway*	traffyrdd	*motorways*

The change **o** → **y** often occurs in plural forms.

Both changes appear in **cyllell a fforc** *knife and fork*, which in the plural becomes **cyllyll a ffyrc**.

(b) Endings other than -au *and* -iau

(*i*) **-i**

potel	*bottle*	pote**l**i	*bottles*
llestr	*dish*	llestr**i**	*dishes*
eglwys	*church*	eglwys**i**	*churches*
capel	*chapel*	capel**i**	*chapels*

Words that are contractions in speech have their full forms restored in the plural, e.g.

tre(f)	*town*	tre**fi**	*towns*
cartre(f)	*home*	cartre**fi**	*homes*
ffenest(r)	*window*	ffenest**ri**	*windows*

(*ii*) **-oedd**

teulu	*family*	teulu**oedd**	*families*
gwisg	*dress*	gwisg**oedd**	*dresses*
môr	*sea*	mor**oedd**	*seas*

(*iii*)   **-ydd**

afon	*river*	afon**ydd**	*rivers*
lôn	*lane*	lon**ydd**	*lanes*
bwyd	*food*	bwyd**ydd**	*foodstuffs*

(c)   **Internal changes + endings**

gair	*word*	geiriau	*words*
mynydd	*mountain*	mynyddoedd	*mountains*
llyn	*lake*	llynnoedd	*lakes*
dyn	*man*	dynion	*men*

The last *y* sound in the singular changes its sound quality in the plural form.

brawd	*brother*	brodyr	*brothers*
chwaer	*sister*	chwiorydd	*sisters*
mab	*son*	meibion	*sons*
iaith	*language*	ieithoedd	*languages*

(d)   **Plurals shorter than their singular forms**

plentyn	*child*	plant	*children*
aderyn	*bird*	adar	*birds*

(e)   **Irregular plurals**

ci	*dog*	cŵn	*dogs*
tŷ	*house*	tai	*houses*
car	*car*	ceir	*cars*

Note: In English, a singular noun can be used as an adjective although its connotation is plural, e.g. *a car park* (*a park for cars*). In Welsh the noun must be in the plural form.

parc ceir/bysiau	*car/bus park*
peiriant golchi llestri	*dish-washer*
siop bwydydd iechyd	*health food shop*
maes carafanau	*caravan site*
stad dai	*housing estate*
cadair freichiau	*arm chair*

11.4 Change the following sentences so that they begin with **Faint o . . .?** (+ a plural noun).

(a) Sawl brawd sy gyda chi?
(b) Sawl mab sy gyda chi?
(c) Sawl iaith rydych chi'n siarad?
(d) Sawl car sy yn eich garej chi nawr?
(e) Sawl ci sy gyda'r bobl drws nesa?
(f) Sawl siop bwydydd iechyd sy yn y dre?

4 Arall (*other*)

Arall is one of the very few adjectives in Welsh which have a plural form. After a plural noun it becomes **eraill.**

> Allwn ni brynu bwyd a **nwyddau eraill** yn y siop?   *Can we buy food and other goods in the shop?*

Note that **arall** and **eraill**, like most other adjectives in Welsh, come after the noun: **Mewn geiriau eraill**   *in other words.*
The expression *other people* is **pobl eraill.** (Although **pobl** is usually feminine singular, it is followed by **eraill**, not **arall**.)
Eraill can also be used as a pronoun. For example:

> Mae rhai wedi dod. Mae **eraill** yn dod   *Some have come. Others are coming*

11.5 You are out shopping. The articles you are offered are not to your liking, and you ask the shop assistants if they have other, similar ones. They reply that they have plenty of them. What answers do they give to your requests? e.g. Oes llyfr arall gyda chi? Oes. Mae digon o lyfrau eraill yma.

(a) Oes potel arall gyda chi?
(b) Oes ffrwyth arall gyda chi?
(c) Oes cyllell arall gyda chi?
(d) Oes cadair arall gyda chi?
(e) Oes gwisg arall gyda chi?

5 Contact Mutations after prepositions

In **Uned 5** we saw how the prepositions **i** *to* and **o** *of, from* mutate *on contact*. Most other prepositions do the same, e.g. **dan** *under:*

Mae'r ffordd **dan ddŵr** *The road is under water*

The following rhyme includes all the prepositions that cause Soft Mutation. (Their personal forms do likewise.)

am, ar at,
dros, drwy, gan,
i, wrth, o,
hyd, heb, dan.

Here are some examples of common expressions using these prepositions:

am	**am dd**im	*free, for nothing*
ar	**ar b**en y mynydd	*on top of the mountain*
at	**at dd**rws y tŷ	*to the door of the house*
dros	**dros b**ont yr afon	*over the bridge of the river*
drwy	**drwy g**lwyd yr ardd	*through the garden gate* (**clwyd**)
wrth	**wrth g**roesi'r ffordd	*while crossing the road*
	wrth glwyd yr ysgol	*by the school gate*
hyd	**hyd dd**eg o'r gloch	*until ten o'clock*
heb	**heb g**einiog	*without a penny*

Learning phrases such as these is the best method of knowing which preposition and mutation to use.

11.6   Put the words in brackets into the correct form.

(*a*)   Mae e'n croesi'r ffordd heb (meddwl) a heb (gweld) y traffig.
(*b*)   Punt am (peint) o gwrw?
(*c*)   Mae hi wedi cwympo ar (canol) y ffordd.
(*d*)   Rwy'n mynd i (caffe) Morris i (cael) cinio bob dydd.
(*e*)   Mae e'n gweithio bob nos hyd (deuddeg) o'r gloch.

11.7   Choose the correct response.

1   Oes cadair arall gyda chi?
(*a*)   Oes. Mae carped arall gyda fi.
(*b*)   Nag oes. Does dim hufen ia gyda fi heddi.
(*c*)   Oes. Mae digon o gadeiriau gyda fi.

2   Ble mae'r cadeiriau eraill?
(*a*)   Maen nhw ar sgwâr y pentre.

(*b*)   Mae'r cadeiriau eraill yn y stafell nesa (*next*).

(*c*)   Mae plisman yn eistedd ar y gadair arall.

3   Blae mae'r bechgyn eraill?

(*a*)   Mae un bachgen yn y siop. Mac'r bachgen arall allan.

(*b*)   Mae un bachgen yn yr ysgol ond mae'r merched yn gweithio mewn pentre arall.

(*c*)   Does dim bachgen arall gyda ni.

4   Pryd mae'r ceir newydd yn dod mewn?

(*a*)   Mae'r lori (*lorry*) newydd wedi cyrraedd.

(*b*)   Mae un car newydd wedi dod. Mae dau gar arall yn dod fory.

(*c*)   Mae'r ceir eraill yn y garej.

6   Drwy (*through*)

In speech, the personal forms of **drwy** are mainly confined to the third person, i.e.:

drwyddo fe	*through him/it* (masc.)
drwyddi hi	*through her/it* (fem.)
drwyddyn nhw	*through them*

Examples:

Mae'r ffordd dan ddŵr. Ewch chi ddim **drwyddo fe**   *The road is under water. You won't go through it*

Mae'r clwydi ar gau. Allwch chi ddim mynd **drwyddyn nhw**   *The gates are closed. You can't go through them*

7   Putting things in numerical order: Ordinal numbers

(*a*)   **Cynta** *first*

Mae'r tro cynta dan ddŵr   *The first turning is under water*

Y cynta i'r felin gaiff falu   *The first to the mill shall grind*

(i.e. *First come, first served*)

Cynta is an adjective, the superlative ('*-est*') form of **cynnar** *early*, i.e. *earliest, the first*. It therefore comes after the noun.

(b) **Ail** *second*

Like the cardinal numbers, *one*, *two*, *three*, etc., **ail** and the other ordinals except **cynta** come before the noun. As with its counterparts **dau** and **dwy**, **ail** causes Soft Mutation. Examples:

tro	*turning*	yr **ail d**ro ar y chwith
		the second turning on the left
llaw	*hand*	siop lyfrau **ail**-law.
		a second-hand bookshop

(c) **Trydydd** *third*

Unlike **tri**, **trydydd** does not cause mutation: **y trydydd tro ar y dde** *the third turning on the right*.
It has a feminine form **trydedd**, which is almost invariably mutated.

y drydedd salm *(f)* ar hugain *the twenty-third psalm*

(d) **Pedwerydd** *(fem.* **y bedwaredd***) fourth*

Ebrill yw'r pedwerydd mis yn y flwyddyn *April is the fourth month in the year*
Eirlys yw'r bedwaredd ferch yn y teulu *Eirlys is the fourth daughter in the family*

(e) Fifth, sixth and upwards

Fifth and *six* add **-ed** to the cardinal number: **pumed** (*fifth*), **chweched** (*sixth*). The others add **-fed** : **seithfed**, **wythfed**, **nawfed**, **degfed**, **unfed ar ddeg**, **deuddegfed**, etc.

Ordinal numbers before feminine nouns cause Soft Mutation, and will themselves mutate after **y**. For example:

canrif (f) *century* **y dd**euddegfed **g**anrif
the twelfth century

(f) Uses of ordinal numbers

Ordinals are usually used to designate

(i) dates in the month:
Beth yw'r dyddiad heddiw? Yr **ail** o fis Mai.

What's the date today? The second of May.
Mae Dydd Nadolig ar y **pumed ar hugain** o fis Rhagfyr.
Christmas Day is on the twenty-fifth of December.

(*ii*)   the centuries:
Hanes Cymru yn y **ddeunawfed** ganrif.
The history of Wales in the eighteenth century.
Yr ail ganrif ar bymtheg.
The seventeenth century.

Darllen a deall

Dilwyn and his family meet the owner of Bryn y Cestyll Caravan site.

Dilwyn	Noswaith dda. Dyma Bryn y Cestyll?
Guto	Ie, ie. Croeso i chi i Fryn y Cestyll.
Dilwyn	Allwn ni aros yma? Oes lle gyda chi i ni?
Guto	Oes, mae digon o le yma i chi. Dewch mewn i'r swyddfa. (Mae Dilwyn a Guto yn mynd mewn i'r swyddfa.)
Guto	Nawr 'te. Faint ydych chi yn y teulu?
Dilwyn	Pump. Y wraig a fi, a dwy ferch ac un bachgen.
Guto	Am faint o amser rydych chi'n aros?
Dilwyn	Am wythnos, os ydy hynny'n bosib.
Guto	Ydy, ydy. Nawr 'te, gadewch i fi weld. Beth yw'ch enw llawn chi?
Dilwyn	Dilwyn Jenkins.
Guto	O ble rydych chi'n dod? Beth yw'ch cyfeiriad llawn chi?
Dilwyn	Eryl, Grant Drive, Amersham.
Guto	Mae Amersham yn Lloegr, ond Cymro ydych chi, ynte?
Dilwyn	Ie, ond mae'r wraig yn Saesnes. Rwy'n dod yn wreiddiol o Bontlliw.
Guto	Wel, wel! Mae brawd gyda fi'n byw ym Mhontlliw. Wel, wel, on'd yw'r byd 'ma'n fach? Rhaid i ni gael sgwrs am hyn eto. Oes eisiau llaeth neu wyau arnoch chi?
Dilwyn	Oes. Allwn ni gael peint o laeth a hanner dwsin o wyau heno, a dau beint o laeth bore fory, os gwelwch yn dda?

Guto	Gallwch, a chroeso. Mae Edward Jones neu un o'i feibion yn dod yma bob bore i werthu bara, menyn, siwgwr, ffrwythau, a phethau eraill.
Dilwyn	Oes trydan gyda chi ar y maes?
Guto	Oes. Fe allwch chi gysylltu eich offer trydan â'r socedi ar y polion coch ar y maes.
Dilwyn	Diolch . . . Ble gallwn ni barcio'r carafan?
Guto	Mae'n well i chi fynd i'r trydydd cae. Mae'n fwy tawel yno. Dim ond dau deulu arall sy yn y cae 'na. Fe allwch chi ddewis eich lle.
Dilwyn	O'r gore. Diolch i chi. Da boch chi nawr.
Guto	Nos da. Cysgwch yn dawel!

cysylltu	*connect*	**soced(-i)**	*socket(s)*
offer	*appliance, implement*	**dewis**	*choose*
polion	*poles*		

P'un o'r brawddegau hyn sy'n gywir? (*Which of the following sentences is correct*)

1 Mae (*a*) tri
     (*b*) saith . . . . . . yn nheulu Dilwyn.
     (*c*) pump

2 Mae Dilwyn (*a*) yn Sais
         (*b*) yn Gymro
         (*c*) yn athro ysgol.

3 Mae gwraig Dilwyn (*a*) yn Sais
             (*b*) yn Saesneg
             (*c*) yn Saesnes.

4 Mae Guto Prys yn gwerthu (*a*) llaeth
                   (*b*) polion
                   (*c*) carafanau.

12 Fe glywes i'r cloc yn taro deuddeg

In this unit you will learn how to talk about the past, and to ask and answer questions about what happened.

Dialogue

Miss Parri, who lives on her own, tells Elwyn, a reporter, how a thief tried to break into her bedroom, the night before.

Elwyn Dwedwch wrtho i beth ddigwyddodd i chi.

Miss Parri Wel, dyma beth ddigwyddodd. Neithiwr, wedi i fi fynd i'r gwely, a mynd i gysgu, fe ddihunes i'n sydyn.

Elwyn Pryd dihunoch chi?

Miss Parri Fe glywes i'r cloc yn taro deuddeg, ac fe glywes i rywbeth arall hefyd.

Elwyn Beth glywoch chi?

Miss Parri Fe glywes i swn rhywun yn trïo agor ffenest 'yn stafell wely i.

Elwyn Weloch chi rywun?

Miss Parri Do. Fe weles i siâp rhyw ddyn y tu ôl i'r llenni.

Elwyn Ddringodd e mewn i'ch stafell wely chi?

Miss Parri Naddo. Rydw i'n hen wraig, yn byw mewn lle unig, ac felly rydw i'n cadw larwm lladron wrth ochr y gwely, rhag ofn i ladron dorri mewn. Pan glywes i'r swn, fe wasges i fotwm y larwm, ac fe ganodd hwnnw dros yr holl le.

Elwyn Ac fe gredodd y lleidr fod diwedd y byd wedi dod!

Miss Parri Do, Do.

Elwyn Beth ddigwyddodd iddo fe?

Miss Parri Fe gafodd e gymaint o fraw nes iddo gwympo o'r

Elwyn	ffenest i lawr i'r patio y tu allan. Gafodd e niwed?
Miss Parri	Do. Fe dorrodd e ei goes, mae'n debyg. Fe godes i a ffonio am yr heddlu. Fe gymeron nhw fe i ffwrdd yn yr ambiwlans. Fe ffoniodd y Prif Gwnstabl fi bore 'ma i ddiolch i fi am helpu'r heddlu i ddal y lleidr!

a mynd i gysgu	*and had gone to sleep*	**fe ganodd hwnnw**	*that sounded (from* **canu** *to sing, sound, ring)*
Fe ddihunes i	*I awoke*	**fe gredodd y lleidr**	*the thief believed*
yn sydyn	*suddenly*	**diwedd y byd**	*the end of the world*
sŵn rhywun	*the sound of someone*	**gymaint o fraw**	*such a fright*
Larwm lladron	*burglar alarm*	**Fe dorrodd e**	*He broke*
wrth ochr	*by the side of*	**mae'n debyg**	*it seems*
torri mewn	*to break in*	**y Prif Gwnstabl**	*the Chief Constable*
		i ddal	*to catch*

12.1 Cywir neu anghywir? Ail-ysgrifennwch y brawddegau anghywir yn gywir.

(*a*) Fe ddihunodd Miss Parri am ddau o'r gloch.

(*b*) Fe ddringodd y lleidr mewn i'r tŷ.

(*c*) Fe wasgodd Miss Parri fotwm y larwm lladron.

(*d*) Fe gafodd y lleidr fraw.

(*e*) Fe dorrodd e ei fraich.

12.2 Atebwch:

(*a*) Pryd dihunodd Miss Parri?

(*b*) Beth welodd hi?

(*c*) Beth gredodd y lleidr?

(*d*) Gafodd e fraw?

(*e*) Beth dorrodd e?

(*f*) Pwy gymerodd y lleidr i ffwrdd yn yr ambiwlans?

Useful words and phrases

How to:

1 *Ask what happened.*
Beth ddigwyddodd?
Beth ddigwyddodd iddo fe?

2   *Say what you did.*
    Fe ddihunes i.
    Fe godes i.
    Fe glywes i.

3   *Ask when/what someone did, etc.*
    Pryd dihunoch chi?
    Beth glywoch chi?

4   *Answer Yes/No to questions about the past.*
    Weloch chi rywbeth? Do.
    Ddringodd e mewn? Naddo.

How Welsh works

1   *I saw, I heard,* etc. (the Past Tense or Preterite)

This tense is used to denote an action or event completed at some time in the past. It differs from the Perfect Tense (*I have opened*) in that it reports a past action without using an auxiliary verb. Past Tense – *I opened.*

Verbs in the Past Tense are inflected in Welsh, i.e. different endings are attached to the stem, which is usally preceded by **Fe** (**Mi** in North Wales) in the affirmative, and followed by the Soft Mutation.

(a)   Verbs which drop their endings to form the stem

cod-i *to rise, get up*

Fe god**es** i	*I got up*	Fe god**on** ni	*We got up*
Fe god**est** ti	*You got up*	Fe god**och** chi	*You got up*
Fe god**odd** e	*He got up*	Fe god**on** nhw	*They got up*
Fe god**odd** hi	*She got up*	Fe god**odd** y plant	*The children*
Fe god**odd** John	*John got up*		*got up*

Fe godes i bore ddoe am chwech o'r gloch   *I got up yesterday morning at six o'clock*

clyw-ed to hear

> Fe **glywes** i'r cloc yn taro deuddeg   *I heard the clock strike twelve*

Note that **a** *and* becomes **ac** before **fe/mi** and vowels.

> Fe **glywes** i'r cloc . . . ac **fe glywes** i rywbeth arall hefyd   *I heard the clock . . . and I heard something else too*

Interrogative

As with **Fe alla i**, etc., the question form omits **Fe** but keeps the mutation.

> **Godest ti**'n gynnar y bore 'ma?   *Did you get up early this morning?*

Yes/No answers (**Do/Naddo**)

In the past tense, the affirmative answer to all forms of the verb is **Do** *Yes*.

> Gafodd y lleidr fraw? – **Do**   *Did the thief have a fright? – Yes*

The negative answer is **Naddo** *No*.

> Ddringodd e mewn i'r stafell? – **Naddo**   *Did he climb into the room? – No*

(b)   Verbs which do not drop their endings to form the stem

eistedd *to sit*

> Fe eistedd**odd** pawb ar y llawr   *Everyone sat on the floor*

ateb *to answer*

> Ateb**och** chi'r llythyr?   *Did you answer the letter?*

darllen *to read*

> Fe ddarllen**es** i stori Miss Parri yn y papur   *I read Miss Parri's story in the paper*

galw *to call*

> Fe alw**odd** John yma neithiwr   *John called here last night*

gofyn (i . . . am . . .) *to ask (someone for . . .)*

> Fe ofyn**non** nhw i fi am help   *They asked me for help*

chwarae *to play*

> Fe chwarae**odd** Gwen gyda'r plant yn yr ardd   *Gwen played with the children in the garden*

(c)   *Verbs which undergo mutations and add endings in the Past Tense*

These verbs are slightly more difficult to recognise and formulate. Here are some examples of common verbs in the Past Tense. (See **Uned 13** for the Past Tense of the five irregular verbs.)

can-u	*to sing*	Fe ganes i	*I sang*
pryn-u	*to buy*	Fe brynes i	*I bought*
tal-u	*to pay*	Fe dales i	*I paid*
cerdd-ed	*to walk*	Fe gerddes i	*I walked*
clyw-ed	*to hear*	Fe glywes i	*I heard*
gwel-d	*to see*	Fe weles i	*I saw*
sef-yll	*to stand*	Fe sefes i	*I stood*
rhed-eg	*to run*	Fe redes i	*I ran*
gweithi-o	*to work*	Fe weithies i	*I worked*

Other verbs have minor changes to the stem:

bwyt-a	*to eat*	Fe fytes i	*I ate*
gwrando	*to listen*	Fe wrandawes i	*I listened*
aros	*to wait*	Fe arhoses i	*I waited*
dweud	*to say*	Fe ddwedes i	*I said*
dechrau	*to begin*	Fe ddechreues i	*I began*
cyrraedd	*to reach, to arrive*	Fe gyrhaeddes i	*I reached/ arrived*

and some insert an **-i-** between the stem and the endings:

dal	*to catch*	Fe ddalies i	*I caught*
newid	*to change*	Fe newidies i	*I changed*
meddwl	*to think*	Fe feddylies i	*I thought*
disgwyl	*to expect*	Fe ddisgwylies i	*I expected*

(In South Wales **disgwyl** can also mean *to look*.)

12.3   Write down in your notebook what Miss Parri tells you in (*a*) to (*e*). The first one is done for you.

(a) Fe ddihunes i'n sydyn. –
Fe ddihunodd hi'n sydyn.

(b) Fe glywes i'r cloc yn taro deuddeg.

(c) Fe weles i siâp dyn y tu ôl i'r llenni.

(d) Fe wasges i fotwm y larwm.

(e) Fe godes i a ffonio'r heddlu.

12.4 Tell your friend that you did all the chores on this list, beginning: **Do, fe . . .**

(a) Talu am y llaeth.

(b) Dal y bws i'r dre.

(c) Galw yn y banc a newid siec. (**siec** (f) *cheque*)

(d) Prynu stampiau yn Swyddfa'r Post.

(e) Cyrraedd y swyddfa cyn deg o'r gloch.

(f) Darllen y llythyron.

(g) Diolch i'r sgrifenyddes am ei gwaith da.

(h) Ffonio 'nhad a 'mrawd.

(i) Gorffen 'y ngwaith i am hanner awr wedi pedwar.

(j) Gofalu cloi drws y swyddfa.

2 More about the Past Tense

(a) The negative

The traditional, literary negative marker **ni** was followed by two mutations, the Aspirate Mutation of **c, p** and **t** (to **ch, ph** and **th**) and the Soft Mutation of the others. **Ni** has disappeared in speech, leaving the mutation, together with **ddim** (or **neb** *no one*) as the marker of the negative, e.g.

cysgu	*to sleep*	**Ch**ysges i **ddim** winc neithiwr.
		I didn't sleep a wink last night.
clywed	*to hear*	**Ch**lywes i **neb** yn dod mewn i'r stafell.
		I didn't hear anyone come into the room.

(*Note* the double negative: *I didn't hear no one come into the room.*)

The Aspirate Mutation tends to disappear in speech, with the Soft Mutation replacing it as a negative marker (as with **g, b, d, ll, m** and **rh**). For example:

Glywes i neb   *I heard no one*

An indefinite object is followed by **ddim** or **neb**, and a definite object by **ddim o** (lit. *anything of*), contracted in speech to **mo**. Examples:

> Weles i **ddim** o'r car yn dod → Weles i **mo**'r car yn
>   dod   *I didn't see (anything of) the car coming*
> Chlywes i **mo** John yn siarad *or* Glywes i **mo** John yn
>   siarad   *I didn't hear John speak*

When the object of a sentence is a personal pronoun, e.g. *him* in the sentence *I didn't hear him,* **mo** takes the personal forms of the preposition **o** (see **Uned 8.11**)

> Weles i mo**hono** fe'n dod   *I didn't see him/it coming*
> Welon nhw mo**honoch** chi?   *Didn't they see you?*

12.5   How did the thief deny the following statements? (Use the Aspirate Mutation where needed.)

(*a*)   Fe agoroch chi'r ffenest. Naddo, ... mo . . . . . .
(*b*)   Fe gredoch chi fod diwedd y byd wedi dod. . . . . . . ddim
        . . . . . .
(*c*)   Fe gwympoch chi o'r ffenest i lawr i'r patio . . . . . . ddim
        . . . . . .
(*d*)   Fe dorroch chi'ch coes . . . . . . mo 'nghoes.

(b)   *After* Pwy, Beth *and* Faint, *etc.*

Pwy, Beth and **Faint** cause Soft Mutation:

> Beth **dd**igwyddodd?   *What happened?*
> Pwy **dd**ringodd i ffenest Miss Parri? *Who climbed to Miss Parri's window?*
> Faint o niwed **g**afodd y lleidr? *How badly was the thief hurt?* (lit. *How much harm did the thief have?*)

The interrogative adverbs *why, where, when* and *how* do not, according to the rules of grammar, mutate words that follow them, but by analogy with **Pwy, Beth** and **Faint** they often do in speech.

> Pam/Ble/Pryd/Sut **dd**igwyddodd hyn?   *Why/Where/When/ How did this happen?*

In South Wales, the ending **-ws** is used instead of **-odd** for the third person singular: **Pryd ddigwyddws hyn?** *When did this happen?*

12.6 Match the following questions with the appropriate answers.

1	Gerddoch chi i ben y mynydd?	(*a*)	Naddo. Weles i mohoni ddoe.
2	Alwodd John gyda chi?	(*b*)	Do. Fe ddarllenes i fe.
3	Glywoch chi'r newyddion?	(*c*)	Do. Fe alwodd e yma ddoe.
4	Weloch chi rywun ar y ffordd?	(*d*)	Naddo. Chlywes i mo'r newyddion.
5	Weloch chi Gwen ddoe?	(*e*)	Do. Fe gerddon ni i ben y mynydd.
6	Ddarllenoch chi'r llyfr?	(*f*)	Naddo. Welon ni neb ar y ffordd.

3 Object pronouns in the Past Tense

When the verb *to be* is used as an auxiliary to form a tense, the object pronoun usually comes before the main verb. For example:

Maen nhw'n **ei** gymeryd e i ffwrdd   *They are taking him away*

In the Past Tense, however, the object pronoun follows the verb (as in English).

Fe gymeron nhw **fe** i ffwrdd   *They took him away*
Fe weles i **fe** yn y dre   *I saw him in town.*

(*Note*: Many dialects in South Wales preserve the traditional **s** in the plural forms of the Past Tense: **Fe welson ni**, **Fe welsoch chi** and **Fe welson nhw**.)

After a pronoun, the indefinite object mutates:

Fe welodd **hi dd**yn y tu ôl i'r llenni   *She saw a man behind the curtains*

If a noun is substituted for a pronoun in this construction, the noun will undergo the same mutation.

Fe welodd **Miss Parri dd**yn y tu ôl i'r llenni   *Miss Parri saw a man behind the curtains*

12.7 Your friend is checking up that you've done certain things. Tell her you did them yesterday.

(*a*) Ateboch chi'r llythyr? Do . . . ddoe.
(*b*) Ganoch chi gân yn yr eisteddfod?
(*c*) Newidioch chi'r car?
(*d*) Brynoch chi gar John?
(*e*) Ddalioch chi'r lleidr?

12.8 When returning from a shopping expedition, you meet Gwen. Complete your part in the conversation.

Gwen Helo. Pnawn da. Sut ydych chi heddi?
You (*Tell her you're very well, and ask her how she is*)
Gwen Rydw i'n dda iawn diolch. Ydych chi wedi bod yn siopa?
You (*Tell her, Yes, you bought a lot of goods in Elward James' shop*)
Gwen Beth brynoch chi i gyd (*altogether*)?
You (*You bought eggs and cheese and bacon*)
Gwen Brynoch chi foron hefyd?
You (*No, you didn't buy carrots. You've got plenty of carrots in the garden*)
Gwen Rydych chi'n lwcus iawn. Faint daloch chi am y nwyddau?
You (*You paid £8.90*)
Gwen Mae pris popeth yn mynd i fyny o fis i fis!

4 Idiomatic use of the infinitive

A series of verbs ending in **-odd** (or any other ending) in the Past Tense makes for monotony, and Welsh overcomes this by using the infinitive rather than the usual form of the verb for the second action if the doer of the action remains constant. For example, instead of: **Fe godes i ac fe ffonies i'r heddlu** *I got up and phoned the police*, Miss Parri says:

> Fe godes i a **ffonio**'r heddlu

5 Cyn (*before*), wedi, ar ôl (*after*)

The prepositions **cyn** *before*, **wedi** or **ar ôl** *after* and a few others can be used in front of the infinitive of the verb. For example:

Rwy'n mynd am dro **cyn mynd** i'r gwely yn y nos *I go for a walk before going to bed at night*

Sychwch eich traed **cyn dod** mewn i'r tŷ *Wipe your feet before coming into the house*

Ar ôl codi, rwy'n cael brecwast *After getting up, I have breakfast*

These prepositions, in combination with **i** and its personal forms, may also be used with the infinitive instead of the regular parts of the verb to introduce subordinate, or secondary, clauses. For example:

Wedi iddi fynd i gysgu, fe ddihunodd Miss Parri yn sydyn
After she had gone to sleep, Miss Parri woke up suddenly

Cyn iddo fynd, fe ddiolchodd i fi am ei helpu fe *Before he went, he thanked me for helping him*

The tense of the subordinate clause will depend on that of the main clause

main	*subordinate*
Agorwch y ffenest	cyn i chi fynd
Open the window	*before you go.*

Fe agorodd hi'r ffenest cyn iddi hi fynd *She opened the window before she went*

Other prepositions used in this way are:

nes (i) *until, so that, with the result that*
Fe gafodd e gymaint o fraw **nes iddo fe gwympo** o'r ffenest
He had such a fright that he fell from the window
Arhoswch **nes i fi ddod** *Wait until I come*

wrth (i) *as*
Wrth i fi fynd allan, fe ganodd y ffôn *As I went out, the phone rang*

er (i) *although*
Er iddo godi yn gynnar, ddaliodd e mo'r trên *Although he got up early, he didn't catch the train*

rhag ofn (i) *lest, in case*, (lit. *for fear*)
Rwy'n cadw larwm lladron **rhag ofn i** rywun dorri mewn
I keep a burglar alarm in case someone breaks in

12.9   Match up the phrases to make complete sentences.

1	Fe gwympodd hi dros y mat	(*a*) er iddi hi redeg yn gyflym.
2	Fe weithion nhw mor galed	(*b*) cyn i fi godi.
3	Byddwch yn ofalus	(*c*) ar ôl i ni gael swper.
4	Ddaliodd hi mo'r bws	(*d*) wrth iddi hi fynd allan.
5	Fe edrychon ni ar y teledu	(*e*) rhag ofn i chi gwympo.
6	Fe gyrhaeddodd 'y mrawd	(*f*) nes iddyn nhw ddysgu siarad Cymraeg mewn tri mis.

6   Holl, pawb (*all, everyone*)

Fe ganodd y larwm dros yr **holl** le   *The alarm sounded all over the place* (lit. *over all*)

Holl is one of the handful of Welsh adjectives that precede the noun and cause Soft Mutation:

Ble mae'r **holl b**lant wedi mynd?   *Where have all the children gone?*

I gyd, which comes after the noun or pronoun, is synonymous with **holl**.

Maen nhw **i gyd** wedi mynd i lan y môr   *They've all gone to the seaside*

Pawb or **pob un** means *everybody* or *everyone*. Examples:

Ydy pawb wedi mynd?   *Has everybody gone?*
Ydyn. Mae pob un wedi mynd   *Yes, everyone has gone.*
Does neb ar ôl   *There's no one left*

7   Adjectives which come before the noun

Of the adjectives that come before the nouns they describe, by far the most common is **hen** (long **e**) *old:*

Rydw i'n hen wraig (**gwraig**)   *I'm an old woman*
Mae e'n hen ddyn erbyn hyn (**dyn**)   *He's an old man by now*

Further examples can be seen in the Welsh nursery rhyme:

Hen dŷ a hen do,	*An old house and an old roof,*
A hen bobl ynddo.	*And old people in it.*

Note the Soft Mutation after these adjectives that precede nouns:

prif *chief, head*

Fe ffoniodd y Prif Gwnstabl fi (**cwnstabl**)   *The chief constable phoned me*

Other examples:

prifathro	*principal, head teacher*
priffordd	*main, trunk road* (*motorway:* **traffordd**)
prifysgol	*university*
prifddinas	*capital (city), metropolis*
prif weinidog	*prime minister* (**gweinidog**)

arch- *arch-*

archesgob	*archbishop*
archdderwydd	*archdruid*
archfarchnad	*supermarket*

Archesgob Caergaint yw prif esgob Eglwys Loegr   *The Archbishop of Canterbury is the chief bishop of the Church of England*

hoff *favourite*

P'un yw eich hoff raglen ar y teledu? (**rhaglen**)   *Which (one) is your favourite programme on (the) television?*

Annwyl *dear*

Annwyl is used before the noun as a means of address in letters and speeches (otherwise it comes after the noun):

Annwyl Gyfaill (**cyfaill**)	*Dear friend*
Annwyl Gyfeillion	*Dear friends*

unig *only, lonely*

Its precise meaning depends on its position. Before the noun:

yr unig blentyn *the only child*   yr unig un *the only one*

Dyma'r unig un sy ar ôl   *This is the only one left*

After the noun, **unig** means *lonely:*

Rwy'n byw mewn lle unig   *I live in a lonely place*

Both meanings can be seen in the following:

Mae **unig blentyn** yn **blentyn unig**   *An only child is a lonely child*

Compounds of **unig** follow the noun:

unigryw   *unique* (lit. *the only one of its kind*)
unigol   *singular, single*

Beth yw unigol cŵn? *What is the singular of* **cŵn** *(dogs)?*
Ci yw'r enw unigol. Cŵn yw'r enw lluosog.
Ci *is the singular noun.* **Cŵn** *is the plural noun.*

y Farchnad Ewropeaidd Unigol   *the Single European Market*

rhyw *some (a kind of)*

Fe weles i siâp rhyw ddyn y tu ôl i'r llenni (**dyn**)   *I saw the shape of some man behind the curtains*

Compounds of **rhyw**:

rhywbeth *something, anything* (**rhyw** + **peth**)
Rhywbeth arall? *Anything else?*

rhywfaint *any (amount of)*
Oes rhywfaint o laeth yn y jwg?   *Is there any milk in the jug?*

rhywle *somewhere, anywhere* (**rhyw** + **lle**)
Ble mae Trefriw? Mae e rywle yng Ngogledd Cymru   *Where is Trefriw? It's somewhere in North Wales*

Also: **rhywbryd** *sometimes*, **rhywrai** *some (people)*, **rhywsut** *somehow.*

The following do *not* cause mutation:

rhai	*some*	rhai pobl	*some people*
		rhai pethau	*some things*
pob	*every*	pob dyn	*every man*
		bob bore	*every morning*
		ymhob man	*everywhere* (lit. *in every place*)
		bob dydd	*every day*
		bob blwyddyn	*every year*
		(For the mutation of **bob** see page 000)	

Darllen a deall

Sioned tells her friend Sali how she spent Saturday in town, and somehow lost her door key . . .

Sali   Beth ddigwyddodd i ti ddydd Sadwrn?

Sioned   Wel, fel hyn digwyddodd hi. Fe ddalies i'r bws i'r dre a cherdded tipyn o gwmpas y siopau, a . . .

Sali   Brynest ti rywbeth?

Sioned   Do. Fe brynes i ddwy het newydd.

Sali   Dwy het newydd!

Sioned   Ie. Mae'n hetiau i i gyd yn hen ffasiwn erbyn hyn a mae eisiau hetiau newydd arna i. Yna, fe weles i hen ffrind ysgol, a mynd â hi i gael coffi.

Sali   I ble?

Sioned   I'r caffe newydd 'na yn yr archfarchnad.

Sali   Mae hwnna'n lle da. Beth ddigwyddodd wedyn?

Sioned   Wel, fe ddalies i'r bws ugain munud i ddeuddeg i fynd yn ôl adre. Wedi i fi agor 'y mag, fe weles 'y mod i wedi colli allwedd y tŷ. Ac er i fi chwilio a chwilio fe fethes i ffeindio'r allwedd.

Sali   Dyna brofiad diflas!

Sioned   Ie. Ond fe weles i fod ffenest y stafell ymolchi ar y lloft ar agor, a chofio fod ysgol (*ladder*) gyda'r dyn drws nesa. Fe ofynnes i iddo fe am 'yn helpu i. Fe ddododd e'r ysgol yn erbyn wal y tŷ, a dringo mewn drwy'r ffenest a dod i lawr ac agor drws y tŷ i fi.

Sali   Wel dyna lwc!

---

fel hyn digwyddodd hi *it happened like this*	**fe fethes i** *I failed* (**methu** *to fail*)
Fe ddalies i *I caught*	**fe ofynnes i iddo fe** *I asked him*
o gwmpas *around*	**fe ddododd e** *he put*
Brynest ti? *Did you buy?*	(**dodi** *to put*)
er i fi *although I*	**yn erbyn** *against*

Atebwch:

(a) Beth brynodd Sioned yn
y dre?

(b) Pwy welodd hi yn y dre?

(c) Pryd daliodd hi'r bws i
fynd adre?

(d) Beth welodd hi pan
agorodd hi ei bag?

(e) Pwy ddringodd mewn i'r
tŷ drwy'r ffenest ac agor y
drws i Sioned?

13 Fe ges i amser da

In this unit, you will learn how to ask for further information about other people and give information about yourself, and to talk about your own and other people's careers. (You may find it easier to work through the first section of the grammar before reading the dialogue.)

Dialogue

Edgar, a teacher, tells Prys about his background.

Prys Pryd daethoch chi i Gymru, Edgar?

Edgar Yn y flwyddyn mil naw pump wyth.

Prys O ble daethoch chi? Ble ganwyd chi?

Edgar Fe anwyd fi yn Llundain ym mil naw pump saith. Fe fuon ni'n byw yno am bedair blynedd, ac yna fe aethon ni, fel teulu, i fyw i Lerpwl.

Prys Pryd symudoch chi oddi yno?

Edgar Fe fuon ni'n byw yn Lerpwl am ddwy flynedd, ac fe ddechreues i fynd i'r ysgol yno. Ond pan ddaethon ni yma i Lanfair, fe es i i'r ysgol Gymraeg er mwyn dysgu Cymraeg.

Prys Aeth eich brawd i'r un ysgol â chi?

Edgar Do, do. Fe ddaeth e gyda fi i'r ysgol Gymraeg.

Prys Sut addysg gawsoch chi yno?

Edgar Addysg dda dros ben. Fe roion nhw gychwyn da i ni'n dau. Fe gawson ni ddigon o waith i neud a digon o amser i chwarae.

Prys Fe gawsoch chi amser da yno, felly.

Edgar   Do. Fe ges i amser da dros ben yno – er na ches i ddim chwarae rygbi dros yr ysgol!

Prys   I ble aethoch chi wedyn?

Edgar   Fe es i i Goleg y Brifysgol Abertawe. Fe fues i yno am bedair blynedd, ac fe 'nes i 'ngradd yno.

Prys   Pryd cawsoch chi'ch gradd?

Edgar   Ym mil naw cant wyth deg.

Prys   Mewn beth?

Edgar   Mewn Cemeg a Mathemateg.

Prys   Beth naethoch chi ar ôl cael eich gradd?

Edgar   Fe ddes i yn ôl yma yn athro yn 'yn hen ysgol i yn Llanfair.

Prys   Beth ddaeth o'ch brawd?

Edgar   Fe aeth e i'r Ysgol Feddygol yng Nghaerdydd. Fe 'naeth e ei radd yno, ac fe gafodd ysgoloriaeth i fynd i'r Unol Daleithiau. Ac yno mae e o hyd.

ganwyd	*was/were born*	**dros ben**	*very*
Lerpwl	*Liverpool*	**Coleg y Brifysgol**	*University College*
oddi yno	*from there*	**Abertawe**	*(of Wales),*
er mwyn	*in order to*		*Swansea*
i'r un ysgol	*to the same school*	**'ngradd i**	*my degree*
Fe roion nhw	*They gave both of*	**(gradd** *degree*)	
gychwyn da	*us a good start*	**ysgol feddygol**	*medical school*
i ni'n dau		**ysgoloriaeth**	*scholarship*
er na ches i	*although I wasn't*	**Unol Daleithiau**	*United States*
	allowed	**o hyd**	*still, always*

13.1 Cywir neu anghywir? Ail-ysgrifennwch y brawddegau anghywir yn gywir.

(*a*) Ganwyd Edgar yn Lerpwl.

(*b*) Fe fuodd ei deulu yn byw yn Lerpwl am ddwy flynedd.

(*c*) Fe gafodd e a'i chwaer addysg yn Llanfair.

(*d*) Fe aeth Edgar i America.

(*e*) Fe aeth brawd Edgar i'r coleg yn Aberystwyth.

13.2 Atebwch y cwestiynau hyn.

(*a*) I ble aeth y teulu o Lundain?

(*b*) Am faint fuodd y teulu yn Lerpwl?

(c) I ba ysgol aeth Edgar a'i
frawd yn Llanfair?

(d) Sut addysg gawson nhw

(e) yn yr Ysgol Gymraeg?

Ble mae brawd Edgar yn
byw nawr?

Useful words and phrases

How to:

1 *Ask when something happened.*
Pryd daethoch chi i Gymru?

2 *Ask where and when someone was born.*
Ble ganwyd chi?
Pryd ganwyd chi?

3 *Ask questions and talk about your family history.*
O ble daethoch chi?
I ble aethoch chi wedyn?
Pryd cawsoch chi'ch gradd?
Fe es i i Goleg Abertawe.
Fe ddes i'n ôl yma.
Fe wnes i 'y ngradd yn Abertawe.
Fe ges i amser da.

How Welsh works

1 The Past Tense of mynd (*to go*) and dod (*to come*)

Together with the other three irregular verbs (**neud**, **cael** and **bod**),
mynd and **dod** are only irregular in their stems. They follow a
regular pattern in the Past Tense.

(a) Pattern of endings

The only difference between these two verbs in the Past Tense is
the **dd** at the beginning of **dod.**

mynd	*to go*	**dod**	*to come*
Fe es i	*I went*	Fe ddes i	*I came*
Fe est ti	*You went*	Fe ddest ti	*You came*
Fe aeth e	*He went*	Fe ddaeth e	*He came*

Fe aeth hi	*She went*	Fe ddaeth hi	*She came*
Fe aethon ni	*We went*	Fe ddaethon ni	*We came*
Fe aethoch chi	*You went*	Fe ddaethoch chi	*You came*
Fe aethon nhw	*They went*	Fe ddaethon nhw	*They came*
Fe aeth y plant	*The children went*	Fe ddaeth y plant	*The children came*

Examples:

Fe es i i'r coleg yn Abertawe *I went to college in Swansea*

Fe ddaeth y teulu i fyw i Gymru *The family came to live in Wales*

Fe ddaeth Awst, **fe ddaeth** nos *August came, night came* (Welsh proverb)

(b) Asking questions about the past

The interrogative follows the pattern of the other verbs in this tense, i.e. by omitting the affirmative marker **fe**.

Est ti i'r theatr neithiwr? – Do *Did you go to the theatre last night? – Yes*

Ddaethoch chi adre cyn hanner nos? – Naddo *Did you come home before midnight? – No*

(c) How to say 'I didn't . . .', etc.

The negative follows the regular pattern of omitting **fe** and adding **ddim**. For example

Aeth y plant **ddim** i'r ysgol heddi *The children didn't go to school today*

Aethon nhw **ddim** i fyny i ben y mynydd, do fe? *They didn't go up to the top of the mountain, did they?*

Do, a **ddaethon** nhw **ddim** yn ôl tan ddeg o'r gloch *Yes, and they didn't come back until ten o'clock*

Note 1 Don't try to translate *did* or *did not* separately in this context.

2 **Do fe?** *Did they, you, he?* etc. is a tag used when asking a question in the Past Tense. The negative tag is **On'd do fe?** *Didn't . . .?* Example:

Fe est ti i'r ysgol y bore 'ma, Sionyn, **on'd do fe?** *You went to school this morning, Johnny, didn't you?*

Beth, **Pwy** and **Faint** cause the same mutation as **fe:**

Faint ddaeth i'r cyngerdd? *How many came to the concert?*

However, **Ble**, **Sut**, **Pam** and **Pryd** are followed by the radical forms of the verb:

Sut daethoch chi yma? *How did you come here?*
Fe ddes i yn y car *I came by car*

(d) Further uses of dod and mynd

(*i*) **Dod o** can mean *to become* as well as *to come from.*
For example:
Beth ddaeth o'ch brawd? *What became of your brother?*

(*ii*) **Fe es i â** means *I took;* **Fe ddes i â:** *I brought.* Examples:
Fe es i â'r plant i lan y môr yn y trên *I took the children to the seaside on the train*
Fe ddes i â nhw yn ôl yn y bws *I brought them back on the bus.*

(*iii*) **Dod o hyd i** *to find*
Ddaethoch chi o hyd iddi hi? *Did you find her?*

13.3 Fill in the gaps in this conversation between Mrs Meredew and a former inhabitant of Ynyswen.

Lady	. . . . . . daethoch chi i fyw yma?
Mrs Meredew	Fe . . . . . . i fyw yma y gaeaf diwetha.
Lady	Pam . . . . . chi i Ynyswen?
Mrs Meredew	Am dri rheswm, o leia. Yn y lle cynta, mae'r gŵr yn gweithio yma. Yn yr . . . le, mae Lisa'r ferch yn nyrs yn yr . . . yn y dre.
Lady	A'r . . . . . . rheswm?
Mrs Meredew	Y trydydd rheswm yw ein . . . . . . ni fel teulu yn hoff iawn o'r pentre.
Lady	Sut . . . . . . chi yma?
Mrs Meredew	Fe logon ni fan, a symud y celfi . . . . . ein hunain.

y ferch	*our daughter*	**celfi**	*furniture*
Fe logon ni fan	*We hired a van*	**llogi**	*to hire*

13.4 Gwen is asking her neighbour Olwen abour her summer holidays.

Gwen	I ble'r aethoch chi ar eich gwyliau eleni, Olwen?	**Olwen**	Ie. Fe hedfanon ni o'r Rhws.
Olwen	Fe aethon ni i Ibiza.	**Gwen**	Faint o amser gymerodd y daith?
Gwen	Pryd aethoch chi?	**Olwen**	Tua tair awr a hanner, rwy'n meddwl.
Olwen	Fe benderfynon ni fynd yn gynnar eleni. Fe aethon ni ym mis Mehefin, ar y trydydd, os ydw i'n cofio'n iawn.	**Gwen**	Pryd daethoch chi'n ôl?
Gwen	Sut aethoch chi? Hedfan? (**hedfan** *to fly*)	**Olwen**	Fe ddaeth Emlyn yn ôl wythnos yn gynt na'r plant a fi. Fe arhoson ni am wythnos arall.

Atebwch:

(*a*) I ble'r aeth Gwen a'i theulu ar eu gwyliau?

(*b*) Pryd aethon nhw?

(*c*) Sut aethon nhw?

(*d*) Pryd daeth Emlyn yn ôl?

(*e*) Am faint o amser arhosodd Gwen a'r plant ar ôl i Emlyn fynd adre?

2 The Past Tense of (gw)neud, (*to do, make*)

Fe nes i	*I did, made*	Fe naethon ni	*We did, made*
Fe nest ti	*You did, made*	Fe naethoch chi	*You did, made*
Fe naeth e	*He did, made*		
Fe naeth hi	*She did, made*	Fe naethon nhw	*They did, made*
		Fe naeth y plant	*The children did, made*

Examples:

Fe **nes** i 'y ngradd yng Ngholeg Abertawe   *I did my degree at Swansea College*

Fe **naethon** ni'n gorau i berswadio John i ddod   *We did our best to persuade John to come*

Fe **nest** ti'r peth iawn   *You did the right thing*

Fe **naethon** nhw gastell tywod mawr   *They made a big sand castle*

The question and negative forms follow the usual pattern.

Naethoch chi'ch gwaith?   *Did you do your work?*

Fe arhoses i gartre ond **nes i ddim** gwaith   *I stayed at home but I didn't do any work*

and so do the forms used with the interrogative adverbs **Ble**, **Sut**, **Pryd**, **Pam** (and **Pam na**) and **Os**:

Pam na 'nest ti fel dwedes i?   *Why didn't you do as I said?*

3   Cael

As we have seen **cael** has more than one meaning. Before a noun or a pronoun, it means *to have* (i.e. *to receive, get*):

Ydych chi wedi cael te?   *Have you had tea?*

Before a verb, it means *to be allowed to*, *may (can)*:

Ga i'ch helpu chi?   *May I help you?*

Note the affirmative answer **cewch**:

Ga i aros? – **Cewch**   *May I stay? – Yes (you may)*

There are two versions of the Past Tense of **cael**: the first is more common in N. Wales. The second in S. Wales:

Fe ges i   *I had, got*
Fe gest ti   *You had, got*, etc.

North Wales	South Wales	
Fe gafodd e	Fe gas e	*He had*
Fe gafodd hi	Fe gas hi	*She had*
Fe gawson ni	Fe geson ni	*We had*
Fe gawsoch chi	Fe gesoch chi	*You had*
Fe gawson nhw	Fe geson nhw	*They had*

Examples:

> **Fe gafodd/Fe gas** y lleidr fraw　*The thief had a fright*
> **Fe gawson/Fe geson ni** amser da iawn　*We had a very good time*

The marker **fe** is omitted in the question form: **Gawsoch chi ddigon?**　*Did you have enough?*

We saw in Uned 12 how the negative marker of verbs beginning with **c,p** or **t** was the Aspirate Mutation + **ddim**. This rule also applies to **cael**:

> **Ches** i **ddim** chwarae dros yr ysgol　*I wasn't allowed to play for (on behalf of) the school*
> **Ches** i **ddim** lwc heddi　*I had no luck today*

But when the object is definite, **mo** or its personal forms must be used instead of **dim**:

> **Chawson ni mo**'r wobr gynta　*We didn't get the first prize*
> Ond fe gawson ni'r ail wobr　*But we got the second prize*

Pwy, **Beth** and **Faint** are followed by the Soft Mutation of the various forms of **cael**. Examples:

> Beth **g**awsoch chi/**g**esoch chi i ginio?　*What did you have for dinner?*
> Faint **g**esoch chi am y car?　*How much did you get for the car?*

The interrogative adverbs **Ble**, **Sut**, **Pryd** and **Pam** take the radical form but they may also take the Soft Mutation – see Uned 11.

> Ble cawsoch chi ginio?　*Where did you have dinner?*
> Pryd cawsoch chi'ch gradd?　*When did you get your degree?*

13.5　Gwen asks Olwen about the trip to the Wye Valley.

Gwen　Beth naethoch chi ddoe, Olwen?
Olwen　Fe aeth Emlyn a'r plant a fi am dro yn y car i Ddyffryn Gwy. Rydyn ni'n hoff iawn o'r dyffryn, yr hardda ym Mhrydain yn 'y marn i.
Gwen　Pryd dechreuoch chi ar y daith?

Olwen	Fe godon ni'n gynnar am ei bod hi'n fore mor braf, a mynd i fyny drwy Aberhonddu i Lyswen. Fe gawson ni goffi yn nhŷ modryb Emlyn ac aros gyda hi er mwyn i Emlyn fynd i bysgota am awr neu ddwy – mae e'n hoff iawn o bysgota, ac fe ddaliodd samwn mawr – fe gawson ni fe i swper neithiwr.
Gwen	Beth naethoch chi wedyn?
Olwen	Fe aethon ni ymlaen i'r Gelli – prifddinas siopau llyfrau ail-law. Fe es i i edrych ar y llyfrau ac fe aeth Emlyn a'r plant am dro o gwmpas y dre. Yna, fe aethon ni i gael cinio.
Gwen	Ble cawsoch chi ginio?
Olwen	Mewn gwesty ar lan yr afon. Fe gawson ni ein cinio allan yn yr awyr agored yn edrych ar y pysgod yn neidio yn y dŵr.
Gwen	Fe gawsoch chi ddiwrnod hyfryd, felly.
Olwen	Do, diwrnod hyfryd iawn.

---

am dro *for a walk/a trip*   **Y Gelli** *Hay*
Dyffryn Gwy *the Wye Valley*   **o gwmpas** *around*
am ei bod hi *because it was*   **yr awyr agored** *open air*
er mwyn i *so that*

Atebwch:

(*a*)   Beth yw'r dyffryn hardda ym Mhrydain, ym marn Olwen?

(*b*)   Pam codon nhw'n gynnar?

(*c*)   Sut aethon nhw i Lyswen?

(*d*)   Ble cawson nhw goffi?

(*e*)   Beth ddaliodd Emlyn?

(*f*)   I ble aeth Olwen ar ôl cyrraedd y Gelli?

(*g*)   Ym marn Olwen, beth yw'r Gelli?

(*h*)   Gawson nhw eu cinio mewn ystafell yn y gwesty?

(*i*)   Sut ddiwrnod gawson nhw?

4   The Past Tense of bod (*to be*)

The verb *to be* in English has no exact form corresponding to the Past Tense in Welsh (unlike other verbs, e.g *I taught*, *I walked*, which refer to completed actions). **Fe fues i** can be translated as *I was*, *I have been*, etc., depending on the context.

Here is the complete form of the verb *to be* in the Past Tense:

Fe fues i	*I was*	Fe fuon ni	*We were*
Fe fuest ti	*You were*	Fe fuoch chi	*You were*
Fe fuodd e	*He was*	Fe fuon nhw	*They were*
Fe fuodd hi	*She was*	Fe fuodd y plant	*The children were*

This tense of the verb *to be* refers to a completed period of time in the past.

Examples:

> Am faint o amser **fuoch chi** yn y **carchar?**   *For how long were you in prison?*
>
> **Fe fues i** yn y carchar am dri mis   *I was in prison for three months*

Note that **bod** can sometimes be used where English uses *to go*, e.g.

> Fe fuon ni ar ein gwyliau yn Llandudno   *We went (were) on our holidays to (in) Llandudno*

In the interrogative

Fues i, fuest ti, fuodd e, fuon ni, fuoch chi, fuon nhw?

> Fuoch chi erioed yn Seland Newydd?   *Have you ever been to New Zealand?*
>
> **Naddo, fues i erioed yn Seland Newydd**   *No, I've never been to New Zealand*

(*Note that* **erioed** *ever* becomes *never* in a negative sentence.)

Used as an auxiliary

Fe fues i, like **Rydw i** (of which it is the Past Tense), can be used as an auxiliary verb to denote an action which went on for a completed period in the past, e.g.

> **Fe fuoch chi'n siarad** am awr a hanner   *You spoke for an hour and a half*

5 The Past Tense of byw (*to live*) and marw (*to die*)

The verb **byw** *to live* does not change its form with *I*, *you*, *he*, etc., and forms its Past Tense by using **bod** as an auxiliary verb (with or without the **'n**):

> **Fe fuon ni'n byw** yn Aberaeron am flynyddoedd   *We lived in Aberaeron for years*

Its opposite, **marw** *to die*, does not take **'n**.

> Pryd **buodd e farw?**   *When did he die?*
> **Fe fuodd c farw** yn ddyn ifanc   *He died a young man*

6 Blwyddyn, blwydd *and* blynedd

A year is **blwyddyn**. **Blwydd** denotes *years old*. **Blynedd** is an old plural form of **blwyddyn** used after numbers other than ages.

> Fe fuon ni'n byw yn Lerpwl am ddwy **flynedd**   *We lived in Liverpool for two years*

Darllen a deall

Alun is interviewing John about the choir's visit to Vienna.

Alun   John, rydych chi a'ch côr meibion newydd ddod yn ôl o Ewrop – o Fienna. Pryd daethoch chi adre?

John   Wythnos yn ôl. Fe aethon ni mas i Fienna ddydd Mawrth diwetha a dod yn ôl neithiwr.

Alun   Faint ohonoch chi aeth allan?

John   Fe aeth y côr i gyd ond dau. Fe fuon ni'n edrych ymlaen at yr ymweliad â Fienna ers blwyddyn.

Alun   Fuoch chi yn Awstria o'r blaen?

John   Do, ddwywaith. Fe aethon ni allan y tro cynta pan fuodd Awstria yn dathlu'r cyfnod Celtaidd cynnar. Celtiaid ydyn ni'r Cymry.

Alun	Fe ddechreuodd y Celtiaid gloddio am halen ddwy fil o flynyddoedd yn ôl o gwmpas Salzburg, on'd do?
John	Do. Dyna sut y cafodd y ddinas ei henw – Dinas yr Halen ac mae Halstadt hefyd yn agos.
Alun	Ble buoch chi'n canu?
John	Fe fuon ni'n canu yn y neuaddau cyngerdd yno.
Alun	Fuoch chi yn y Staatsoper?*
John	Naddo. Fe fethon ni gael tocynnau. Ond fe fuon ni yn y Volksoper,* yn gweld opera o waith Puccini.
Alun	Pa opera weloch chi? Madam Butterfly neu Tosca neu . . .
John	La Bohême welson ni.
Alun	Fwynheuoch chi'r opera honno?
John	Do. Fe fwynheuon ni'r opera 'na yn fawr iawn, bob un ohonon ni. Dyna'n noson ola ni yn Fienna, ac yn awr mae pawb ohonon ni'n edrych ymlaen at fynd eto. Mae Fienna a Salzburg yn ddinasoedd hardd iawn, a mae pobol Awstria yn garedig dros ben – yn enwedig i gantorion!

côr meibion	*male voice choir* (lit. *choir of sons*)	o waith	*a work (by)*
		o'r blaen	*before*
yn ôl	*ago, back*	Celtaidd cynnar	*early Celtic*
edrych ymlaen at	*to look forward to*	cyngerdd	*concert*
ymweliad â	*visit to*	Fwynheuoch chi . . .?	*Did you enjoy . . .?*
dathlu	*to celebrate*	(mwynhau *to enjoy*)	
cyfnod	*period*	hardd	*handsome*
cloddio	*to dig*	yn enwedig	*especially*
halen	*salt*	cantorion	*singers*

---

* Staatsoper: *Austrian State Opera House*; Volksoper: *People's Opera*.

Atebwch y cwestiynau hyn.

(*a*)   I ble'r aeth y côr i ganu?

(*b*)   Aeth y côr i gyd i Fienna?

(*c*)   Fuon nhw yn Awstria o'r blaen?

(*d*)   Pryd fuon nhw yno?

(*e*)   Celtiaid ydy'r Cymry?

(*f*)   Pryd dechreuodd y Celtiaid gloddio am halen o gwmpas Salzburg?

(*g*)   Ble buodd y côr yn canu yn Fienna?

(*h*)   Pam nad aethon nhw i'r Staatsoper?

(*i*)   Beth welson nhw yn y Volksoper?

(*j*)   Sut ddinasoedd yw Salzburg a Fienna?

14 Roedd 'nhad yn nabod Lloyd George

In this unit you will learn how to talk about what used to happen and how lifestyles have changed, and to make further comparisons.

Dialogue

Bryn has decided to turn his farm over from milk production to potato growing. He talks to John Powel, who visited the farm the previous year, about the changes he has made and how his life has changed since he was a boy.

John Wel, Bryn, rydych chi wedi newid cryn dipyn ar y ffarm 'ma er pan oeddwn i yma y llynedd.

Bryn Ydw, roedd gormod o waith yma i'r wraig a fi. Pan ddaeth y cwota llaeth, a hwnnw'n mynd yn is o flwyddyn i flwyddyn, a'r prisoedd yn codi'n uwch o fis i fis, a finne'n tynnu'n nes at 'yn hanner cant, fe benderfynon ni newid ein dull o ffarmio. Tyfu tatws cynnar yn lle cynhyrchu llaeth.

John Beth yw'r gwahaniaeth mwya?

Bryn Wel, yn un peth, mae bywyd yn fwy hamddenol nawr – yn llawer mwy hamddenol. Roedd rhaid i 'nhad – a 'i dad ynte o'i flaen e – godi'n gynnar yn y bore bob dydd o'r flwyddyn, i fwydo'r anifeiliaid a godro'r da. Nawr, does dim rhaid codi'n gynnar.

John Pam?

Bryn Achos does dim anifeiliaid o gwbl gyda ni, ar wahân i'r cŵn.

John Oedd bywyd yn galed yn yr hen ddyddiau?

Bryn   Oedd. Roedd ffarm fawr gyda ni – yn fwy nag unrhyw ffarm arall yn yr ardal, ac roedd pawb wrthi o fore tan nos, yn enwedig yn y gwanwyn a'r hydref. Dyna'r amseroedd gwaetha.

John   Ac roedd eich mam yn brysur hefyd.

Bryn   Oedd. Roedd hithe'n gweithio'n galetach na ni. Roedd hi'n gweithio oriau hirach na ni – yn codi o'n blaen ni yn y bore ac yn mynd i'r gwely ar ein hôl ni. Roedd hi'n gorfod glanhau'r tŷ, neud bwyd, bwydo'r ieir a chasglu wyau a chant a mil o bethau eraill. Hi oedd yn gweithio galeta, rwy'n siŵr o hynny.

John   A beth amdanoch chi'r plant? Oedd rhaid i chi weithio, hefyd?

Bryn   O, oedd.

John   Doeddech chi ddim yn cael llawer o amser i chwarae, felly.

Bryn   Nag oedden. Roedden ninne'n gorfod gweithio cyn mynd i'r ysgol yn y bore ac ar ôl dod adre yn y nos. Roeddwn i'n helpu 'nhad, a Sara, 'yn chwaer i, yn helpu mam. Roedd bywyd plant ffarm yn fywyd caled iawn pan oedden ni'n blant.

John   Oedd, mae'n siŵr. Sut mae bywyd wedi newid i chi?

Bryn   Dau amser prysur sy ar y ffarm nawr. Amser plannu'r tatws ac amser eu codi nhw. Gyda help contractwyr, rwy'n gallu neud y gwaith i gyd 'yn hunan, a mae'r peiriannau'n neud y gwaith yn haws o lawer. Mae bywyd yn well nawr nag oedd e. Mae gyda ni ragor o amser hamdden nawr. A ryn ni'n gallu mynd ar ein gwyliau. Doedd 'nhad a mam byth yn mynd ar wyliau. Dyma'r amser gore yn ein bywyd ni!

cryn dipyn	*quite a lot*	**wrthi**	*at it, busy*
er pan	*since (when)*	**o fore tan nos**	*from morning till night*
y llynedd	*last year*	**gwanwyn**	*spring*
mynd yn is	*getting lower*	**hydref**	*autumn*
ein dull o	*our method of*	**iâr, ieir**	*hen(s)*
ffarmio	*of farming*	**cant a mil o**	*a hundred and one* (lit.
cynhyrchu	*to produce*	**bethau**	*thousand) other things*
yn lle	*instead of*	**plannu**	*to plant*

yn un peth	*for one thing*	codi	*lift*
ar wahân i'r	*apart from the*	'yn hunan	*myself*
cŵn	*the dogs*	hamdden	*leisure*

14.1 Cywir neu anghywir? Ail-ysgrifennwch y brawddegau anghywir yn gywir.

(*a*) Mae Bryn wedi newid ychydig ar y ffarm.
(*b*) Mae e wedi penderfynu newid ei ddull o ffarmio.
(*c*) Mae e'n gwerthu tatws yn lle cynhyrchu llaeth.
(*d*) Roedd Bryn a'i chwaer yn chwarae ar ôl dod adre o'r ysgol.
(*e*) Y gwahaniaeth mwya yw bod bywyd yn llai hamddenol.

14.2

(*a*) Ers pryd mae Bryn wedi newid ei ddull o ffarmio?
(*b*) Pryd roedd ei dad yn codi?
(*c*) Beth oedd ei dad yn 'neud?
(*d*) Pam does dim rhaid i Bryn godi'n fore?
(*e*) Beth yw'r amser mwya prysur ar y ffarm nawr?

Useful words and phrases

How to:

1 *Say what you and others used to do.*
   Roeddwn i'n helpu 'nhad.
   Roedd pawb wrthi o fore tan nos.
   Roedd mam yn glanhau'r tŷ a 'neud bwyd.

2 *Ask about changes.*
   Sut mae bywyd wedi newid?
   Beth yw'r gwahaniaeth mwya?

3 *Ask 'Why?' and give reasons.*
   Pam does dim rhaid i chi godi'n fore?
   Achos does dim anifeiliaid gyda ni.
or Achos does gyda ni ddim anifeiliaid.

4   *Make comparisons between the past and the present.*
Mae bywyd yn fwy hamddenol nawr.
Mae gyda ni fwy o amser hamdden nawr.

How Welsh works

1   The Imperfect Tense

The Imperfect Tense of the verb *to be* in Welsh refers to the duration or continuation of an activity or state in the past – *was*, *were*, *used to*. For example:

> **Roedd hi**'n oer ddoe   *It was cold yesterday.*
> **Roeddwn i** yma y llynedd   *I was here last year.*

(a)   Formation of the Imperfect Tense

The Imperfect Tense of all verbs in Welsh can be formed with the aid of the Imperfect Tense of the verb **bod** *to be*.

Roeddwn i	*I was*	Roedden ni	*We were*
Roeddet ti	*You were*	Roeddech chi	*You were*
Roedd e	*He was*	Roedden nhw	*They were*
Roedd hi	*She was*	Roedd y plant	*The children were*

Note that the endings of this tense are similar to those of **Fe hoffwn i** in **Uned 10**, except for the ending of the third person singular (*he, she, it*).

(b)   When to use the Imperfect

This tense can be used:

(*i*)   to talk about what used to happen:
   Roedden ni'n gweithio o fore tan nos   *We used to work from morning till night*

(*ii*)   to talk about what was happening:
   Beth **oeddech chi'n neud** ddoe?   *What were you doing yesterday?*

Roeddwn i'n gweithio yn yr ardd   *I was working in the garden*

(*iii*) to describe how things were or used to be:
Roedd gormod o waith i neud   *There was too much work to do*
Roedd 'nhad yn nabod Lloyd George   *My father knew*
(i.e. *used to know*) *Lloyd George*

The distinction between the Past Tense and the Imperfect Tense can be a very fine one. **Roeddwn i yn y dre ddoe**   *I was in town yesterday* suggests a situation that lasted for some time, while **Fe fues i yn y dre ddoe** describes a completed experience – *I went to town, stayed there for a while and came away.*

The two tenses are often found in the same sentence (the Past Tense being used for completed events, and the Imperfect for events that are unfinished or incomplete):

Roedd y drws ar agor pan **ddes** i mewn   *The door was open when I came in*

2   The Imperfect Tense (continued)

(*a*)   *The interrogative*

The question form *Was I?*, etc. omits the affirmative marker **r**:
Roeddwn i → Oeddwn i? (as with **Rydw i → Ydw i?**)

Oedd bywyd yn galed yn yr hen ddyddiau?   *Was life hard in the old days?*

14.3

1   Which of these phrases would you use to ask if someone arrived early for a meeting?
(*a*) Oeddech chi yno'n gynnar?   (*b*) Fuoch chi yno'n gynnar?
(*c*) Ydych chi wedi bod yno'n gynnar?

2   You meet a friend standing forlornly at a bus stop. What do you ask him?
(*a*) Oeddech chi'n colli'r bws?   (*b*) Ydych chi wedi colli'r bws?   (*c*) Fuoch chi'n colli'r bws?

3   What do you tell your doctor?
(*a*) Roeddwn i'n dal annwyd.   (*b*) Fe fues i'n dal annwyd.
(*c*) Fe ddalies i annwyd.

4   How well did you know John?
    (*a*) Rydw i wedi nabod John yn dda.   (*b*) Roeddwn i'n nabod John yn dda.   (*c*) Fe fues i'n nabod John yn dda.

5   How do you ask your friends if they sometimes go to the seaside?
    (*a*) Fuoch chi i lan y môr weithiau?   (*b*) Oeddech chi'n mynd i lan y môr weithiau?   (*c*) Ydych chi'n mynd i lan y môr weithiau?

(b)   *Abbreviations*

As with **Rydw i**, **Roeddwn i** (etc.) has its abbreviations: **oe** becomes a long **o** (a characteristic of the Welsh spoken in South Wales) and contracts to **Rôn** (pronounced as English *roan*) **i**, **Rôt ti**, **Rodd e**, **Rodd hi**, **Rôn ni**, **Roch chi**, **Rôn nhw**.

(c)   *The negative*

The negative is formed in the same way as for **Rydw i** – the marker **r** is displaced by **d**, and **ddim** added after the verb:

> Doedd hi **ddim** yn braf iawn ddoe   *It wasn't very fine yesterday*

(d)   *Answers with* **Oedd**

Questions using **Oedd** are answered with the appropriate form of the verb: **Oeddwn** *Yes(I was)*, **Nag oeddwn** *No (I wasn't)*, etc.
    Examples:

> Oedd bywyd yn galed?   *Was life hard?*
> **Oedd.** Roedd e'n galed iawn   *Yes. It was very hard*
> Oeddech chi, Bryn, yn bwydo'r ieir?   *Did you, Bryn, use to feed the hens?*
> **Nag oeddwn.** Roeddwn i'n helpu 'nhad i odro'r da   *No. I used to help my father (to) milk the cows*

(e)   *With* **Beth, Pwy** *and* **Faint**

The marker **r** is dropped after **Beth**, **Pwy** and **Faint**:

> Beth oedd mam Bryn yn 'neud?   *What was Bryn's mother doing?*

Roedd hi'n glanhau'r tŷ   *She used to clean the house*
Pwy oedd yn siarad â Bryn am yr hen ddyddiau?   *Who was talking to Bryn about the old days?*

Note that after **Ble**, **Pryd**, **Sut** and **Pam**, the affirmative marker **r** is used: **Ble roeddet ti neithiwr?** *Where were you last night?*

14.4   Mini-dialogue.

Mam   Siôn! Mae'r ffôn yn canu. Cer i ateb e.
(Mae Siôn yn ateb y ffôn ac yn dod yn ôl at ei fam.)
Mam   Pwy oedd 'na?
Siôn   Ewyrth Edmwnd oedd 'na. (**ewyrth** *uncle*)
Mam   Beth oedd Edmwnd eisiau?
Siôn   Roedd e'n gofyn oedden ni'n mynd draw i'r Gilfach heno.
Mam   Pam roedd e'n gofyn hynny?
Siôn   Roedd e'n dweud fod 'nhadcu a mamgu yn dod yno i swper.

Atebwch:

(*a*)   Pwy oedd yn siarad â Siôn ar y ffôn?
(*b*)   Beth oedd e eisiau gwybod?
(*c*)   Pwy oedd yn dod i swper i'r Gilfach?

3   Further uses of the Imperfect Tense

In the Imperfect Tense, **oedd** assumes the functions of **mae**, **yw/ydy**, **oes** and **sy** in the Present Tense:

Present: *is, are*	**Imperfect:** *was, were*
Mae rhywun yn byw yn y tŷ 'na	**Roedd** rhywun yn byw yn y tŷ 'na
Pwy **yw** e?	Pwy **oedd** e?
Ydy e'n byw gyda'i wraig?	**Oedd** e'n byw gyda'i wraig?
Oes plant gyda nhw?	**Oedd** plant gyda nhw?
Pwy **sy**'n byw yn y tŷ 'na?	Pwy **oedd** yn byw yn y tŷ 'na?

Past necessity is expressed by **Roedd rhaid**:

Roedd rhaid i ni godi'n gynnar   *We had to (were having to) get up early* and past need by **Roedd eisiau:**

> **Roedd eisiau** bwyd arnyn nhw   *They were wanting (i.e. wanted) food*

4   *Better than*, etc. Comparison of irregular Adjectives

We saw in Uned 10 how to form comparisons using regular adjectives. However, we also saw that some adjectives are irregular – and these tend to be the ones in common use. We have already met **gwell** *better:*

da *good* → **yn well na(g)** *better than*

> Mae bywyd **yn well** nawr **nag** oedd e   *Life is better now than it was*
>
> Rydych chi'n siarad Cymraeg **yn well na** fi   *You speak Welsh better than I do*
>
> Mae'n well gyda fi dywydd oer **na thywydd** gwlyb   *I prefer cold weather to wet weather*

Note that **na** *than*, like the negative **ni** or **na**, causes Aspirate Mutation.

drwg *bad, wicked* → **yn waeth na(g)**   *worse than*

> Mae'r glaw **yn waeth** ym mis Awst **nag** ym mis Mai   *The rain is worse in August than in May*

Other useful expressions:

> Mae pethau'n mynd o ddrwg i waeth   *Things are going from bad to worse*
>
> Er gwell, er gwaeth   *For better, for worse*

Mawr *big* → **yn fwy na(g)** *bigger than* (**yn fwy** *more*)

> Roedd ein ffarm ni **yn fwy nag** unrhyw ffarm arall yn yr ardal   *Our farm was bigger than any other farm in the district*
>
> Mae bywyd **yn fwy** hamddenol nawr   *Life is more leisurely now*

bach *small, little* → **llai** *less*, **yn llai na(g)** *smaller/less than*

> Roedd y ffermydd eraill i gyd **yn llai na** ffarm Bryn   *All the other farms were smaller than Bryn's farm*

uchel *high* → **uwch** *higher*, **yn uwch na(g)** *higher than*
>Mae Eferest yn uwch na'r Wyddfa.   *Everest is higher than Snowdon*
>Mae prisiau yn mynd yn **uwch o fis i fis**   *Prices are getting higher from month to month*

isel *low* → **is** *lower*, **yn is na(g)**   *lower than*
>Mae'r cwota llaeth yn mynd **yn is** o flwyddyn i flwyddyn   *The milk quota is getting less from year to year*

agos *near* → **nes** *nearer*, **yn nes na(g)** *nearer than*
>Mae hi'n mynd yn oerach. Dewch yn **nes** at y tân   *It's getting colder. Come nearer to the fire*
>**Nes** penelin **nag** arddwrn   *(Your) elbow is nearer than your wrist* (Welsh proverb – i.e. *Blood is thicker than water*)

cynnar *early* → **yn gynt na(g)** *earlier, faster than*
>Roedd yr haf **yn gynt** eleni **nag** arfer   *Summer was earlier than usual this year*
>Mae awyren **yn gynt na** thrên   *An aeroplane is faster than a train*

hawdd *easy* → **haws** *easier*, **yn haws na(g)** *easier than*
>Mae peiriannau'n gwneud y gwaith **yn haws** o lawer   *Machines make the work much easier* (lit. *easier by much*)
>Ydy dysgu Cymraeg **yn haws na** dysgu Almaeneg?   *Is learning Welsh easier than learning German?*

Adjectives which end in the 'soft' consonants **g**, **b** and **d** harden them to **c**, **p**, and **t** in comparative degrees. Examples:

>Roedden ni'n gweithio'n gale**t**ach. (**caled** *hard*)
>*We used to work harder.*
>Oes gyda chi sgert ra**t**ach? (**rhad** *cheap*)
>*Have you a cheaper skirt?*
>'Calon lân yn llawn daioni,
>Te**c**ach yw na'r lili dlos.' (**teg** *fair*)
>*A clean heart full of goodness*
>*Is fairer than the beautiful lily.*
>(From the famous Welsh hymn **Calon lân**.)

14.5 Put the adjective in brackets into the appropriate comparative form to complete the following sentences.

(*a*) Rwy'n dod i ddeall a siarad Cymraeg yn (da) nawr.
(*b*) Mae'r glaw yn (drwg) heddi na ddoe.
(*c*) Mae Dinas Mecsico yn (mawr) na Llundain.
(*d*) Mae'r Alpau yn (uchel) nag Eryri.
(*e*) Mae'r Môr Marw yn (isel) na'r Môr Coch.

5   *Hardest, longest,* etc: **The superlative**

(*a*)   *Formation of the superlative*

The Welsh equivalent of *-est* is **-a** (**-af** in the written language). We have already met this suffix in **cynta** *first* (lit. *earliest*), and **y dyn drws nesa** *the man next (nearest) door*.

Superlative adjectives which come after verbs take the Soft Mutation:

> **caled** *hard*:   Mam oedd yn gweithio **galeta**   *(My) mother worked hardest*

> *Note* the hardening of the final consonant.

> **tlota** *poorest* from **tlawd** *poor*:   Mae rhai o wledydd **tlota'r** byd yn Affrica   *Some of the world's poorest countries are in Africa*

(*b*)   *Common adjectives with irregular superlatives*

da → **gore** *best*

> Dyma'r amser **gore** yn ein bywyd ni   *This is the best time in our life*

> Gore cof, cof llyfr   *The best memory, the memory of a book* (Welsh proverb)

> Gore po gynta   *The sooner the better* (lit. *Best is the earliest/first*)

drwg → **gwaetha** *worst*

> Dyma'r tywydd **gwaetha** gawson ni erioed   *This is the worst weather we've ever had*

mawr → **mwya** *biggest*

>Dyna'r gwahaniaeth **mwya** *That's the biggest difference*
>Caerdydd yw'r ddinas **fwya** yng Nghymru *Cardiff is the biggest city in Wales*

bach → **lleia** *smallest, least*

>Tyddewi yw'r ddinas **leia** yng Nghymru *St David's is the smallest city in Wales*
>**o leia** = *at least*

Note that the superlative, like the radical form, mutates after a feminine singular noun.

Other less common superlatives are as follows: **uchel** → **ucha** *highest*, **isel** → **isa** *lowest* (both often found in names of mountain farms), **agos** → **nesa** *nearest, next* **hawsa** *easiest*, **anhawsa/anodda** *most difficult.*

(c) Other methods of forming the superlative

Polysyllabic adjectives are compared, as in English, by adding **mwy** *more* or **mwyaf** *most:*

>Cymru yw'r **wlad fwyaf** prydferth yn y byd *Wales is the most beautiful country in the world*

However, some longer adjectives form the superlative by adding the usual endings:

>Beth yw'r newyddion **diweddara** am . . .? *What's the latest news about . . .?*

Diweddara = *latest*; **diwetha** = *last.*

As in English, **diwetha** can be used in phrases such as **yr wythnos ddiwetha** *last week*, **y mis diwetha** *last month*. (but *last year*: **y llynedd** and *last night*: **neithiwr**.)

Note 1 the use of **yw/ydy** as the link verb with the Superlative in the Present Tense.

2 the loss of the literary **-f** at the end of the superlative in speech (**mwya(f)**, **lleia(f)** etc.), and **gore** for **gorau**.

14.6 Gwybodaeth gyffredinol (*General knowledge*). Complete the following statements, using the words given at the end.

(*a*) . . . . . . yw'r wlad leiaf yn y Farchnad Gyffredin.
(*b*) Y mynydd uchaf yn y byd yw . . . . . .
(*c*) Yn . . . . . . mae poblogaeth uchaf y byd.
(*d*) . . . . . . yw'r wlad nesa at Gymru.
(*e*) Yn . . . . . . mae'r tywydd oera yn y byd.

China, Siberia, Lwcsembwrg, Everest, Lloegr

6 Personal forms of compound prepositions

Compound prepositions are composed of two or more words, e.g. **o flaen** *in front of*. **O flaen** has personal forms:

o 'mlaen i	*in front of, before me*	o'n blaen ni	*in front of us*
o dy flaen di	*in front of you*	o'ch blaen chi	*in front of you*
o'i flaen e	*in front of him*	o'u blaen nhw	*in front of them*
o'i blaen hi	*in front of her*	o flaen y plant	*in front of the children*

Examples:

Roedd rhaid i 'nhad, a'i dad ynte **o'i flaen e** godi'n gynnar
My father, and his father before him, had to rise early.
Roedd mam yn codi **o'n blaen ni** yn y bore   *Mother used to get up before us in the morning*

The opposite of **o 'mlaen i** is **ar 'yn ôl i** *after me*.

ar 'yn ôl i	*after me*	ar ein (h)ôl ni	*after us*
ar dy ôl di	*after you*	ar eich ôl chi	*after you*
ar ei ôl e	*after him*	ar eu (h)ôl nhw	*after them*
ar ei (h)ôl hi	*after her*	ar ôl y plant	*after the children*

Example:

Fe ddaethon nhw **ar 'yn ôl i**   *They came after me.*

7 Conjunctive pronouns

These are used to give emphasis to a statement, as in the following example:

Rydw i'n sgrifennu. – Rydw **inne**'n sgrifennu *I'm writing. –*
I, too, *am writing*

Hefyd *too, also* is often used for further emphasis if the actions are similar. For example:

Rydw i'n dysgu Cymraeg – Rydw **inne**'n dysgu Cymraeg
hefyd *I'm learning Welsh. – I'm learning Welsh too*

Sometimes conjunctive pronouns are used to emphasise a difference (in which case **hefyd** is omitted):

Rydw i'n mynd i chwarae golff. – Rydw **inne**'n mynd i
siopa *I'm going to play golf. –* **I'm** *going shopping.*

Table of conjunctive pronouns

finne, inne	*me too*	**ninne**	*we, us too*
tithe	*you too*	**chithe**	*you too*
ynte	*he, him too*	**nhwthe**	*they, them too*
hithe	*she, her too*		

(**finne** and **inne** correspond to **fi** and **i**)

Examples:

Roedd ei fam, **hithe hefyd**, yn gweithio'n galed *His mother,*
too, worked hard
Rwy'n hoffi cerddoriaeth Mozart. – A **finne hefyd** *I like*
Mozart's music – So do I (lit. *And me too*)
Rydyn ni'n mynd i weld y gêm. Dewch **chithe hefyd** *We are*
going to see the game. You come too

14.7 Give an affirmative response to the following questions, for example:
Mae John yn mynd i'r gwely. Beth am Gwen? – Mae **hithe**'n mynd i'r gwely hefyd.

(*a*) Rydyn ni'n mynd i weld y gêm. Beth amdanoch chi?
(*b*) Rydych chi'n wlyb. Beth amdanyn nhw?

(c) Mae Elwyn ac Elen yn mynd ar wyliau. Beth am Gwyn ac Edith?

(d) Rwy'n gwylio'r teledu bob nos. Beth am dy frawd?

(e) Roeddwn i'n chwarae golff ddoe. Beth amdanat ti?

8 Pam? (*why?*), Achos (*because*)

Pam? is short for **Paham?**

> **Pam** roedd tad Bryn yn codi'n fore?   *Why did Bryn's father get up early?*
>
> **Achos** roedd rhaid iddo fe fwydo'r anifeiliaid   *Because he had to feed the animals*

Pam rydych chi eisiau/ yn moyn dysgu Cymraeg? *or*
Pam rydych chi'n awyddus i ddysgu Cymraeg? (**awyddus** *keen*)

Possible incentives

> Achos rydw i'n byw yng Nghymru.
> Achos mae'r gŵr/wraig yn siarad Cymraeg.
> Achos rydw i eisiau deall rhaglenni S4C.
> Achos mae'r plant yn mynd i'r Ysgol Gymraeg.
> Achos rydw i eisiau siarad â'r cymdogion.
> Achos rydw i eisiau cyfranogi o'r diwylliant Cymraeg.
> Achos rydw i eisiau cadw'r iaith a'r diwylliant yn fyw.
> Achos rydw i eisiau cael swydd lle mae gwybodaeth o'r iaith yn hanfodol.
> Achos rydw i'n hoffi cerddoriaeth Gymraeg.
> Achos rydw i'n Gymro/Gymraes.
> Achos roedd 'nhad a mam yn siarad Cymraeg.
> Achos roedd 'y nghyn-dadau i yn siarad Cymraeg.
> Achos mae gyda fi ddiddordeb yn hanes Cymru.
> Achos mae gyda fi ddiddordeb mewn ieithoedd.

This sort of question comes up frequently in examinations.

rhaglen-ni	*programme-s*	**gwybodaeth**	*knowledge*
Sianel Pedwar Cymru	*Channel Four Wales**	**hanfodol**	*essential*
cyfranogi	*to share*	**cyn-dadau**	*forefathers, ancestors*

diwylliant	*culture*	**diddordeb**	*interest*
swydd	*post, job*	**hanes**	*history*
gwybodaeth	*knowledge*	**iaith, ieithoedd**	*language(s)*

*Channel Four Wales (S4C), a channel which broadcasts television programmes in Welsh during peak periods.

Darllen a deall

Elwyn has come to visit his grandfather who lives in a village which has seen many changes since he was a boy.

Elwyn   Sut le oedd y pentre 'ma pan oeddech chi'n fachgen?

Tadcu   Roedd e'n lle prysur iawn. Roedd efail y gof yma a gweithdy crydd, a roedd y felin yn gweithio ddydd a nos. Roedd pobol yn mynd a dod ar hyd y strydoedd drwy'r dydd.

Elwyn   Mae'r lle'n wahanol iawn nawr.

Tadcu   Ydy. Roedd tair siop yma un amser, ar wahân i Swyddfa'r Post. Roedd pedwar capel yma. Nawr does dim un siop ar ôl. Mae pawb nawr yn prynu nwyddau yn yr archfarchnad yn y dre.

Elwyn   Beth am y capeli a'r eglwys?

Tadcu   Roedd gweinidog ym mhob capel pan oeddwn i'n fachgen, a'r ficer yn byw yn y plwyf. Nawr does dim gweinidog ar ôl, mae dau gapel wedi cau, ac ychydig iawn o aelodau sy yn y ddau arall. Mae un gwasanaeth yn yr eglwys ar ddydd Sul a'r ficer yn dod o'r dre.

Elwyn   Pam mae hyn wedi digwydd?

Tadcu   Achos colli pobol ifanc, yn y lle cynta. Rhai wedi eu lladd yn y Rhyfel Byd cynta, ac eraill yn yr Ail Ryfel Byd. Mae enwau saith ar hugain o fechgyn y pentre ar y gofgolofn ar y sgwâr.

Elwyn   Oedd 'na resymau eraill?

Tadcu   Oedd. Dim gwaith i'r bobol ifanc. Ar ôl i fi adael yr ysgol, doedd hi ddim yn hawdd cael gwaith yn yr ardal, a roedd rhaid i fi fynd i chwilio am waith yn Lloegr.

Elwyn I ble aethoch chi?
Tadcu I Lundain. Fe es i i weithio gyda ffrind i fi oedd yn gwerthu llaeth yn Llundain.
Elwyn Faint o amser fuoch chi yno?
Tadcu Fe fues i'n byw yn Llundain am chwe blynedd ar hugain. Yna, fe ges i waith ym Mhendre, a dod yn ôl yma i fyw, ac i gofio am y bobol oedd yn byw yma gynt.

aelod (m)	*member*	**Rhai wedi eu lladd**	*Some (having*
gwasanaeth	*service*		*been) killed*
ar hyd	*along*	**Rhyfel Byd**	*World War*
yn wahanol	*different*	**ffrind i fi**	*a friend of mine*
Achos colli	*Because of losing*	**gynt**	*in the old days*

Atebwch:

(*a*) Sut le oedd y pentre pan oedd Tadcu yn ifanc?
(*b*) Sawl siop oedd yn y pentre?
(*c*) Sawl gweinidog oedd yn byw yn y pentre?
(*d*) Ble roedd y ficer yn byw?
(*e*) Sawl gwasanaeth sy yn yr eglwys ar ddydd Sul nawr?
(*f*) Pam mae'r newid wedi digwydd?
(*g*) Sawl enw sy ar y gofgolofn?
(*h*) Ble cafodd Tadcu waith ar ôl iddo adael yr ysgol?
(*i*) Beth oedd c'n neud yn Llundain?
(*j*) Am faint o amser fuodd Tadcu yn byw yn Llundain?

15 Fyddwch chi'n gallu dod?

In this unit, you will learn how to talk about future plans, how to conduct discussions and express hopes, preferences and regrets. You will also deal with weather forecasting.

Dialogue

Before setting off on a tour of Wales, the Ynyswen Drama Group hold a final meeting in the chapel schoolroom where they have been rehearsing. Philip takes the chair.

Philip   Nawr 'te. Gawn ni ddechrau? Mae hi wedi saith o'r gloch. Mae'n dda gyda fi weld fod y rhan fwya o'r aelodau wedi cyrraedd. Pwy sy'n eisiau, Emlyn?

Emlyn   Mae Mari ac Arthur heb gyrraedd eto.

Elwyn   Fe weles i Arthur yn y dre y pnawn 'ma, ac fe ddwedodd e wrtho i eu bod nhw'n bwriadu dod yma ar ôl iddyn nhw orffen eu diwrnod gwaith. Fe fyddan nhw yma yn nes ymlaen.

Philip   Rwy'n falch i glywed hynny. Oes 'na rywun arall?

Elwyn   Dyw Siôn ddim yma. Ond fe allwn ni 'neud hebddo fe. Fydd e ddim yn gallu dod i ffwrdd gyda ni ar y daith y tro 'ma.

Philip   Na fydd, ond mae'n well gyda fi weld pawb yma, os yw'n bosib. Nawr 'te, Emlyn, beth yw'r agenda am heno?

Emlyn   Mae dau beth i'w trafod. Yn gynta, fyddwn ni ddim yn gallu cael benthyg y festri yma ar ôl heno.

Eleri   Pam hynny?

Emlyn   Maen nhw wedi gwerthu'r capel.

Gwen   Bobl annwyl! I bwy?

Emlyn	I'r datblygwyr.
Gwen	Mae'n ddrwg gyda fi glywed. Beth fydd yn digwydd i'r aelodau?
Philip	Fe fydd y datblygwyr yn addasu'r festri 'ma i fod yn gapel. Maen nhw'n bwriadu symud mewn yr wythnos nesa.
Emlyn	Ond peidiwch â phoeni. Rwy wedi cael gair gyda ysgrifennydd capel y Bedyddwyr a maen nhw wedi addo cyd-weithredu â ni, os bydd rhaid i ni symud oddi yma.
Philip	Fyddwn ni ddim heb gartre, diolch i'r ysgrifennydd.
Gwen	A'r Bedyddwyr.
Philip	Ie, wrth gwrs. Diolch iddyn nhwthe, hefyd. Nawr te, at y mater nesa. Beth yw'r ail fater, Emlyn?
Emlyn	Yr ail beth yw ein taith ni o gwmpas Cymru. Dyma'r trefniadau. Fe fyddwn ni'n dechrau yn y Gogledd-ddwyrain – yn y Rhyl. Fe fyddwn ni'n cychwyn o sgwâr Ynyswen am ddeg o'r gloch fore dydd Sadwrn nesa ac yn cyrraedd y Rhyl – gobeithio – tua hanner awr wedi un. Fe fyddwn ni'n cael cinio yn Yr Hebog, ac yna fe fydd cyfle i chi i fynd am dro o gwmpas y dre neu i lan y môr.
Eleri	Gobeithio y bydd hi'n braf. Rwy'n casáu glaw, yn enwedig ar lan y môr.
Gwen	Mae hi bob amser yn braf yn y Rhyl! Pryd fyddwn ni'n cwrdd wedyn?
Emlyn	Fe fydd pawb yn dod at ei gilydd i'r neuadd erbyn chwech, yn brydlon.
Eleri	Pryd bydd y perfformiad yn dechrau?
Emlyn	Fe fydd y drysau ar agor am saith o'r gloch, ac fe fydd y perfformiad yn dechrau am hanner awr wedi saith.

gawn ni?	*may we/shall we?*	**trafod**	*to discuss*
(pl. form of **Ga i?**)		**cael benthyg**	*to borrow*
y rhan fwya	*the majority*		(lit. *have a*
yn nes ymlaen	*later* (lit. *nearer*		*loan*)
	on	**datblygu**	*to develop*
eu diwrnod gwaith	*their day's work*	**oddi yma**	*away from here*
y daith (taith)	*journey*	**Yr Hebog**	*The Hawk*
am heno	*for tonight*	**yn brydlon**	*punctually*

15.1 Cywir neu anghywir? Ail-ysgrifennwch yr atebion anghywir yn gywir.

(a) Mae'r rhan fwya o aelodau'r cwmni wedi cyrraedd.
(b) Mae Arthur a Mari yn gobeithio cyrraedd yn nes ymlaen.
(c) Mae Siôn yn mynd gyda'r cwmni ar y daith.
(d) Mae'r Methodistiaid wedi addo cyd-weithredu â'r cwmni.
(e) Mae'r daith yn gorffen yn y Rhyl.

15.2 Atebwch:

(a) Pwy sy'n eisiau o'r cwmni?
(b) Sawl peth sy i'w drafod ar yr agenda?
(c) Beth fydd yn digwydd i aelodau'r capel?
(d) Pwy fydd yn helpu'r cwmni drama pan fydd rhaid iddyn nhw symud allan o'r festri?
(e) Ble byddan nhw'n dechrau actio eu drama?

Useful words and phrases

How to:

1 *Ask whether someone is missing.*
Pwy sy'n eisiau?
Pwy sy heb gyrraedd?

2 *State hopes.*
Gobeithio y bydd hi'n braf.

3 *Express pleasure and regret.*
Rwy'n falch i glywed.
Mae'n dda gyda fi.
Mae'n ddrwg gyda fi glywed *or*
Mae'n flin gyda fi glywed.

4 *Express dislike.*
Rydw i'n casáu glaw.

How Welsh works

1 The Future

(a) *With* mynd *and* bwriadu

As in English, a future event can be expressed by using the Present Tense of the verb *to go*:

Rwy'n mynd i Lundain fory   *I'm going to London tomorrow*

Rwy'n mynd i ganu yn Neuadd Albert   *I'm going to sing in the Albert Hall*

and the verb **bwriadu** *to intend*:

Maen nhw'n bwriadu dod heno   *They intend to come tonight*

(b) *The Future Continuous Tense*

If we want to indicate nothing beyond simple futurity, e.g. that some event is to take place, the Future Continuous Tense is used. This is formed using the Future of the verb **bod** *to be* as an auxiliary plus the verb in the infinitive.

Fe fyddwn ni'n cychwyn o sgwâr Ynyswen bore fory   *We'll be starting from Ynyswen square tomorrow morning*

Future Tense of **bod** *to be*:

Fe fydda i	*I'll be*	Fe fyddwn ni	*We'll be*
Fe fyddi di	*You'll be*	Fe fyddwch chi	*You'll be*
Fe f·dd e	*He'll be*	Fe fyddan nhw	*They'll be*
Fe ·dd hi	*She'll be*	Fe fydd y plant	*The children will be*

Note that the endings are identical to those of **Fe alla i**, etc.

The interrogative is formed in the usual way, by dropping the **fe**:

Fydd Siôn yn mynd gyda'r cwmni i'r Rhyl? – Na fydd   *Will Siôn be going with the company to Rhyl? – No (he won't)*

The negative omits **fe** and adds **ddim**:

Fydd Siôn **ddim** yn gallu mynd ar y daith nesa   *Siôn will not be able to go on the next journey*

Replies to questions follow the pattern of repeating the verb, as for **Rydw i**, **Roeddwn i**, etc.

Affirmative answers use the radical form, as there is nothing before them to cause mutation.

Fydd Eleri a Gwyn yn mynd i'r Rhyl – **Byddan (nhw)**   *Will Eleri and Gwyn be going to Rhyl? – Yes (they will)*

In *negative answers*, the verb is mutated after **Na**:

Fydd Siôn yn mynd gyda nhw i'r Rhyl? – **Na fydd**   *Will Siôn be going with them to Rhyl? – No (he won't)*
Fyddwch chi yn dod gyda ni?   *Will you be coming with us?*
Na fydda. Fydda i ddim yn gallu dod y tro 'ma   *No. I shan't be able to come this time*

Beth, **Pwy** and **Faint** are followed by the Soft Mutation:

Beth fydd yn digwydd i'r aelodau?   *What will happen to the members?*
Pwy fydd yma ymhen can' mlynedd?   *Who will be here (with)in a hundred years' time?* (Welsh song title)
Faint o bobol **fydd** yn gweld y ddrama yn y Rhyl?   *How many people will be seeing the drama in Rhyl?*

Ble, **Pryd**, **Pam** and **Sut**? are (grammatically) followed by the radical form:

Ble byddwn ni'n cael cinio?   *Where shall we be having dinner?*
Pryd byddwch chi'n cychwyn?   *When will you be starting out?*
Pam byddi di'n dechrau yn y Rhyl?   *Why will you be starting in Rhyl?*
Sut byddwn ni'n mynd?   *How will we be going?*

(c)   *Future necessity*

Future necessity is expressed by **Fe fydd rhaid . . .** Examples:

Fe fydd rhaid i'r cwmni symud i festri arall   *The company will have to move to another vestry*
Fe fydd rhaid i ni gychwyn yn gynnar   *We shall have to start early*

Be careful with the negative: **Fydd dim rhaid i chi** means *You needn't*, not *You mustn't*. For example:

Fydd dim rhaid iddyn nhw fynd yn y bws. Fe allan nhw fynd ar y trên *They needn't go by bus. They can go by train*

The expression to use for *You musn't* is **Fe fydd rhaid i chi beidio**:

Fe fydd rhaid i chi beidio colli'r bws eto bore fory *You musn't miss the bus again tomorrow morning*

Future uncertainty: **Os bydd rhaid** (lit. *If it will be necessary*) Dewch **os bydd rhaid i chi** *Come if you must*

Future requirements:
Fe fydd eisiau rhagor o arian arnon ni *We'll need more money*

(d) Further uses of the Future
The adverb *until* in English is used with the Present Tense, even though it refers to the future. The Future Tense must be used in Welsh, for example:

Arhoswch gartre **hyd nes byddwch** chi'n teimlo'n well *Stay at home until you feel better* (lit. *until you will feel better*)

Fydd (like **oedd** in the Imperfect Tense) can be substituted for **yw**, **mac**, **oes** and **sy** in the Future Tense.

Present	**Future**
Beth yw e? *What is he/it?*	Beth fydd e? *What will he/it be?*
Beth mae e'n 'neud? *What's he doing?*	Beth fydd e'n 'neud? *What will he be doing?*
Oes drama yn y theatr? *Is there a play on at the theatre?*	Fydd drama yn y theatr? *Will there be a play on at the theatre?*
Beth sy'n digwydd? *What's happening?*	Beth fydd yn digwydd? *What will happen?*

15.3 Match the nephew's questions with the uncle's replies.

1 Fyddwch chi yma fory?   (*a*) Na fyddan, fe fyddan nhw'n mynd i weld eu modryb Siwsan.

2   Fydd Arthur yn mynd gyda chi?

(b)   Fe fydd rhaid i fi ddod yn ôl erbyn (*by*) bore dydd Sadwrn.

3   Fydd Ann a Siân yn mynd?

(c)   Bydd. Fe fydd e'n gyrru'r car.

4   Pryd byddwch chi'n ôl yma?

(d)   Byddwn. Fe fydda i'n ôl yma erbyn y gêm – gobeithio.

5   Fyddwn ni'n gallu mynd i weld y gêm ddydd Sadwrn?

(e)   Na fydda. Fe fydda i'n mynd i Gaerdydd fory.

2   Expressions of time

Present:
y bore 'ma   *this morning*
y p'nawn 'ma   *this afternoon*
   (from **prynhawn**)
heno   *this evening, tonight*
nawr, rwan (N.W.)   *now*
eleni   *this year*

Past:
ddoe   *yesterday* (radical **doe**
   rarely used)
bore ddoe   *yesterday morning*
pnawn ddoe   *yesterday*
   afternoon
neithiwr   *last night*
echdoe   *the day before*
   yesterday
echnos   *the night before last*
yr wythnos ddiwetha   *last week*

Past:
y mis diwetha   *last month*
y llynedd (y flwyddyn
   ddiwetha)   *last year*

Future:
fory   *tomorrow* (contracted
   from **yfory**)
bore fory   *tomorrow morning*
pnawn fory   *tomorrow*
   afternoon
nos yfory   *tomorrow evening,*
   night
drennydd   *the day after*
   tomorrow
yr wythnos nesa   *next week*
y flwyddyn nesa   *next year*
drannoeth   *the next day*

15.4   You have neglected your diary of late. Write it up in full, using the correct tense for each day. (Use the Imperfect for the first two.)

Echdoe (dydd Llun): yn y Coleg yng Nghaerdydd.
Ddoe (dydd Mawrth): palu'r ardd. (**palu** *to dig*)

Heddi (dydd Mercher): ysgrifennu llythyron.
Fory (dydd Iau): gweld goruchwyliwr y banc.
Drennydd (dydd Gwener): mynd i weld y deintydd.
Yr wythnos nesa: mynd ar wyliau.

15.5 Now describe what you really did, are doing and are going to do, using the pattern of exercise 15.4. (No key to this exercise!)

3 Reported speech

We have seen how the conjunction *that* in reported speech is **bod** (or **fod**) in Welsh. However, when it refers to the future, **y** is used for *that*. **Y** does not cause mutation.

> Gobeithio **y byddwn ni** yn y Rhyl am hanner awr wedi un
> *I hope that we will be in Rhyl by half past one*

Note that **y** is often omitted in spoken Welsh – like *that* in English.

Gobeithio is used in a general sense (like *hoffentlich* in German) for *I hope, let's hope, one hopes*, etc.

> Gobeithio (y) bydd y tywydd yn braf/yn gwella cyn bo hir
> *I hope (that) the weather will be fine/improve before long*
> Gobeithio (y) byddwch chi'n lwcus   *Let's hope (that) you will be lucky*

The negative: **na . . . ddim** *that . . . not*
> Gobeithio **na** fydd hi **ddim** yn bwrw eira yr wythnos nesa
> *Let's hope it won't be snowing next week*

4 The weather forecast

Fe fydd hi'n . . . *It will be*
This is one of the stock phrases used in weather forecasts. For example:

> Heno, **fe fydd hi**'n gymylog ac yn oer yn y Gogledd, yn wyntog ac yn gymhedrol (*temperate*) yn y canolbarth. Yn y De, **fe fydd hi**'n noson braf ar y cyfan (*on the whole*) ond gyda(g) ychydig o law mân (*light rain*) ar brydiau (*at times*).

5 Further points of the compass: Dwyrain (*East*), Gorllewin (*West*)

Both **Gogledd** (*north*) and **De** (*south*) are followed by the Soft Mutation:

e.g. Gogledd ddwyrain *North east*, De orllewin *South west*

Fe fydd y gwynt yn chwythu o'r Gogledd ddwyrain   *The wind will be blowing from the north east*

15.6   Your friend wants to know where various places are on the map of Wales. What do you tell him?

(*a*)   Ble mae Prestatyn? Mae Prestatyn yng (*north-east*) Cymru.
(*b*)   Ble mae Caerdydd?   (*south-east*)
(*c*)   Tyddewi?   (*south-west*)
(*d*)   Llandrindod?   (*mid-Wales*)
(*e*)   Caernarfon?   (*north-west*)

6 Heb (*not, without*)

Heb has two meanings:

(*i*)   *not*, replacing **yn**, **wedi** or **newydd** before a verb:

Maen nhw wedi cyrraedd	*They have arrived*
Maen nhw **heb** gyrraedd eto	*They haven't arrived yet*
Pwy sy **heb** gyrraedd?	*Who hasn't arrived?*

(*ii*)   *without*, used in front of a verb, noun or pronoun:

Fe aeth i ffwrdd **heb** ddweud gair a **heb** geiniog yn ei boced
He went away without saying a word and without a penny in his pocket

Note that **heb** causes Soft Mutation.

Like many other prepositions, **heb** has personal forms, as follows:

hebddo i	*without me*	hebddon ni	*without us*
hebddot ti	*without you*	hebddoch chi	*without you*
hebddo fe	*without him*	hebddyn nhw	*without them*
hebddi hi	*without her*		

Examples:

Fe allwn ni 'neud **hebddo fe**   *We can do without him/it*
Peidiwch â mynd **hebddo i**   *Don't go without me*

7 How to express pleasure, preference or disgust

(a) Mae'n dda gyda fi *I'm glad* (lit. *It is good with me*)

Mae'n dda gyda fi weld fod y rhan fwya o'r aelodau wedi cyrraedd   *I'm glad to see that the majority* (lit. *greatest part*) *of the members have arrived*
Mae'n dda gyda fi eich gweld chi   *I'm glad to see you*

Formal greeting:
Mae'n dda gyda fi eich cwrdda/cyfarfod chi   *I'm pleased to meet you*

(**Cyfarfod** is more formal than **cwrdda**.)

Another way of saying *I'm glad* is **Rwy'n falch o/i**:

Rwy'n falch i glywed hynny   *I'm glad to hear that*

A less formal greeting on being introduced:

Rwy'n falch o gwrdd â chi   *I'm glad to meet you*

(b) Expressing preferences, feelings and opinions

We saw in **Uned 10** how to express preference, using **gwell** *better*:

Mae'n well gyda fi ddarllen llyfr nag edrych ar y teledu   *I'd rather read a book than watch television*

To say what you like doing *best*, use the same construction with **ore**:

Ond cael sgwrs gyda ffrindiau **sy ore gyda fi**   *But I like to have a chat with friends best* (lit. *to have a chat with friends is best with me*)

Mae'n well gyda fi'r het 'ma na'r het 'na ond hon **sy ore gyda fi**   *I like this hat better than that one but I like this one best.*

P'un **sy ore gyda chi** – gorwedd ar a traeth neu gerdded ar y mynyddoedd?   *Which do you like best – lying on the beach or walking in the mountains?*

Other idioms with **gyda** *(or* **gen i** *in North Wales):*
Mae'n bleser mawr **gyda fi** i . . .   *It gives me great pleasure to . . .*

Mae'n hyfrydwch mawr **gyda fi** . . .

Apologies:
Mae'n ddrwg **gyda fi** *or* Mae'n flin **gyda fi**   *I'm sorry*
Mae'n ddrwg iawn **gyda fi**   *I'm very sorry*
Mae'n wir ddrwg **gyda fi**   *I'm truly sorry*

Regret:
Mae'n ddrwg gyda fi glywed fod eich tad yn yr ysbyty   *I'm sorry to hear that your father is in hospital*
or   **Rwy'n flin i** glywed fod eich tad yn yr ysbyty

Dislike or hatred:
Mae'n gas gyda fi'r tywydd oer 'ma   *I hate this cold weather*

The verb **casáu** *to detest*, which is stronger, can also be used:

Rwy'n casáu gweld tipiau glo ar ochr y mynyddoedd.   *I detest seeing coal tips on the side of the mountains.*

8   Y Rhyl: Definite article before place-names

A few Welsh place-names are preceded by the definite article, e.g. **y Rhyl, y Bala**. *To Rhyl* will therefore be **i'r Rhyl**, and *in Bala*: **yn y Bala** (no Nasal Mutation here!). Other place-names:

Yr Amwythig	*Shrewsbury*	Y Trallwng	*Welshpool*
Y Barri	*Barry*	Y Gelli	*Hay (on Wye)*
Y Drenewydd	*Newtown*	Yr Wyddfa	*Snowdon*

(Snowdonia, the range of mountains, is **Eryri**).

Darllen a deall

Y Farchnad Ewropeaidd Unigol

The chairwoman summarises the content of a lecture to a trade union, in which a Euro-M.P. discussed the socio-economic implications of the 1992 Single European market, before inviting questions from the floor.

Annwyl gyfeillion!

Rwy'n siŵr ein bod ni'n ddiolchgar iawn i Mr Morgan am ei ddarlith gynhwysfawr ar y Farchnad Ewropeaidd Unigol, fydd yn dod i weithrediad yn 1992. Fe fydd hyn yn effeithio'n fawr arnon ni fel gweithwyr ac Undebau Llafur. Dyma rai o'r newidiadau pwysica:

Fe fydd hawl gyda phawb i symud yn rhydd o un wlad i wlad arall yn y Gymuned, i weithio a neud ei gartre yno yn ddi-rwystr a chael hawliau cyfartal ag unrhyw weithiwr arall yn y wlad honno. Fe allwch chi aros am dri mis, o leia, yn y wlad arall pan fyddwch chi'n chwilio am waith, a byw yno mor hir ag y byddwch chi eisiau aros. Ond bydd yn rhaid i chi gael trwydded arbennig os byddwch chi am weithio yno. Un peth pwysig iawn – os byddwch chi'n sâl, fe fyddwch chi'n cael budd-dal arferol y wlad honno. Fe fydd aelodau eraill o'ch teulu chi yn gallu ymuno â chi, eich gŵr neu eich gwraig, eich plant a'ch wyrion. Ac fe fydd hawl gyda chi i rentu neu brynu tŷ a chael morgaets. Os bydd hiraeth arnoch chi, fe allwch chi adael eich swydd a dod yn ôl adre heb unrhyw rwystr. Os byddwch chi'n ymddeol mewn gwlad arall, fe allwch chi aros yno a chael pensiwn neu ddod adre a chael pensiwn.

darlith	*lecture*	**Cymuned, y Gymuned**	*Community*
i weithrediad	*into operation*	**yn sâl (yn dost)**	*ill*
newid(-iadau)	*change(-s)*	**ymuno â**	*to join (with)*
pwysica	*most important*		

Atebwch:

(*a*)   Pwy oedd yn darlithio?

(*b*)   Beth oedd teitl ei ddarlith?

(*c*)   Pryd mae'r Farchnad Ewropeaidd Unigol yn dod i weithrediad?

(*d*)   Fydd hawl gyda phawb i symud yn rhydd o wlad i wlad?

(*e*)   Fydd hawliau cyfartal gyda phob gweithiwr?

(*f*)   Am faint o amser gall gweithiwr aros mewn gwlad i chwilio am waith?

(*g*)   Beth fydd yn digwydd os bydd gweithiwr yn sâl mewn gwlad arall?

(*h*)   Pa aelodau eraill o'r teulu fydd yn gallu ymuno â'r gweithiwr?

(*i*)   Fydd hawl gyda gweithiwr i rentu tŷ neu brynu tŷ a chael morgaets?

(*j*)   Beth fydd yn digwydd i weithiwr pan fydd e'n ymddeol?

16 Fe agora i'r drws i chi

In this unit, you will learn how to respond immediately to a suggestion or a situation, and to state your intentions with regard to the future; you will also learn how to refer to yourself and further means of description.

Dialogue

Trefor calls round to see his fiancée, Eleri Evans, who has an advertisement for a house to show him. They decide to go and look over it.

Eleri	Mam! Mae Trcfor wrth y drws.
Mrs Evans	O'r gore. Fe agora i'r drws iddo fe.
	(Mae Mrs Evans yn agor y drws.)
Trefor	Bore da, Mrs Evans, sut ydych chi? Mae'n fore braf.
Mrs Evans	Ydy, mae hi. Gobeithio y daliff hi fel hyn.
	Sut mae'r bobol gartre, Trefor? Sut mae pawb?
Trefor	Mae pawb yn iawn, diolch. *(Mae'r ffôn yn canu.)*
Mrs Evans	Eleri! Mae'r ffôn yn canu. Ga i ei ateb e?
Eleri	Na, fe ateba i e 'yn hunan.
Mrs Evans	Dewch mewn i'r lolfa, Trefor. Eisteddwch fan 'ma wrth y tân. Fe symuda i'r gath o'ch ffordd chi. Cer lawr, Pws! Fe gysgiff y gath ar y gadair 'ma drwy'r dydd os caiff hi gyfle.
Trefor	Mae'n rhy boeth i fi fan 'na, Mrs Evans. Fe eistedda i ar y gadair 'ma sy wrth y ffenest, os ca i.
Mrs Evans	O'r gore. Mae'r tegell yn berwi. Beth gymerwch chi, Trefor? Te neu goffi?
Trefor	Te, os gwelwch yn dda.
Mrs Evans	Siwgr?

Trefor	Na, chymera i ddim siwgr heddi. Rwy'n trïo colli pwysau. (*Mae Eleri'n dod mewn*)
Mrs Evans	Pwy oedd ar y ffôn, Eleri?
Eleri	Neb o bwys. Rhif anghywir. Helo, Tref. Welest ti'r hysbyseb 'ma yn y papur am y tŷ 'na yn y pentre?
Trefor	Naddo. Pa dŷ?
Eleri	Y tŷ brics coch 'na sy wrth ochr yr eglwys. Os oes amser gyda ti fe gerddwn ni draw i edrych drosto fe. Ond fe fydd rhaid i fi gwpla gwisgo gynta. Chadwa i monot ti'n hir.
Trefor	O'r gore. Fe ddarllena i'r hysbyseb tra byddi di'n gwisgo.

fe agora i	*I'll open*	**Neb o bwys**	*Nobody of*
daliff	*will hold*		*importance*
fe gysgiff y gath	*the cat'll sleep*	**hysbyseb**	*advertisement*
os caiff hi gyfle	*if she gets a*	**i edrych drosto fe**	*to look over it*
	chance	**cwpla**	*to finish*
trïo colli pwysau	*trying to lose*	**Chadwa i monot ti**	*I won't keep you*
	weight	**tra byddi di**	*while you are*
			(lit. *will be*)

16.1 Cywir neu anghywir? Ail-ysgrifennwch y brawddegau anghywir yn gywir.

(*a*) Mae Trefor wrth y drws.
(*b*) Fe agoriff y gath y drws iddo fe.
(*c*) Roedd Olwen ar y ffôn.

(*d*) Chymeriff Trefor ddim siwgr yn ei goffi.
(*e*) Maen nhw'n cerdded draw i weld y tŷ.

16.2 Atebwch:

(*a*) Sut fore oedd hi?
(*b*) Pam nad eisteddodd Trefor wrth y tân?
(*c*) Beth oedd yn eistedd ar y gadair?

(*d*) Ble gwelodd Eleri'r hysybeb am y tŷ?
(*e*) Ble roedd y tŷ?

Useful words and phrases

How to:

1 *React immediately to a situation.*
Fe agora i'r drws iddo fe.
Fe symuda i'r gath.

2 *Ask someone else to do something immediately.*
Atebi di fe?

3 *Express determination or willingness to do something.*
Fe eistedda i fan yma.
Fe ddarllena i'r papur.

4 *. . . or not to do something.*
Chymera i ddim siwgr.
Chadwa i monot ti'n hir.

How Welsh works

1 Talking about future events

In the previous unit we dealt with the 'pure' or simple future. Future actions or events may be 'coloured' by the attitude of the speaker, his or her immediate intentions, determination, etc. This is known as the Coloured Future, as distinct from the Pure Future.

(a) When to use the Coloured Future

The difference between these two types of future is illustrated in the following sentences:

Simple Future **Fe fydda i'n edrych** ar y teledu heno.
I'll be watching television tonight.
Here, there is no indication of deliberate intention or volition. (*Note* the use of the Future Continuous Tense – *I'll be watching* . . .)

Coloured Future   **Fe edrycha i** are y teledu heno.
                      I'll watch television tonight.

i.e. *I've made up my mind to watch television tonight* (instead of, for example, visiting friends).

Note the absence of the auxiliary verb *to be* in the second sentence. Welsh makes the distinction between the two by using an inflected tense for the coloured future.

This tense occurs far more often in speech than in writing, as it expresses a spontaneous reaction to another person's comment, request or command, whether direct or implied. For example:

Eleri   Mam! Mae Trefor wrth y drws   *Mum! Trefor is at the door.*

Mam   O'r gore. **Fe agora i**'r drws iddo fe.   *Very well. I'll open the door for him.*

Eisteddwch fan yma   *Sit here*
Na, **fe eistedda i** fan yma   *No, I'll sit here*
   (Gymerwch chi) siwgr?   *Will you have sugar?*
Na, **chymera i ddim** siwgr heddi   *No, I won't have any sugar today*

(b)   *Formation of the Coloured Future*

Fe eistedda i	*I will/shall sit*	Fe eisteddwn ni	*We will sit*
Fe eisteddi di	*You will sit*	Fe eisteddwch chi	*You will sit*
Fe eisteddiff e	*He will sit*	Fe eisteddan nhw	*They will sit*
Fe eisteddiff hi	*She will sit*	Fe eisteddiff y plant	*The children will sit*

Note 1   The verb ending **-wch** is also that of the command form, without **chi**: **Eisteddwch!** *Sit down!*

   2   The endings, apart from that of the third person singular, are the same as those of **Fe fydda i**, **Fe alla i**, etc.

   3   In North Wales, **-ith** is used instead of **iff**.

   4   The third person is also an implied command, or an expression of the determination of a third person to do something, e.g.

   Fe eisteddiff y gath ar y gadair 'ma drwy'r dydd   *The cat will sit on this chair all day*

As with other verbs, the marker **fe** (N.W. **mi**) causes Soft Mutation.

> **Fe ddarllena i**'r papur tra byddi di'n gwisgo   *I'll read the paper while you're dressing* (lit. *will be dressing*)

The interrogative omits **fe** but retains the mutation:

> **Gymerwch chi** siwgr?   *Will you take sugar?*
> **Ddarllenwch chi** hwn i fi?   *Will you read this for me?*

The grammatical answer to these questions would be to repeat the verb in the appropriate person, but most Welsh people avoid this by using either **O'r gore**, **Wrth gwrs** or **Gwnaf** (i.e. I will do it), and in the negative **Dim diolch**, **Alla i ddim** or **Does dim amser gyda fi** (or any other reason/excuse!).

16.3   Tell your friend that of course you will do what she wants. Example:

> Ddarllenwch chi hwn i fi? – Wrth gwrs fe ddarllena i hwnna i chi.
> *Will you read this for me? – Of course I'll read that for you.*

(a)   Arhoswch chi amdana i?
(b)   Sgrifennwch chi ato i?
(c)   Werthwch chi hwnna i fi?
(d)   Siaradwch chi drosto i?
(e)   Dalwch chi fi?
(f)   Ddwedwch chi wrth Gwen am ddod?

(g)   Alwch chi ar John?
(h)   Symudwch chi'r car 'ma i fi?
(i)   Gymerwch chi'r llyfr 'ma yn ôl i'r llyfrgell? (*library*)

2   The Coloured Future: the negative

The conviction that something shall not or will not happen is seen very clearly in negative sentences: **Symudiff y gath ddim**   *The cat won't move.*

The negative causes Soft Mutation of verbs, beginning with **g, b, d; ll, m, rh**. Examples:

> **'Fyta i ddim** rhagor o'r caws 'na   *I won't eat any more of that cheese*
> **Wrandawiff e ddim** ar neb   *He won't listen to anyone*

Ddweda i ddim rhagor *I won't say any more*
Ddweda i ddim wrth neb *I won't tell anyone*

If the verb begins with **c**, **p**, or **t**, it undergoes Aspirate Mutation, and is followed by **ddim**.

Chymera i ddim siwgr heddi *I won't have (take) any sugar today*

If, as with **cael**, etc. (see Uned 13) it is followed by a definite noun or a pronoun, **mo** or its personal forms is used:

Chadwa i **monot** ti'n hir *I won't keep you long*
Chrediff e **monot** ti *He won't believe you*
Thalan nhw byth **mo**'r morgaets 'na *They'll never pay that mortgage*

The negative **na** *that . . . not* causes the same mutations:

Gobeithio **na ch**ysgwn ni'n hwyr *I hope that we won't (will not) sleep late*
Gobeithio **na we**liff e mohonon ni! *I hope (that) he won't see us!*

3 Questions in the future

With **Beth**, **Pwy** and **Faint** the line of demarcation between the Simple Future and the Coloured Future is a very fine one:

Beth **gymeri di** i yfed? *What will you have* (lit. *take*) *to drink?*
Fe gymera i de/win/goffi/gwrw, os gweli di'n dda *I'll have tea/wine/coffee/beer, please*

An alternative to **cymeryd** is **mynnu** *to want, insist* (depending on the context).

Beth **fynnwch** chi (i yfed)? *or* Beth **fynni** di? *What'll you have (to drink)?*

Further examples:
Pwy bryniff y tŷ, tybed? *Who'll buy the house, I wonder?*
Faint gostiff e? *How much will it cost?*

Ble, Sut, Pryd and **Pam** are followed by the radical form: **Ble
cwrddwn ni?** *Where shall we meet?*; **Pryd cwrddwn ni?** *When
shall we meet?* **Sut caewn ni'r ffenest?** *How shall we close the
window?* (The stem of **cau** is **cae-**.)

16.4 Fill in the gaps in the following sentences with the
appropriate form of the Coloured Future.

(*a*) (cymeryd) Beth . . . . . . chi i swper?
(*b*) (ateb) Pwy . . . . . . y ffôn i fi?
(*c*) (gweld) Faint . . . . . . y gêm y pnawn 'ma?
(*d*) (cwrdd) Ble . . . . . . i chi?
(*e*) (talu) Sut . . . . . . e am y nwyddau 'ma?

4   Further uses of the Coloured Future

Os and **pan** are often followed by this tense – **os gwelwch yn dda** is
a good example. (*Note* that there is no mutation after **os**.) For
example:

>**Os gorffennwn ni**'n gwaith cyn pedwar, fe allwn ni fynd
> adre   *If we finish our work before four, we can go home*

Cwpla (from **cwblhau**) is used instead of **gorffen** in South Wales:

>**Pan gwplwch chi**'ch gwaith, fe allwch chi fynd tua thre   *When
> you finish your work, you can go home*

The Coloured Future of a few verbs mainly describing the
senses, and especially **gweld** and **clywed**, is used as a Present
Tense. Examples:

>**Weli di**'r aderyn 'na? **Gwela**, mae e'n disgyn i'r goeden.
> *Do you see that bird? – Yes, it's coming down into the tree.*
>**Glywi di**'r gwcw? Mae hi draw ar y bryn 'na.   *Can you hear
> the cuckoo? It's over there on that hill.*

5   *Home*, *at home* **and** *homewards*

(*a*) **Cartref** *home*
> Does un man yn debyg i gartref   *There's no place like home*
> (**yn debyg i** *like*)

Cartref, as well as the name of a song, is a very popular name for a house in Wales.

(b)   **Gartre (f)** *at home*

Gartre(f) is an adverbial form of the noun **cartref** and means *at home*.

> Sut mae pawb gartre?   *How is everyone at home?*
> Fe fydda i gartre heno am saith   *I'll be (at) home tonight at seven*

(c)   **Adre** *homewards*

This form is used if the verb indicates or implies movement, i.e. '*to home*':

> **Rwy'n mynd adre** o'r ysgol ar y bws   *I go home(wards) from school on the bus*
> Teg **edrych** tuag **adre**   *It is pleasant to look homewards* (i.e. 'There's no place like home')

Tua thre (pron. *tsha thre*) also means *homewards*, and is used more in South than North Wales, where children can be heard to cry:

Rwy'n moyn mynd tua thre!   *I want to go home!*

16.5 Put the appropriate forms of **cartref** into the following sentences:

(*a*) Rwy wedi blino. Rwy'n mynd . . . . . .
(*b*) Mae pawb yn hoff o'u . . . . . .
(*c*) . . . . . . rwy'n hoffi bod ar noson fel heno.
(*d*) Pryd maen nhw'n dod . . . . . . o Ffrainc?
(*e*) Fe fyddan nhw . . . . . . fory.

6 How to refer to oneself, etc.

Hunan *self*, **hunain** *selves*

Fe ateba i'r ffôn 'yn **hunan**   *I'll answer the phone myself*

The complete pattern is as follows:

'yn hunan	*myself*	**ein hunain**	*ourselves*
dy hunan	*yourself*	**eich hunain**	*yourselves*
ei hunan	*him/herself*	**eu hunain**	*themselves*

Uses of **hunan**

(*a*) **Hunan** can be used to denote exclusive possession:

> Fe ddaeth yn ei gar **ei hunan**   *He came in his own car*

or to add emphasis to a person or thing mentioned:

> Dyw'r athro **ei hunan** ddim yn gallu ateb y cwestiwn   *The teacher himself can't answer the question*
>
> Mae hi'n byw yn ei byd bach **ei hunan**   *She lives in her own little world*

(*b*) **Hunan** can also be used as an adjective, preceding the noun and thus causing Soft Mutation:

> Does gyda nhw ddim **hunan-b**arch   *They've got no self-respect*

(Parch also means *reverence* and is found in the title **Y Parch(edig)** *The Rev(erend).*)

It also occurs in such phrases as **hunan-lywodraeth** *self-government*, **hunan-ddisgyblaeth** *self-discipline* and **hunan-aberth** *self-sacrifice*.

(*c*) The idiom **ar ei ben ei hunan** means *by himself*. The full pattern is:

ar 'y mhen 'yn hunan *by myself*	ar ein pennau ein hunain *by ourselves*
ar dy ben dy hunan *by yourself*	ar eich pennau eich hunain *by yourselves*
ar ei ben ei hunan *by himself*	ar eu pennau eu hunain *by themselves*
ar ei phen ei hunan *by herself*	

Examples:

> Mae e'n byw **ar ei ben ei hunan**   *He lives by himself*
>
> Roedd hi yno **ar ei phen ei hunan**   *She was there by herself*

7   Dros (*over, on behalf of*)

Fe gerddwn ni draw i edrych **drosto fe** (h.y. y tŷ)   *We'll walk
over there to look over it (i.e. the house)*

Like **am**, **ar**, **at**, etc., **dros** has personal forms, as follows:

drosto i	droston ni
drostot ti	drostoch chi
drosto fe	drostyn nhw
drosti hi	dros y plant

Note that the **t** in the first and second persons is an intruder from
the literary **t** in the third person (singular and plural) and is not
found in the literary language.

Gwnewch eich gore **drosti hi**   *Do your best for her*
   (i.e. *on her behalf*)
Pawb **drosto'i hunan** a Duw dros bawb   *Everybody for
   himself and God for all* (Welsh saying)

8   *Which is, Which are*

(a)   **Sy**

We have already seen one use of the word **sy** in Uned 7.5. It can
also be used as a relative pronoun, meaning *which is* or *which are*,
who is or *who are*. In English it can be left out, but not in Welsh.

Y tŷ brics 'na **sy** wrth ochr yr eglwys   *That brick house
   (which is) by the side of the church*
Fe eistedda i ar y gadair 'na **sy** wrth y ffenest   *I'll sit in that
   chair (which is) by the window*
Mae'r bobl **sy**'n byw drws nesa i ni yn dod o Sbaen
   The people who live next door to us come from Spain
Mae gyda fi ffrindiau **sy**'n byw yn Aberystwyth   *I've got
   friends who live in Aberystwyth*

The negative – *that not, who don't*, etc. – is **sy ddim** in speech:

Dyw'r bobl **sy ddim** yn pleidleisio ddim yn credu mewn
   democratiaeth   *People who don't vote don't believe in
   democracy*

(b)   **Oedd**

In the Imperfect Tense, the form used is **(a) oedd** *who was/were, which was/were, that was/were.* (The literary relative pronoun **a** *who, which, that* + Soft Mutation has more or less disappeared from speech, leaving behind the mutation.) Examples:

> Mae'r gwaith glo **(a) oedd** yn y pentre wedi cau   *The colliery which used to be in the village has closed*
> Fe aeth pawb **(a) oedd ddim yn gallu cael gwaith i ffwrdd**   *Everyone who wasn't able to get work went away*

(c)   **Bydd**

Bydd is used in this type of sentence in the Future Tense. For example:

> Fe fydd pawb **(a) fydd** yn colli ei waith yn cael iawndal
> *Everyone who loses* (lit. *will lose*) *his job will get compensation*

9   Pobl (in speech 'pobol') (*people*)

The word **pobol** is feminine singular and therefore mutates after **y**: **y bobol** *the people*. It also causes Soft Mutation of any adjective that follows, e.g. **y bobol gyffredin** *the ordinary people*, **pobol dlawd** *poor people*, **pobol gyfoethog** *rich people*. The plural form is **pobloedd** *peoples*. (However, the plural form of **arall** – **eraill** – is used with **pobl**.)

Darllen a deall

Dr Glyn Huws visits his father John, who is convalescing after an attack of pneumonia. John and his wife Lyn are washing the dishes.

Glyn   Helo, 'ma! Oes 'ma rywun gartre? Ble mae pawb?
(Mae Lyn yn dod allan o'r gegin.)

Lyn	Glyn! Ti sy 'na? Sut wyt ti a sut mae'r teulu?
Glyn	Mae pawb yn iawn, diolch. A sut mae 'nhad?
Lyn	Dydy e ddim yn gwella yn gyflym iawn, mae arna i ofn.
Glyn	Rwy wedi dweud digon wrtho fe na welliff e byth os na ofaliff amdano'i hunan yn well na mae e. Does dim synnwyr ei fod e'n gweithio ag ynte'n sal.
Lyn	Tria di ddweud wrtho fe. Mae e mor styfnig â mul. Fe fynniff e ymyrryd yn y busnes er ei fod e'n wan. (*Mae hi'n galw ar ei gŵr*)
Lyn	John! Dewch yma. Mae Glyn wedi cyrraedd. Dewch chi yma a fe orffenna i olchi'r llestri. (*Mae John yn dod mewn*)
John	Sut mae, Glyn? Ydy'r teulu'n iawn?
Glyn	Ydyn diolch, 'nhad. Rwy'n clywed nad ydych chi ddim cystal.
John	Rwy'n lled dda, ond dwy ddim yn gwella'n ddigon cyflym. Beth sy'n bod arnoch chi'r meddygon, na allwch chi ddim gwella dyn yn gynt na hyn?
Glyn	Welliff neb chi os na wrandewch chi ar beth mae e'n ddweud. Dwy ddim yn deall y bobol sy ddim yn gwrando ar y meddyg.
Lyn	Wrandewiff dy dad ddim ar neb, rwyt ti'n gwybod hynny.
Glyn	Rwy wedi cael gair gyda Philip eich meddyg chi a rydyn ni'n dau wedi penderfynu fod rhaid i chi gymeryd gwyliau am ddau fis, o leia. A chymera i ddim Na fel ateb.
Lyn	Pa fath wyliau rwyt ti'n awgrymu, Glyn?
Glyn	Mordaith.
John	Mordaith?
Glyn	Ie, taith mewn llong ar y môr i India'r Gorllewin neu i Awstralia os mynnwch chi. Gadael y ddesg a'r ffôn a'r cyfan ar ôl, a gorffwys, ac ymlacio. Neud dim byd am ddau fis . . .
John	Ond beth am y busnes? Pwy ofaliff am y busnes?
Glyn	Fe ofala i a Tom am hwnna. Fe drefnwn ni ein bod ni'n dod yma bob dydd, am yn ail, i gael gair gyda Huw eich fforman chi. Fydd dim rhaid i chi fecso dim. Fe allwch anghofio'r cyfan.
Lyn	Mae hyn yn syniad da, Glyn. Mae dy dad yn gor-weithio, ac mae rhaid iddo ymlacio.

Glyn   Oes, a chithe hefyd. A does dim yn well na mordaith i helpu pobol i ymlacio!

Ti sy 'na?	*Is that you?*	**Pa fath + S.M.**	*What kind of*
Tria di	*You try*	**môr**	*sea*
Fe fynniff e	*He'll insist on*	**am yn ail**	*alternately*
Chymera i ddim Na	*I won't take No*	**becso**	*to worry*
fel ateb	*for an answer*	**ymlacio**	*to relax*

Atebwch:

(*a*)   Pwy sy gartre pan mae Glyn yn galw?
(*b*)   Ydy John Huws yn gwella?
(*c*)   Pa fath wyliau mae Glyn yn awgrymu i'w dad a'i fam?
(*d*)   Beth mae rhaid i John a Lyn 'neud ar y fordaith?
(*e*)   Pwy ofaliff am y busnes pan fydd Lyn a John i ffwrdd?

17 Mae 'na bosibiliadau . . .

In this unit you will learn more about the immediate future, and how to enquire about what someone else is thinking, doing, seeing, etc. You will also learn how to express likes and dislikes.

Dialogue

Eleri and Trefor have arrived at the cottage they saw advertised. It looks rather old and unkempt and they have some reservations about it at first . . .

Eleri   Beth rwyt ti'n feddwl ohono fe, Trefor?

Trefor   We-e-l. Mae 'na bosibiliadau ynddo fe.

Eleri   Oes, mae 'na bosibiliadau. Beth am fynd yn agosach ato fe? Ond mae'r glwyd ar glo.
(Mae car yn dod a mae dyn yn dod allan.)
(*A car approaches and a man gets out.*)

Agent   Bore da. Oes gyda chi ddiddordeb yn y bwthyn 'ma? Hoffech chi ei weld e? Gyda llaw, John Lewis yw'n enw i. Rwy'n aelod o ffirm yr arwerthwyr.

Trefor   Sut ydych chi, Mr Lewis? Trefor Bowen ydw i, a dyma Eleri. Rydyn ni wedi dyweddïo, a rydyn ni'n chwilio am dŷ i fyw ynddo ar ôl i ni briodi.

Agent   Wel, fel gwelwch chi, mae 'na bosibiliadau yma i rywrai ifanc fel chi. Mae'r adeilad ei hunan yn ddigon sownd, ond mae eisiau trwsio peth arno fe o'r tu mewn, fel cewch chi weld, a felly dydy'r pris ryn ni'n ei ofyn amdano ddim yn uchel iawn. Ond dyma'r allwedd. Ewch chi mewn i chi gael gweld y lle drostoch eich hunain. Fe af i nawr, a'ch gadael chi yma i gael golwg ar y lle. Fe ddo i yn ôl yma i gwrdd â chi mewn tua hanner awr. Iawn? Does dim brys.

Eleri   Diolch. O'r gore. Fe awn ni mewn i gael golwg ar y lle, 'te.

Trefor   Os ei di o gwmpas y stafelloedd, fe af i i weld beth sy tu allan.

Eleri   Beth am gloi'r drws? Efallai daw plant y pentre mewn.

Trefor   Na, ddôn nhw ddim nawr. Maen nhw yn yr ysgol.

Eleri   Wrth gwrs. Chofies i ddim am yr ysgol! Wel, fe af i lan llofft nawr . . . Trefor!

Trefor   Ie? Beth sy'n bod?

Eleri   Dyw'r grisiau 'ma ddim yn ddiogel iawn. Na! Paid â dod i fyny, neu fe ddown ni'n dau i lawr drwyddyn nhw.

Trefor   Wel, Eleri fach, sylwest ti ddim arnyn nhw pan est ti lan? Dere lawr yn ofalus nawr. Dyna ti. Fe fydd rhaid cael grisiau newydd yma. Beth am y stafelloedd? Beth wyt ti'n feddwl ohonyn nhw? Weles i erioed stafelloedd mor fach â rhain. Aiff ein celfi ni mewn i stafelloedd mor fach â hyn?

Eleri   Ân. Rwy'n credu fod digon o le ynddyn nhw. Fe gawn ni weld.

Trefor   Fe gaiff dy dad a dy fam sioc pan glywan nhw ein bod ni'n meddwl symud mewn fan hyn.

Eleri   Cân, ond fe wnaiff y tro am dipyn.

Trefor   Gwnaiff, hyd nes daw teulu! Fyddwn ni ddim yn byw yma am byth, gobeithio!

clwyd	*gate*	**tu allan**	*outside*
ar glo	*locked*	**wrth gwrs**	*of course*
gyda llaw	*by the way*	**lan llofft/i fyny'r**	*upstairs*
wedi dyweddïo	*engaged*	**grisiau**	
i rywrai ifanc	*for someone young*	**Eleri fach (bach)**	*my dear Eleri*
		ein dau	*both of us*
eisiau trwsio peth	*needs some repairs*	**lan/i fyny**	*up*
		lawr	*down*
o'r tu fewn	*from inside*	**Aiff ein celfi ni?**	*Will our furniture go?*
cael golwg ar	*to have a look at, inspect*	**Ân**	*Yes (they'll go)*
i gwrdd â chi	*to meet (with) you*	**hyd nes daw teulu**	*until a family comes*
mewn tua	*in about*	**erioed**	*never*
o gwmpas	*around*		

17.1 Cywir neu anghywir? Ail-ysgrifennwch y brawddegau anghywir yn gywir.

(*a*) Mae 'na bosibiliadau yn y bwthyn.
(*b*) Does dim diddordeb gyda Trefor ac Eleri yn y bwthyn.
(*c*) Mae eisiau trwsio'r bwthyn o'r tu fas.
(*d*) Mae ysgol y pentre ar glo.
(*e*) Aiff y celfi ddim mewn i le mor fach.

17.2 Atebwch:

(*a*) Beth mae Trefor yn feddwl o'r bwthyn?
(*b*) Beth yw enw'r arwerthwr?
(*c*) Pam mae Eleri eisiau cloi'r drws?
(*d*) Oedd y grisiau yn ddiogel?
(*e*) Sylwodd Eleri ar y grisiau wrth iddi fynd lan?

Useful words and phrases

How to:

1 *State intentions regarding the future.*
Fe awn ni mewn i gael golwg ar y lle.
Fe af i nawr . . . Fe ddo i yn ôl . . .

2 *Ask for opinions.*
Beth rwyt ti'n feddwl o'r bwthyn 'na?

3 *Discuss possibilities.*
Mae 'ma bosibiliadau i rywrai ifanc fel chi.

4 *Ask about interests.*
Oes gyda chi ddiddordeb . . .?

How Welsh works

1   The Coloured Future of irregular verbs: Mynd

These verbs are slightly more irregular in this tense than in the Preterite (Uned 13), where they all follow the pattern of **mynd**.

Mynd *to go*, **mynd â** *to take*

Fe af i	*I'll go*	Fe awn ni	*We'll go*
Fe ei di	*You'll go*	Fe ewch chi	*You'll go*
Fe aiff e	*He'll go*	Fe ân nhw	*They'll go*
Fe aiff hi	*She'll go*	Fe aiff y plant	*The children will go*

Examples:

Fe awn ni gyda'n gilydd   *We'll go together*
Fe af i â'r plant i'r ysgol   *I'll take the children to school*

Note: **-f** is very weak as the final letter of a word in Welsh and is often omitted in speech, e.g. **tre** for **tref**, but it is inserted at the end of affirmative answers. Examples:

Ei di? – **Af**   *Will you go? – Yes (I'll go)*
Ei di â'r ci at y milfeddyg? – **Af**, ar ôl cinio   *Will you take the dog to the vet? – Yes (I will), after dinner*

The interrogative
Ei di drosto i i Swyddfa'r Post i nôl llyfr stampiau? – **Af**, wrth gwrs   *Will you go to the Post Office for me to fetch a book of stamps? – Yes, of course*

The negative
Ewch chi ddim adre heno, ewch chi?   *You won't go home tonight, will you?*
Na awn   *No* (lit. *We won't go*)

Note: This small group of irregular verbs, along with the verb *to be* use the appropriate form of the verb in answer to questions. They differ from verbs such as **Bryni di . . .?** *Will you buy . . .?*, which are answered by **Gwna** or **Na wna** (see p. 000).

2   Dod (*to come*) dod â (*to bring*)

Fe ddo(f) i	*I'll come*	Fe ddown ni	*We'll come*
Fe ddoi di	*You'll come*	Fe ddewch chi	*You'll come*
Fe ddaw e	*He'll come*	Fe ddôn nhw	*They'll come*

Fe ddaw hi   *She'll come*   Fe ddaw'r plant   *The children will come*

Note the highly irregular form **daw** *he/she/it'll come*. (There are some regional variations of this verb based on **daw** as a stem: **Fe ddwa i, Fe ddwi di, Fe ddwan nhw.**)

Examples:

> **Fe ddo i** yn ol ymhen hanner awr (*or* **Fe ddwa i** . . .)   *I'll come back in half an hour*
> **Fe ddo i** â'r contract gyda fi   *I'll bring the contract with me*
> **Fe ddaw pethau**'n well cyn bo hir   *Things will get (come) better before long*
> 'Henaint ni **ddaw** ei hunan'   *Old age doesn't come by itself*
> Efallai **daw plant** y pentre mewn   *Perhaps the village children will come in*

Ewch and **dewch**, when not preceded by **fe** nor followed by **chi**, are the command forms of **mynd** and **dod**:

> **Dewch yma!**   *Come here!*
> **Ewch allan/adre/ymlaen/yn ôl!**   *Go out/home/on/back!*

17.3 Your friend has certain things to do. Say that you will do them too. (Use the conjunctive pronoun **inne**.)

(*a*) Rwy'n mynd i'r dre. Fe . . . . . . i'r dre hefyd.
(*b*) Rwy'n mynd â'r plant gyda fi. Fe . . . . . .
(*c*) Rwy'n dod yn ôl yn gynnar. Fe . . . . . .
(*d*) Rwy'n dod â'r plant yn ol ar y trên. Fe . . . . . .

17.4 Fill in the missing words using the correct forms of both **mynd** and **dod**.

(*a*) Fe . . . . . . ni â'r plant am dro i ben y mynydd ac fe . . . . . . Ann gyda ni.
(*b*) Siôn, ... yma! Peidiwch â rhedeg i ffwrdd.
(*c*) Fe . . . . . . i'n ôl pan fyddwch chi'n barod.
(*d*) Ann, ... i ateb y ffôn, os gwelwch yn dda.
(*e*) . . . . . . John ddim i'r gwaith heddi. Mae e'n rhy sâl.

3   Gwneud (*to do, to make*)

Fe wna i	*I'll do, make*	Fe wnawn ni	*We'll do*
Fe wnei di	*You'll do*	Fe wnewch chi	*You'll do*
Fe wnaiff e	*He'll do*	Fe wnân nhw	*They'll do*
Fe wnaiff hi	*She'll do*	Fe wnaiff y plant	*The children will do*

Examples:

Fe wna i gwpaned o de i chi nawr   *I'll make you a cup of tea now*
Fe wna i 'ngore i'ch helpu chi   *I'll do my best to help you*
Fe (w)naiff y byd o les i chi   *It will do you the world of good*

The **w-** at the beginning of these words is a very weak sound, and is often omitted in speech:

'Newch eich gore   *Do your best*

Note also **Gwneud y tro** *to do, be satisfactory, be good enough*:
Fe wnaiff y tro   *It'll do;* **Wnaiff e'r tro?**   *Will it do?*
The radical **g** is restored in affirmative answers:

Wnei di swper? – **G**wna   *Will you make supper? – Yes (I will)*
Wnaiff e'r tro? – **G**wnaiff   *Will it do? – Yes (it will)*

A negative answer will be mutated.

Wnaiff e'r tro? – **Na** wnaiff   *No (it won't)*
Wnaiff e mo'r tro o gwbl   *It won't do at all*

4   Cael (*to receive, get; to be allowed to; shall*)

Fe ga i	*I'll receive*	Fe gawn ni	*We'll receive*
Fe gei di	*You'll receive*	Fe gewch chi	*You'll receive*
Fe gaiff e	*He'll receive*	Fe gân nhw	*They'll receive*
Fe gaiff hi	*She'll receive*	Fe gaiff y plant	*The children will receive*

Examples:

Fe ga i swper ar ôl mynd adre   *I'll have supper after going home*

Beth am Siôn? – **Fe gaiff** e ddod gyda ni   *What about Siôn? –*
He shall come with us

The interrogative
Ga i'ch helpu chi?   *May I help you?*
Ga i ddod?   *May I come?*
Gawn ni ddod gyda chi?   *May we come with you?*

Gawn ni also means *Shall we (do something)?*
Gawn ni fynd am dro?   *Shall we go for a walk?*
The affirmative answer is the appropriate form of the verb without the mutation. The Aspirate Mutation is the marker for the negative answer, and is always observed. Examples:

Ga i ddod gyda chi?   **Cei**   *Yes (you can)* (fam.)
Can I come with you?   **Na chei**   *No (you can't)*
   Cewch   *Yes* . . . (polite)
   Na chewch   *No* . . .

So too with **Gaiff e/hi?** etc.   **Caiff**   *Yes* . . .
   Shall he . . .?   **Na chaiff**   *No* . . .
   Gân nhw?   **Cân**   *Yes* . . .
   Shall they . . .?   **Na chân**   *No (they shan't)*

The negative, as with negative answers, takes the Aspirate Mutation. For example:

Cha i ddim amser i fynd i'r dre   *I shan't have time to go to*
town
Chewch chi ddim cyfle arall   *You won't have another*
opportunity

17.5   Complete the sentences below, saying what you hope may happen.
e.g. Gobeithio . . . . . . ni amser da fory ar lan y môr.
   Gobeithio cawn ni amser da fory ar lan y môr.

(*a*)   . . . . . . i amser i orffen 'y ngwaith i.
(*b*)   . . . . . . Emrys gyfle arall.
(*c*)   . . . . . nhw amser da yn America.
(*d*)   . . . . . . chi bob hapusrwydd. (*happiness*)

17.6 Tell your friend Ann that you'll do various things instead of her.

yn dy le di *instead of you*: (lit. *in your place*)

(*a*) Alla i ddim mynd i'r swyddfa yfory. Fc . . . . . . yn dy le di.
(*b*) Alla i ddim dod yma heno. Fe . . . . . .
(*c*) Alla i ddim cael tocynnau i'r ddrama.
(*d*) Alla i ddim neud y croesair 'ma. (**croesair** *crossword*)
(*e*) Alla i ddim mynd â'r plant i nofio.

17.7 Unfortunately, you are called away. Tell Ann that Ceri will stand in for you. Begin: **Fe . . . . . . Ceri yn dy le di.**

5 More about the Coloured Future of irregular verbs

(*a*) Beth, Pwy *and* Faint

These pronouns are found very frequently with these verbs in the Coloured Future. Here are some common expressions:

> **Beth ddaw** ohonon ni?/ohono fe?/ohono i? etc. *What will become of us?/of him?/of me?* etc.
> **Beth wna** i? **Beth wnawn** ni? **Beth wnaiff** e? etc. *What will I do? What will we do? What will he do?* etc.
> **Pwy ddaw** gyda fi? *Who will come with me?*
> At **bwy awn** ni am help? *Who(m) shall we go to for help?*
> **Faint gaiff** hi am ei char? *How much will she get for her car?*
> **Faint** o bobol **aiff** i weld y gêm? *How many people will go and see the game?*

(*b*) Ble, Pryd, Sut *and* Pam

These usually take the radical form (but in speech, on the analogy of **Pwy**, etc., they are often followed by the Soft Mutation):

> **O ble daw**'r arian? *Where will the money come from?*
> **I ble'r aiff e?** *Where will it go to?*
> **Pryd cawn ni** ddechrau? *When shall we start?*
> **Sut aiff** pedwar mewn i ddau ar bymtheg? *How will four go into seventeen?*
> Bedair gwaith ac un dros ben *Four times and one over*

(c) **Pan** *and* **Os**

Pan *when* is not interrogative and causes Soft Mutation:

> Fe awn ni am dro **pan dd**aw'r haul allan/mas   *We'll go for*
> *a walk when the sun comes out*

Os *if* is followed by the radical form:
> Fe awn ni i lan y môr **os cawn** ni dywydd braf   *We'll go to the*
> *seaside if we have* (lit. *will have*) *fine weather*
> Fe ddown ni **os dewch** chi   *We'll come if you'll come*

Os na *if not, unless*, like the negative **ni** and the comparative **na**
(*than*), is followed by the Aspirate Mutation of **c, p,** and **t,** and
Soft Mutation of the other mutable consonants. For example:

> Awn ni ddim ar ein gwyliau **os na ch**awn ni dywydd braf   *We*
> *shan't go on our holidays unless we have fine weather*
> Af i ddim yn ôl i'r gwaith **os na chaf** i godiad   *I won't go*
> *back to work unless I have a rise*

Beth os na can be translated as *What if . . . not?*

> **Beth os na** chawn ni fynd mewn?   *What if we're not*
> *allowed in?*
> **Beth** wnawn ni **os na** ddaw e?   *What will we do if he/it*
> *doesn't come?*

6   How to ask what someone is doing, thinking, etc.

In the sentence 'Mae Trefor yn prynu tŷ', **Trefor** is the *subject*. The
subject, in the normal Welsh sentence, comes after the verb (**Mae**)
and is followed by the *object*, **tŷ** (i.e. what Trefor buys). If **tŷ** has
already been mentioned, a pronoun can be substituted for it:
> Mae Trefor yn **ei** brynu e   *Trefor is buying it*

This sentence can be turned into a question:
> Beth mae Trefor yn ei brynu?   *What is Trefor buying?*
– leaving out the **e** because **Beth** and **ei** already refer to **tŷ**.

Note how when the *object* comes first, the verb assumes the
affirmative forms (either **mae/maen** or **rydw i, rwyt ti,** etc.)
    The spoken language goes one step further, leaving out the **ei**
and 'fixing' the mutation. For example:

Beth mae Trefor yn brynu?   *What is Trefor buying?*
Tŷ mae Trefor yn brynu   *Trefor is buying a house* (lit.
   It is a house that Trefor is buying)
Faint rwyt ti'n dalu am y tŷ?   *How much are you paying for
   the house?*
Dydy'r pris rydyn ni'n (ei) ofyn amdano ddim yn uchel
   iawn   *The price we're asking for it is not very high*

In emphatic sentences of this kind where the object comes before
the verb, **yn** will be followed by the Soft Mutation because of the
omitted **ei**. The object may be a noun, such as **tŷ**, etc., or a
pronoun such as **Beth**, **Pwy** or **Faint**. Examples:

Pwy rwyt ti'n weld? (**gweld**)   *Who(m) do you see?*
Trefor rwy'n weld   *I see Trefor* (lit. *It's Trefor I see*)

Note the old object form of the pronoun *whom* in these
sentences in English:

Pwy rwyt ti'n **g**redu?   *Who(m) do you believe?*
Pwy rwyt ti'n hoffi fwya?   *Who(m) do you like best?*
Pwy mae e'n **f**eddwl yw e?   *Who does he think he is?*
Beth rydych chi'n **f**eddwl o raglenni S4C?   *What do you
   think of the programmes on S4C?*
Beth mae e'n **w**erthu?   *What is he selling?*
Mae'r plant rwyt ti'n **w**eld yn y llun yn chwarae criced   *The
   children (whom) you see in the picture are playing cricket*

Imperfect and Future Tenses

This construction can be found in the Imperfect and Simple Future
tenses where auxiliary verbs are used. For example:

Beth oeddech chi'n **b**erfformio neithiwr? (**perfformio**)
   What were you performing last night?
Beth oedd y meddyg yn **dd**weud?   *What did the doctor say?*
Beth fyddwch chi'n **g**ael i swper heno? (**cael**)   *What will you
   be having for supper tonight?*
Beth fyddi di'n **w**isgo i fynd i'r ddawns heno?   *What will you
   be wearing to go to the dance tonight?*

The rule is, therefore, that if a noun or pronoun comes before the
verb *to be*, used as an auxiliary verb in any construction, both the
auxiliary and the main verb will undergo Soft Mutation.

In grammatical terms, if the object comes before the verb in any phrase, or sentence, the verb takes the Soft Mutation. *Note*, however, that intransitive verbs – i.e. verbs which cannot take an object, such as **cysgu**, **rhedeg**, **byw**, **marw** and **diflannu** (*to disappear*), do not change after **yn**.

This rule will also apply to inflected verbs (i.e. those that have endings):

> Pa ddrama weloch chi yn y theatr neithiwr? *What play did you see in the theatre last night?*
> *Macbeth* welon ni (lit.) *It was Macbeth we saw*

Compare: Pa ddrama fuoch chi'n weld yn y theatr neithiwr?
Macbeth fuon ni'n weld

But *note*: **Fe fuon ni'n gweld Macbeth**, **Fe welon ni Macbeth**
where the object (i.e. what was seen) comes *after* the auxiliary verb **fuon** and the inflected verb **welon**.

Likes and preferences

In speech, **Beth rwyt ti'n ei hoffi** becomes **Beth rwyt ti'n hoffi**. For example:

> Beth rwyt ti'n hoffi fwya? Chwarae tennis neu chwarae golff? *What do you like most? Playing tennis or playing golf?*
> or Beth rwyt ti'n hoffi ore? *Which do you like best/prefer?*
> Chwarae tennis rwy'n hoffi fwya/ore *I like tennis most/best*

17.8 You are offered a choice of two alternatives. Say you like doing the first, but you like the second one best (**ore**).
Beth rydych chi'n hoffi ore?

(*a*) nofio neu chwarae ar lan y môr?
(*b*) edrych ar y teledu neu ddarllen?
(*c*) gyrru car neu seiclo? (*cycling*)
(*d*) gweld drama neu weld ffilm?
(*e*) gweithio yn y swyddfa neu weithio yn yr ardd?

17.9 You don't quite catch the final word in these sentences. Ask for a repeat, for example:
> Mae Tom yn dweud . . . . . . – Beth mae Tom yn ddweud?

(*a*) Mae Gwen yn canu . . . . . .
(*b*) Mae'r gath yn bwyta'r . . . . . .
(*c*) Mae rhagolygon y tywydd yn dweud . . . . . . (**rhagolygon**
       forecast(s))
(*d*) Mae'r pwyllgor wedi penderfynu . . . . . .
(*e*) Maen nhw wedi cael . . . . . .

7 Yna (*there*)

Yna is often inserted between the auxiliary verb and its subject, for
example

Mae **yna** ddynion yn gweithio ar y ffordd *There are men
  working on the road*
or, using the contracted form:

Mae **'na** ddynion yn gweithio ar y ffordd

Further examples:

Mae **'na** bosibiliadau ynddo fe *There are possibilities in
  it/It has possibilities*
Roedd **'na** ddamwain ar yr M4 ddoe *There was an accident
  on the M4 yesterday*
Does **'na** ddim plant yn y pentre *There are no children in
  the village*

Insertion of **yna** will cause Soft Mutation of the subject, or the
negative (**ddim**) if it precedes it.

The insertion of **yma** (or **'ma**) is less common, but can be seen in
phrases such as:

Bytwch. Mae **'ma** ddigon o fwyd *Eat. There's plenty of food
  (here)*
Dewch mewn. Mae **'ma** ddigon o le *Come in. There's plenty
  of room here*

The Soft Mutation after **dyma** and **dyna** is due to the fact that
they are contractions of **Gwêl di yma** *See thou here* and **Gwêl di yna**
See thou there (as are the French *voici* and *voilà*).

8 *In it, in them*, etc.: Personal forms of Yn

(a) Uses of yn *and* mewn

The preposition **yn** is always followed by either

(*i*)   a definite noun:

Mae John **yn yr ardd**   *John is in the garden*

(*ii*)   a genitive phrase, which may involve Nasal Mutation:

Mae blodau a llysiau yn tyfu **yng ngardd John**   *There are flowers and vegetables growing in John's garden*

or (*iii*)   a place-name or personal name:

Mae gyda fi ffydd **yn John**   *I've got faith in John*
Mae gardd John **yn Ynyslas**   *John's garden is in Ynyslas*

The preposition **mewn** is followed by an indefinite noun and means *in a:*

Fc fydda i gyda chi **mewn munud**   *I'll be with you in a minute*
Mewn geiriau eraill . . .   *In other words . . .*

(b) Personal forms of yn

Yn, like many other prepositions in Welsh, has personal forms:

yno i	*in me*	ynon ni	*in us*
ynot ti	*in you*	ynoch chi	*in you*
ynddo fe	*in him/it*	ynddyn nhw	*in them*
ynddi hi	*in her/it*	yn y plant	*in the children*

Examples:

Mae 'na bosibiliadau **ynddo fe** (h.y. yn y tŷ)   *There are possibilities in it (i.e. in the house)*
Rwy'n credu fod digon o le **ynddyn nhw** (h.y. yr ystafelloedd) *I think there's plenty of space in them (i.e. the rooms)*

ymddiried yn *to have faith in, to trust (in)*:
Mae hi'n **ymddiried ynon ni** i neud ein gwaith   *She trusts (in) us to do our work*

17.10   Can you answer the following questions in the affirmative? (Use the personal forms of **yn**.)

(*a*)   Oes blodau yn yr ardd? (Oes. Mae . . . . .)
(*b*)   Oes stafelloedd mawr yn y tŷ?
(*c*)   Oes ffydd gyda chi yn John?
(*d*)   Ydych chi'n ymddiried yn John a fi? (Ydw. Rwy'n . . . . . .)
(*e*)   Oes digon o nerth (*strength*) ynot ti a fi?

9   Byth and erioed (*ever* and *never*)

Byth may be used as an emphatic negative as in English:

> Does **byth** digon o athrawon Gwyddoniaeth   *There are never enough Science teachers*
> *Dwy* **byth** yn smygu   *I never smoke*
> *Dydyn ni* **byth** yn eu gweld nhw nawr   *We never see them now*

Byth also occurs in phrases such as **am byth** (*forever*):

> Dydwi ddim yn bwriadu byw yma **am byth**!   *I don't intend living here for ever!*
> Cymru am **byth**!   *Wales forever!*

Note that **byth**, like **braf**, does not mutate.

Byth looks to the future and may be affirmative or negative according to context. **Erioed**, on the other hand, refers to the past and is usually negative.

> Doeddwn i erioed wedi meddwl y byddwn i'n colli'n swydd i   *I had never thought that I would lose my job*

Further examples:
Weles i erioed sut (*pron.* shwd) beth! (S. Wales) *or* Weles i erioed ffasiwn beth! (N. Wales)   *I never saw such a thing!*

The difference between **byth** and **erioed** is highlighted in the following dialogue:

Ficer   Weles i **erioed** monoch chi yn yr eglwys. (*I've never seen you in church.*)
Tramp   Naddo, a welwch chi mono i **byth** yno, chwaith.   (*No, and you'll never see me there, either.*)

Darllen a deall

Meirion, who runs a transport company with his brother Rhoslyn, arrives at the office towards mid-morning and greets the secretaries, Gladys and Elena.

Meirion	Bore da. Oes 'na lythyron?
Gladys	Oes. Mae 'ma ddwsin ohonyn nhw. A chwe neges ar y ffôn-ateb. Mae'r Lewisiaid yn cwyno fod eu llwyth grawn nhw yn hwyr yn cyrraedd bob wythnos.
Meirion	Dydyn nhw ddim yn bell oddi yma. Fe af i draw i'w gweld nhw y pnawn 'ma. Fe gawn ni setlo'r mater ar unwaith. Oes 'na rywbeth arall o bwys?
Elena	Oes. Mae ffirm ADAG eisiau i chi nôl llwyth o focsys pren iddyn nhw o borthladd Abertawe. Mae llong newydd ddod â nhw o Sbaen. Maen nhw eisiau nhw ar frys.
Meirion	Sawl lorri fydd eisiau?
Elena	Fe fydd eisiau dwy o leia. Gwell i chi ddanfon y Volvo fawr a'r Leyland.
Meirion	O'r gore. Fydd Jac Tomos yn rhydd fory?
Elena	Na fydd. Mae e'n mynd â'r tancer i Aberystwyth.
Meirion	Beth am Wil? Ydy e'n rhydd?
Gladys	Mae e yma nawr. Mae e yn y gweithdy.
Meirion	Galwch arno fe ar y ffôn.
Gladys	Alla i ddim. Dyw'r ffôn ddim yn gweithio. Fe af i i nôl e i chi nawr.
Elena	Fe ddo i gyda ti. Mae eisiau llanw'r peiriant coffi.
	(*Mae'r ffôn yn canu.*)
Rhoslyn	Meirion?
Meirion	Ie. Ble rwyt ti nawr?
Rhoslyn	Rwy ar 'yn ffordd i Abergwaun. Mae'r tryc wedi torri lawr. Beth wyt ti'n gredu sy ore i fi neud? Alli di ddanfon rhywun mas?
Meirion	Fe ddaw Wil i dy helpu di. Fe gaiff e ddod draw yn y Citroën. Ydy hynny'n iawn i ti? Fe wnaiff Wil ei ore, rwy'n siŵr. Mae e'n fecanic da.
Rhoslyn	Ddoi di ddim gydag e? Mae mwy o ffydd gyda fi ynot ti nag yn neb ohonyn nhw.

porthladd	*port*	peiriant coffi	*coffee machine*
Lewisiaid	*the Lewises*	torri i lawr	*to break down*
ar frys	*in a hurry*	mas (SW)	*out*
yn rhydd	*free*		

Dewiswch yr atebion cywir. (Choose the correct answers.)

1 Mae Meirion yn mynd i weld
  (*a*) Wil   (*b*) Gladys   (*c*) y Lewisiaid.

2 Mae ADAG eisiau i'r cwmni nôl llwyth
  (*a*) o gadeiriau pren   (*b*) o focsys pren   (*c*) o ffenestri pren.

3 Mae Jac Tomos yn mynd â'r tancer i
  (*a*) Aberystwyth   (*b*) Abertawe   (*c*) Abergwaun.

4 Mae Wil yn mynd i helpu Rhoslyn yn y
  (*a*) Volvo   (*b*) Leyland   (*c*) Citroën.

5 Mae Elena yn mynd i'r gweithdy
  (*a*) i ffonio Rhoslyn   (*b*) i lanw'r peiriant coffi
  (*c*) i gael sgwrs gyda Wil.

18 Fe ddylen ni fwyta bwydydd iach

In this unit you will learn how to say what you ought to do and what you know, talk about job prospects and ambitions, and learn how to state opinions and express agreement.

Dialogue

While Ffion is at an interview, her friend Delyth talks to Ruth, Ffion's mother, and her friend Sioned, about her own ambitions and prospects.

Ruth Helo Delyth, sut ydych chi ers lawer dydd? Dewch mewn.

Delyth Diolch, Mrs Bifan. Rwy'n dda iawn diolch. A chithe?

Ruth Rwy'n cadw'n dda iawn, diolch.

Delyth Ydy Ffion gartre?

Ruth Nag ydy, mae'n ddrwg 'da fi. Fe gododd hi'n gynnar, gynnar y bore 'ma, wyddoch chi, er mwyn mynd i lawr i'r dre i'r Canolfan Gwaith i chwilio am waith dros y gwyliau.

Delyth Fe ddylwn i fod wedi gwneud yr un peth, ond fe gysges i'n hwyr!

Ruth Mae Sioned 'yn ffrind i yma. Ydych chi'n nabod eich gilydd?

Sioned Na, dydw i ddim yn credu ein bod ni wedi cwrdd o'r blaen.

Ruth Wel, Delyth, dyma'n ffrind ore i, Mrs Sioned Rhys. Sioned dyma Delyth. Delyth yw merch Dafydd Bowen y deintydd.

Sioned Ie, wrth gwrs. Sut ydych chi? Fe nabyddes i chi ar unwaith. Rydych chi'n debyg iawn, iawn i'ch tad, Delyth. Roeddwn i'n gyfarwydd iawn â'ch tad a'ch mam. Roedd y ddau ohonyn nhw yn yr un ysgol â fi flynyddoedd yn ôl. A rydw i wedi clywed llawer amdanoch chi. Mae Ffion yn sôn amdanoch chi yn fynych.

Ruth   Mae Delyth a Ffion yn y coleg yn Aberystwyth, ond mae Delyth flwyddyn o flaen Ffion. Mae hi wedi graddio eleni.

Sioned   Llongyfarchiadau. Fe fues inne unwaith yng Ngholeg Aberystwyth ac fe fues i'n byw yno am rai blynyddoedd wedyn.

Delyth   Rydych chi'n gyfarwydd iawn â'r dre, felly.

Sioned   O, ydw. Rydyn ni fel teulu yn hoff dros ben o'r dre. Ydych chi ar wyliau nawr, Delyth?

Delyth   Nag ydw. Rwy wedi gorffen. Rwy'n chwilio am waith nawr ers dau fis. Wyddoch chi 'mod i wedi sgrifennu pymtheg ar hugain o lythyron, a dydw i ddim wedi llwyddo eto i gael swydd?

Ruth   Gwn. Fe ddwedodd Ffion wrtho i. Daliwch ati. Dyfal donc . . .!

Delyth   Ie. Fe ddylwn i fod wedi ymweld â'r Canolfan Gwaith y bore 'ma unwaith eto i holi. Ond fe ddwedodd Ffion wrtho i ei bod hi'n mynd i lawr i'r Canolfan, ac fe ddes i draw i weld a oedd hi wedi cael swydd ai peidio.

Ruth   Wel arhoswch gyda ni i gael cwpaned o goffi. Rwy'n disgwyl Ffion yn ôl unrhyw funud nawr.

Delyth   Wn i ddim . . . O'r gore, 'te. Diolch yn fawr.

Sioned   Sut swydd hoffech chi gael, Delyth? Beth ydych chi am neud?

Delyth   Fe hoffwn i weithio mewn diwydiant neu farchnata, neu weithio mewn banc efallai. Dwy ddim yn siwr iawn beth i 'neud eto.

Ruth   Fe ddylech chi gael swydd cyn bo hir, swydd dda hefyd, am fod gradd dda gyda chi.

Sioned   Pa radd sy gyda chi, Delyth?

Delyth   Gradd mewn Economeg a Marchnata.

Sioned   Beth mae'ch tad a'ch mam yn feddwl?

Delyth   Maen nhw'n meddwl y dylwn i fynd yn athrawes am fod mam, a mamgu o'i blaen hi, yn athrawesau. Maen nhw'n meddwl ei bod hi'n ormod o fenter i fynd i fyd busnes. Ond rydw i am fentro, a byw yn annibynnol. Dyna 'marn i.

Sioned   Rwy'n cytuno â chi. Rwy'n credu ei bod hi'n rhaid i bawb fentro heddi.

Ruth Rwy'n siwr y llwyddwch chi, beth bynnag wnewch chi. Mae pawb yn gwybod pa mor weithgar ydych chi!

ers lawer dydd	*for many a day*	**holi**	*to ask, inquire*
er mwyn	*in order to, for the sake of*	**diwydiant**	*industry*
		Marchnata	*marketing*
y Canolfan Gwaith	*Jobcentre*	**byd busnes**	*the world of business*
yn hwyr	*late*		
flynyddoedd yn ôl	*years ago*	**y llwyddwch chi**	*that you will succeed*
yn hoff dros ben	*very fond of*		
dal ati	*to keep at it*	**beth bynnag**	*whatever*

18.1 Cywir neu anghywir? Ysgrifennwch y brawddegau anghywir yn gywir.

(*a*) Fe gododd Ffion yn gynnar, gynnar.
(*b*) Mae Sioned yn nabod Delyth.
(*c*) Mae Sioned yn gyfarwydd iawn ag Abertawe.
(*d*) Mae Delyth wedi sgrifennu pump ar hugain o lythyron.
(*e*) Mae Sioned yn cytuno â Delyth.

18.2
(*a*) I ble'r aeth Ffion ac i beth?
(*b*) Pryd graddiodd Delyth – o flaen Ffion neu ar ei hôl hi?
(*c*) Beth mae tad a mam Delyth yn feddwl dyle hi neud?
(*d*) Beth mae Sioned yn gredu?
(*e*) Pam mae Ruth yn meddwl dyle Delyth lwyddo?

Useful words and phrases

How to:

1 *Ask 'Do you know . . .?' and reply.*
Wyddoch chi . . .?
Gwn.

2 *Say what you ought to do.*
Fe ddylwn i . . .

3 *Say what your opinion is.*
Dyna 'marn i.

4 *Say that you agree with someone.*
Rwy'n cytuno â chi.

How Welsh works

1 How to express obligation: *I ought*, etc.

(a) *The Present Tense*

Fe ddylwn i	*I ought*	Fe ddylen ni	*We ought*
Fe ddylet ti	*You ought*	Fe ddylech chi	*You ought*
Fe ddyle fe	*He ought*	Fe ddylen nhw	*They ought*
Fe ddyle hi	*She ought*	Fe ddyle'r plant	*The children ought*

Example:

> **Fe ddylwn i** fynd i chwilio am swydd   *I ought to go and look for a job*

This verb is also used, like *should* in English, to indicate what can reasonably be expected or concluded: **Fe ddylech chi gael swydd cyn bo hir**   *You should get a job before long.*

The *question form* omits **fe**, but keeps the Soft Mutation:

> **Ddylwn i** ofyn am ganiatâd?   *Should I/Ought I to ask for permission?*

and *answers* use the appropriate part of the verb, with the radical form in the affirmative: **Dylech/Dylet** *Yes (you should)* or **Na ddylech/ddylet** *No (you shouldn't)*.

The *negative* omits **fe** and adds **ddim**:

> **Ddylech** chi **ddim** smygu cymaint   *You shouldn't smoke so much*
> **Ddyle** hynny **ddim** bod yn anodd/yn broblem   *That shouldn't be difficult/a problem*

18.3 How would you say in Welsh that you ought to do the following:

(*a*) go to town today to buy health foods,   (*b*) have a bath before going out,   (*c*) look for an opportunity to speak Welsh,   (*d*) get up early every morning.

(b) The Past Tense

The past tense of obligation is formed by adding **fod wedi**:

> **Fe ddylwn i fod wedi** ymweld â'r Canolfan Gwaith y bore 'ma   *I should have visited the Jobcentre this morning*
> **Fe ddylech chi fod wedi** aros gartre   *You should have stayed at home*
> **Fe ddyle**'r trên **fod wedi** cyrraedd erbyn hyn   *The train should have arrived by now*

In negative sentences, **ddim** follows **Ddylwn i**, etc:
> **Ddyle hi ddim** fod wedi dod   *She shouldn't have come*

that . . . not is **na . . . ddim**
> Fe ddwedes i wrthot ti **(na)** ddylet ti **ddim** fod wedi mynd allan heb got   *I told you (that) you shouldn't have gone out without a coat*

18.4   Tell a close friend that he shouldn't have done various things:

(*a*) gone into the field without the farmer's permission,   (*b*) had a bath after eating a heavy meal (**pryd trwm**),   (*c*) promised to pay so much for the house,   (*d*) worked so hard in the garden.

2   *Whether . . . or not*

Not to do something is **Peidio (â)**: **Peidiwch â mynd**, or **Peidiwch mynd** *Don't go*.

Or not is **ai peidio** (more literary) or **neu beidio** (more colloquial). *Note* that **ai** does not mutate whereas **neu** does. Examples:

> Fe ddes i draw i weld a oedd hi weld cael swydd **ai peidio**
> *I came over to see whether she had got a job or not*
> Ydych chi'n dod **neu beidio**?   *Are you coming or not?*

Ydyn nhw wedi prynu'r tŷ **neu beidio**? *Have they bought the house or not*?

Bod **ai peidio** â bod? Dyna'r cwestiwn . . . *To be or not to be? That is the question . . .*

18.5 Match the following questions and answers:

1	Wyt ti'n 'y neall i neu beidio?	(a)	Rwy'n dy weld di'n iawn.
2	Wyt ti'n 'y ngweld i neu beidio?	(b)	Rwy'n dy dalu di bob wythnos.
3	Wyt ti'n 'y nghlywed i neu beidio?	(c)	Dwy byth yn dy ddeall di.
4	Wyt ti'n 'y nghredu i neu beidio?	(d)	Rwy'n dy glywed di'n iawn.
5	Wyt ti'n 'y nhalu i neu beidio?	(e)	Wrth gwrs rwy'n dy gredu di.

3 Another way of saying *Because*

Am fod means the same as **achos** (See **Uned 14**) in sentences like:

Pam dylwn i ddysgu Cymraeg? **Achos** rydw i'n byw yng Nghymru *Why should I learn Welsh? Because I live in Wales*

However, there is another way of saying *because* which is to use **am + bod**: **am 'y mod i** . . . *because I am/was* . . ., **am dy fod di** . . . *because you are/were* . . . . The complete forms can be Past or Present according to the context and are as follows:

am 'y mod i	*because I am/ was* . . .	am ein bod ni	*because we* . . .
am dy fod di	*because you* . . .	am eich bod chi	*because you* . . .
am ei fod e	*because he* . . .	am eu bod nhw	*because they* . . .
am ei bod hi	*because she* . . .	am fod y plant	*because the children*

Examples:

> Fe ddylech chi gael swydd dda **am fod** gradd dda gyda chi
> *You ought to get a good job because you have a good degree*
> Fe ddylwn i fod yn athrawes **am fod** mam yn athrawes
> *I ought to be a teacher because my mother is/was a teacher*
> Rwy'n cerdded yn araf **am 'y mod i** yn gloff   *I walk slowly*
> *because I am lame*

The negative *because . . . not* uses the negative form of the verb *to be* after **am** + **na** (**nad** before a vowel):

> Dydw i ddim eisiau bod yn athrawes **am nad ydw i ddim** yn
> hoffi dysgu   *I don't want to be a teacher because I don't like*
> *teaching*

18.6   Using **Am fy mod i** etc., change the last five reasons given in **Uned 14.8** for learning Welsh, for example:

Rydw i eisiau dysgu Cymraeg achos rydw i'n byw yng Nghymru.
Rydw i eisiau dysgu Cymraeg am 'y mod i'n byw yng Nghymru.

4   Gwybod (*to know*)

Both **gwybod** *to know a fact* and **nabod** *to know a person* (see Uned 6) have inflected tenses used in conversation. **Gwybod** is one of the very rare verbs in Welsh where the inflected form and the form using the verb **bod** as an auxiliary are similar in meaning. The inflected tense of **gwybod** is the most irregular in Welsh (apart from **bod**).

(a)   *The Present Tense of* gwybod

Fe wn i	*I know*	Fe wyddon ni	*We know*
Fe wyddost ti	*You know*	Fe wyddoch chi	*You know*
Fe ŵyr e	*He knows*	Fe wyddan nhw	*They know*
Fe ŵyr hi	*She knows*	Fe ŵyr y plant	*The children know*

> **Fe wn i** o brofiad fod y lle'n beryglus   *I know from experience*
> *that the place is dangerous*

Rwy'n gwybod o brofiad fod y lle'n beryglus   *I know from experience that the place is dangerous*

(b)   Useful expressions with gwybod

Further examples:

Fe ŵyr e'n ddigon da ar ba ochr i'r bara mae'r menyn   *He knows well enough which side the bread's buttered on.*
Ŵyr y plant ddim ble mae eu tad   *The children don't know where their father is*
Wyddoch chi 'mod i wedi sgrifennu . . . llythyron?   *Do you know that I have written . . . letters?*

Wyddoch chi and **wyddost ti** are stock phrases which have little meaning other than to ease the flow of conversation.

Fe gododd hi'n gynnar, gynnar, bore 'ma, **wyddoch chi . . .**   *She got up very early this morning, you know . . .*

The affirmative answer is **Gwn** *Yes (I know)* (the radical form); the negative is **Na wn** *No (I don't know).*
The negative **Wn i ddim** is a useful response and means *I don't know.* For example:

Arhoswch gyda ni . . . **Wn i ddim** . . . O'r gore, 'te   *Stay with us . . . I don't know . . . Very well then*
Ble mae 'nghrys i? – **Wn i ddim**   *Where's my shirt? – I don't know*

A useful enigmatic phrase is **Pwy a ŵyr?**   *Who knows?*

Os gwn i (contracted to **sgwn i**) means *I wonder*:

Sgwn i ble mae John Jones nawr?   *I wonder where John Jones is now?*
Wyddoch chi beth ddaeth ohono fe? – **Na wn i**   *Do you know what became of him? – No (I don't know)*

Am wn i means *As far as I know*:

Mae Siân wedi priodi, **am wn i**   *Sian's got married, as far as I know*

18.7   Match the following questions and answers:

1 Wyddoch chi ble mae Madrid?	(*a*) Oes, mewn tai gwydr (*glass*).
2 Wyddost ti nad yw Undeb Rygbi Cymru ddim yn chwarae yn erbyn De Affrica?	(*b*) Gwn. Rwy'n cytuno â nhw hefyd.
3 Sgwn i oes orennau'n tyfu yn y wlad yma?	(*c*) Na ŵyr. Ond mae'r plismyn yn ei helpu fe.
4 Ŵyr John pa leidr sy wedi mynd â'i gar?	(*d*) Na wyddan. Am wn i fe ddarllenon nhw'r newyddion yn y papur.
5 Wyddan nhw o ble mae'r newyddion am gau'r gwaith wedi dod?	(*e*) Gwn. Madrid yw prifddinas Sbaen.

5   The Past Tense of 'gwybod'

Gwybod forms its Past Tense by adding the Imperfect endings to the stem **gwydd-**:

Fe wydd**wn** i	*I knew*	Fe wydd**en** ni	*We knew*
Fe wydd**et** ti	*You knew*	Fe wydd**ech** chi	*You knew*
Fe wydd**e** fc	*He knew*	Fe wydd**en** nhw	*They knew*
Fe wydd**e** hi	*She knew*	Fe wydd**e'r** plant	*The children knew*

> **Fe wydde fe**'n ddigon da ei fod e'n neud y peth anghywir   *He knew well enough that he was doing the wrong thing*

The *interrogative form* omits **fe**. The *affirmative answer*, as with **Allwch chi . . .?** – **Galla**, assumes the radical form. The *negative*, after **Na**, is mutated. Here are some examples of **gwybod** in the Past Tense:

Sgwrs fer (*short chat*)

A   **Wyddech chi** fod y bobl drws nesa yn dod o Sbaen?
Did you know that the people next door come from Spain?

B   **Na wyddwn i**. Sut **gwyddech chi?**
 No (I didn't know). How did you know?
A   **Wyddech chi** fod un ohonyn nhw wedi cael damwain?
 Did you know that one of them had had an accident?
B   **Gwyddwn.**
 Yes (I knew).

 Sylweddoli means *to know* in the sense of *to realise*:

  Fe ddaeth cwmwl o fwg allan o'r simne ac fe **sylweddolais** fod
  rhywbeth allan o'i le *A cloud of smoke came out of the*
  chimney and I knew/realised that something was wrong

6 Adnabod (*to know*)

The inflected forms of **adnabod** (or **nabod**) are used mainly in the
Past Tense. As this tense describes an event that happened at
some specific time in the past, **adnabod** in the Past Tense means to
recognise.

 The past stem of **(ad)nabod** is **(ad)nabydd-** and the endings are
those of the Past Tense of regular verbs. Here is the complete
verb:

Fe nabydd**es** i	*I recognised*
Fe nabydd**est** ti	*You recognised*
Fe nabydd**odd** e	*He recognised*
Fe nabydd**odd** hi	*She recognised*
Fe nabydd**on** ni	*We recognised*
Fe nabydd**och chi**	*You recognised*
Fe nabydd**on nhw**	*They recognised*

Examples:
 Fe nabyddes i chi ar unwaith *I recognised you at once*
 Nabyddon nhw chi? *Did they recognise you?*
 Fe gerddodd Lloyd George heibio i dyrfa elyniaethus a
 nabyddodd neb e *Lloyd George walked past a hostile*
 crowd and no one recognised him (**gelyniaethus** *hostile*,
 gelyn *enemy*)

7 Intensifiers: yn gynnar gynnar, iawn iawn, dros ben

One of the ways of emphasising the quality of an adjective in Welsh is to place the adverb **iawn** (*very*) after it e.g. **da iawn** *very good*. Another method is to repeat the adjective, as in the following examples:

> Fe gododd Ffion yn **gynnar, gynnar** *Ffion got up very early*
> Mae castell Dinas Brân yn **hen, hen** gastell *The castle of Dinas Brân is a very old (an old, old) castle*
>
> A good example of the repetition of the feminine form of the adjective is found in the folk song: **Gafr wen, wen, wen** . . . (*a very white goat* . . .)

Another way is to add the phrase **dros ben**:

> Roedd teulu Sioned yn hoff **dros ben** o Aberystwyth *Sioned's family were very fond of Aberystwyth*
> Mae'r castell ma'n hen **dros ben** *This castle is very old*

Iawn, iawn means *very, very*, i.e. *exceptionally*.

18.8 Can you reconstruct the following jumbled sentences?

(*a*) mawr, Maen, byw, nhw'n, tŷ, mewn, mawr.
(*b*) yn, yn, tîm, ben, dda, chwarae, Roedd, dros, y.
(*c*) bach, ar, to, i, Fe, bach, weles, aderyn, y.
(*d*) las, bore, awyr, Rocdd, yn, yr, las, 'ma, y.
(*e*) dweud, Maen, iawn, ei, hi'n, iawn, bod, ddeallus, nhw'n.

8 How to say *I want to* . . .

We already know three ways of saying *I want*: (*i*) **Rydw i eisiau**, (*ii*) **Rwy'n moyn**, and (*iii*) **Mae eisiau . . . arna i** or **Mae arna i eisiau . . .**

I want to followed by a verb can also be expressed by **Rydw i am . . .** + Soft Mutation.

Examples:

> **Rydw i am** fentro (**mentro**) *I want to venture*
> **Beth ydych chi am** neud? *What do you want to do?*

Beth ydych chi am fod? *What do you want to be?*
(I) ble **rydych chi am** fynd ar eich gwyliau eleni? *Where do you want to go on your holidays this year?*

9 Further uses of the preposition 'am'

(a) After certain verbs

Rydw i wedi **clywed** llawer **amdanoch** chi *I've heard a lot about you*
Rydw i'n **chwilio am** waith *I'm looking for work*

Other verbs in this category are:

anghofio am	*to forget (about)*	gofyn am	*to ask about*
aros am	*to wait for*	poeni am	*to worry about*
cofio am	*to remember (about)*	siarad am	*to talk about*
disgwyl am	*to expect, await*	sôn am	*to talk about*
(S.W. *to look for*)		talu am	*to pay for*
edrych am	*to look for*		

Examples:

Rydw i wedi bod yn **edrych amdanoch** chi ers oriau *I've been looking for you for hours*
Rwy wedi bod yn **disgwyl amdanoch** chi . . . (S.W.)
Am bwy rydych chi'n **siarad** *Who are you talking about?*
Amdanoch chi *About you*

(Remember the rule that Welsh does not end a sentence with a preposition, except in its personal form.)

(b) In combination with other prepositions

Diolch **i** chi **am** bopeth *Thank you for everything*
Gofynnwch **i** John **am** ddod *Ask John to come*
Peidiwch â chwyno **amdano** wrtho i *Don't complain about him to me*
Dwedwch wrtho **am** fynd/**am** beidio â mynd *Tell him to go/ not to go*

(c) *In expression of time*

at Mae'r trên yn cyrraedd **am** hanner awr wedi saith
    The train arrives at half past seven
for **Am** faint o amser rydych chi'n bwriadu aros?
    How long (for how much time) do you intend to stay?
    Am bythefnos *For a fortnight*
    Cymru **am** byth! *Wales for ever!*

18.9 Insert the appropriate forms of **am (dan-)** in the following sentences.

(a) Peidiwch â phoeni . . . . . hi.
(b) Beth am y tocynnau? Ydych chi wedi talu . . . . . . nhw?
(c) Gawsoch chi'r papur? Dydw i ddim wedi gofyn . . . . . . fe
    eto.
(d) Peidiwch â phryderu. Dydw i ddim wedi anghofio . . . . . .
    chi.
(e) Dydy'r trên ddim wedi dod eto. Rwy'n disgwyl . . . . . . fe
    ers oriau.

Darllen a deall

Meddwl am waith

The careers master in a comprehensive school calls the Sixth Form together to make sure they know how to apply for jobs when leaving school.

Master Bore da i chi i gyd. Rydw i wedi eich galw chi at eich
    gilydd am 'y mod i eisiau neud yn siŵr fod pawb ohonoch
    chi'n gwybod sut mae neud cais am swydd. Mae 'na
    amryw o bethau ddylech chi neud nawr. Allwch chi
    awgrymu rhai ohonyn nhw? Beth amdanoch chi, Elfyn?
Elfyn Fe ddylen ni gael taflenni C.V.* yn barod.
Master Da iawn. Fe wyddoch i gyd beth yw C.V. Beth ddylech
    chi gynnwys ar y taflenni hyn?

Jeni	Eich enw, dyddiad geni, cyfeiriad, rhif ffôn, os oes gyda chi un, ble cawsoch chi'ch addysg, a . . .
Master	Da iawn. Beth arall ddyle Jeni ychwanegu, Eric?
Eric	Fe ddyle hi roi i lawr pa arholiadau mae hi wedi sefyll, a'r canlyniadau.
Master	Pa arholiadau ddylech chi gynnwys?
Elfyn	Arholiadau TGAU ac unrhyw arholiadau eraill.
Master	Wyddoch chi am rywbeth arall?
Eric	Beth am waith yn ystod y gwyliau ac ar ddydd Sadwrn?
Master	Ie, da iawn. Pa waith fuoch chi'n neud yn ystod y gwyliau, Debi?
Debi	Fe fues i'n helpu mewn cartref i hen bobl.
Master	Ardderchog! Fe fyddwn ni i gyd yn hen ryw ddiwrnod, ac fe ddylen ni feddwl am helpu'r rhai sy'n hen nawr.
Elfyn	Beth am ddiddordebau a gweithgareddau oriau hamdden?
Master	Ie. Peidiwch anghofio sôn amdanyn nhw. Beth yw dy ddiddordebau di, Idris? Beth wyt ti'n neud yn dy oriau hamdden? Mae digon ohonyn nhw gyda ti. Rwy'n sylwi nad wyt ti ddim yn neud llawer o waith ysgol.
Idris	We-e-l, rwy'n chwarae rygbi dros yr ysgol . . . a . . .
Debi	Fe ddylet ti ddweud dy fod di'n nofio a bod medal aur yr A.S.A.** gyda ti.
Master	Llongyfarchiadau! Mae'n dda gyda fi glywed dy fod di'n neud rhywbeth gwerth chweil. Beth yw dy ddiddordebau di, Wili?
Wili	Cerddoriaeth. Rydw i'n chwarae'r drwm ym mand y pentre, ac rydyn ni'n cystadlu yn yr Eisteddfod Genedlaethol.
Master	Wel, yn wir, mae mwy o dalentau disglair yn y dosbarth 'ma nag oeddwn i'n feddwl! Fe ddylai pob un ohonoch chi gael swydd dda.

*C.V.: Curriculum vitae; **A.S.A. Amateur Swimming Association.

cais	*application*	**oriau hamdden**	*leisure hours*
(ceisio	*to try, seek*)	**gwerth chweil**	*worth while*
cynnwys	*to include, contain*	**ym mand y pentre**	*in the village*
TGAU*	*GCSE*		*band*
yn ystod	*during*	**nag oeddwn i'n feddwl**	*than I thought*

* Tystysgrif Gyffredinol Addysg Uwchradd

Dewiswch yr ateb cywir.

1 Mae'r athro wedi galw pawb at ei gilydd am ei fod e
   (*a*) eisiau gwybod eu henwau.
   (*b*) eisiau neud yn siŵr fod pawb yn gallu nofio.
   (*c*) eisiau neud yn siŵr fod pawb yn gwybod sut mac neud
          cais am swydd.

2 Beth ddylen nhw roi yn y C.V.?
   (*a*) canlyniadau arholiadau 11+.
   (*b*) canlyniadau arholiadau TGAU.
   (*c*) canlyniadau arholiadau gradd.

3 Yn ystod ei gwyliau hi, fe fuodd Debi
   (*a*) yn chwarae rygbi.
   (*b*) yn helpu mewn cartre i hen bobol.
   (*c*) yn cystadlu yn yr Eisteddfod Genedlaethol.

4 Pam mae'r athro yn meddwl fod digon o amser hamdden
   gyda Idris?
   (*a*) am nad yw e ddim yn neud llawer o waith ysgol.
   (*b*) am ei fod e'n hoffi nofio.
   (*c*) am ei fod e'n chwarae drwm ym mand y pentre.

5 Pam mae'r athro'n meddwl dyle pawb gael swyddi da?
   (*a*) am eu bod nhw'n hoffi cerddoriaeth.
   (*b*) am eu bod nhw'n helpu hen bobl.
   (*c*) am fod gyda nhw dalentau disglair.

19   Olrhain eich achau

In this final unit, we shall revise the contents of the previous units, learn how to say what you would do under certain conditions and in certain hypothetical situations, and to say how something is or was done.

Dialogue

David Shankin, a Canadian student at Oxford, is visiting the vicar of Ynyswen to make enquiries about his ancestry. He arrives at the vicarage, rings the door-bell and is greeted by the vicar, the Rev. Arthur C. Jenkins.

David   Mr Jenkins?

A.J.   Ie. Chi yw Mr Shankin? Dewch mewn. Eisteddwch. Rwy wedi bod yn eich disgwyl chi.

David   Mae'n ddrwg gyda fi 'mod i'n hwyr. Fe ges i 'nal yn y traffig ar Bont Hafren wrth ddod i lawr.

A.J.   A! Wrth gwrs. Fe fyddech chi'n siŵr o gael eich dal heddi. Mae Lloegr yn chwarae Cymru a mae cryn dipyn o deithio ar hyd yr M4. Pe baswn i yn eich lle chi, fe fyddwn i wedi dod ar hyd yr A48 drwy Gaerloyw.

David   Fyddech chi? Rhaid i fi gofio am y ffordd 'na. Diolch yn fawr.

A.J.   Rydych chi'n siarad Cymraeg yn dda. Mae'ch mam a'ch tad yn siarad Cymraeg, ydyn nhw?

David   Nag ydyn, yn anffodus. Fe wyddwn i fod rywfaint o waed Cymreig yn y teulu, ac ar ôl dod i Rydychen, i Goleg Iesu, fe benderfynes i y byddwn i'n ymuno â dosbarth dysgu Cymraeg. Mae arna i ddyled fawr i'r dosbarth 'na.

A.J. Roeddech chi'n dweud ar y ffôn eich bod chi'n credu fod eich cyn-dadau yn dod o'r ardal 'ma.

David Fe ddwedodd 'yn hen dadcu i wrtho i fod ei hen-hen dadcu e yn dod o rywle yn "South West Wales" o'r enw Nissen neu rywbeth tebyg.

A.J. Fuoch chi'n chwilio am y lle ar y map?

David Do. Yn ffodus, mae gyda fi gyfaill y mae ei deulu'n dod o'r ardal 'ma, a fe welodd e ar unwaith mai Ynyswen oedd y "Nissen" 'ma. Fe ddwedodd e wrtho i hefyd mai chi yw'r awdurdod penna ar achau'r ardal, ac y gallech chi 'yn helpu i.

A.J. Wel, falle gallwn i. Os daeth eich cyn-dadau o Ynyswen, mae'n ddigon tebyg mai Jenkin neu Siencyn oedd yr enw gwreiddiol. Rydyn ni'n gwybod i nifer o deulu Siencyniaid Plas Ynyswen ymfudo i Ganada yn amser Cromwell ac wedi hynny. Mae'r tŷ buon nhw'n byw ynddo fe yn adfeilion nawr, gwaetha'r modd. Fe fuodd y perchennog diwetha farw mewn dyled, a fe aeth y tŷ ar dân. Fe werthwyd y stad ddwy flynedd yn ôl, i'r ffermwyr oedd yn byw arni hi.

David Mae'n anodd dweud, felly, pwy oedd 'y nghyn-dadau i?

A.J. Ddim o gwbl. Er bod yr enw Jenkins yn enw cyffredin, mae 'na bosibiliadau eraill. Mae enwau bedydd yn rhedeg mewn teuluoedd, a mae'n bosibl olrhain achau oddi wrth y rheini. Beth oedd enw eich hen-famgu?

David Letitia Hawis Shankin.

A.J. Ardderchog! Ydy'r enw Colwyn yn golygu rhywbeth i chi?

David Dyna enw canol 'nhadcu! Sut gwyddech chi hynny?

A.J. Roedd yr enwau Letitia a Hawis yn enwau ar ferched teulu Siencyniaid Ynyswen, a roedd Colwyn yn enw ar un o'r teulu. Fe gafodd e'r stad gan yr Arglwydd Rhys. Roedd Colwyn yn ŵyr iddo. Mae'n amlwg felly eich bod chithe yn perthyn i'r teulu 'ma.

David Pam rydych chi'n dweud "chithe"?

A.J. Arthur Colwyn Jenkins yw'n enw llawn i. Rydyn ni'n dau yn perthyn i'r un cyff!

Fe ges i 'nal	*I got caught*	y gallech chi	*that you could*
Pont Hafren	*Severn Bridge*	'yn helpu i	*help me*
Fe fyddech		falle gallwn i	*perhaps I could*
chi'n siŵr	*You'd be sure*	mae'n ddigon	
o gael eich		tebyg	*it's quite likely*
dal	*to be caught*	gwybod i	*know that*
cryn dipyn	*a good bit*	nifer	*number*
teithio	*travel*	Siencyniaid	*the Jenkinses*
Pe baswn i yn	*If I were you* (lit.	plas	*"place", mansion*
eich lle chi	*in your place)*	ymfudo	*emigrate*
Fe fyddwn i		y buon nhw'n	
wedi dod	*I would have come*	byw ynddo	*in which they lived*
Caerloyw	*Gloucester*	adfeilion	*ruins*
gwaed	*blood*	gwaetha'r	*the more the pity*
Cymreig	*Welsh* (used as an	modd	
	adjective)	perchennog	*owner*
Coleg Iesu	*Jesus College*	Fe werthwyd y	*The estate was*
y byddwn i'n		stad	*sold*
ymuno	*that I would join*	(a) oedd yn byw	*who lived*
Mae arna i		cyffredin	*common*
ddyled	*I owe a debt*	Ddim o gwbl	*Not at all*
hen-dadcu	*great-grandfather*	enw-au bedydd	*Christian* (lit.
(hen-hen-	*great-great-)*		*baptismal)*
yr ardal 'ma	*this area*		*name-s*
o'r enw	*of the name, called*	olrhain	*trace*
cyfaill y mae ei	*a friend whose*	golygu	*to mean, edit*
deulu'n dod	*family comes*	mae'n amlwg	*it's evident,*
mai chi yw	*that you are* (lit.		*obvious*
	that it is you	gan	*from*
	who is)	yr Arglwydd	*(the) Lord*
yr awdurdod	*the greatest*	chithe	*you too*
penna	*authority* (lit.	perthyn	*to belong*
	head-est)	yr un	*the same*
achau	*family tree(s)*	cyff	*stock, lineage*

Useful words and phrases

How to:

1 *Apologise for being late.*
Mae'n ddrwg gyda fi 'mod i'n hwyr.

2 *Say what was done to you.*
Fe ges i 'nal yn y traffig.

3 *Talk about hypothetical situations.*
Pe baswn i yn eich lle chi . . . .

19.1 Cywir neu anghywir? Ail-ysgrifennwch y brawddegau anghywir yn gywir.

(*a*)   Fe gafodd David ei ddal yn y traffig ar Bont Llundain.
(*b*)   Fe benderfynodd David y bydde fe'n dysgu Ffrangeg.
(*c*)   David yw awdurdod penna'r ardal ar achau.
(*d*)   Fe gafodd Colwyn y stad gan yr Arglwydd Rhys.

19.2   Atebwch:

(*a*)   Pwy oedd yn chwarae yn erbyn Cymru?
(*b*)   Beth ddigwyddodd i blas Siencyniaid Ynyswen?
(*c*)   Pam oedd yr enw Colwyn yn golygu rhywbeth i David?
(*d*)   Pwy oedd yn perthyn i'r un cyff?

How Welsh works

1   How to say *I would, I could,* etc.

(*a*)   *I would . . .*

These forms, usually used in polite requests, were introduced in **Uned 10.**

> Hoffech chi ddod gyda fi?   *Would you like to come with me?*

The verb **bod** *to be* may be inflected in this way (stem **bydd-**) and used

(*i*)   as a main verb
Fe **fyddech** chi'n siŵr o gael eich dal (**byddech**)   *You'd (would) be sure to get caught*

(*ii*)   as an auxiliary to the main verb
Fe **fyddwn** i wedi dod ar hyd yr A48   *I would have come along the A48*

Fyddech chi'n hoffi dod gyda fi? could be used as an alternative to **Hoffech chi ddod gyda fi?**

The conditional (*would*) tense of **bod** follows the pattern of **Hoffwn i**, etc, in **Uned 10.**

Fe fyddwn i	*I would*	Fe fydden ni	*we would*
Fe fyddet ti	*you would*	Fe fyddech chi	*you would*
Fe fydde fe	*he/it would*	Fe fydden nhw	*they would*
Fe fydde hi	*she/it would*	Fe fydde'r plant	*the children would*

The radical forms **Byddwn i, bydde fe**, etc. are mutated after **Fe.**

The question forms are **Fyddwn i?** *Would I?* **Fyddet ti?**, etc. Note that *Yes* answers to questions beginning **Fyddet ti?**, etc. revert to the appropriate radical forms, e.g.,

Fyddet ti'n hoffi/lico dod gyda fi?   Byddwn   *Would you like to come with me? Yes (I would)*

The negative forms are **Fyddwn i ddim** *I wouldn't*, etc.
Fyddwn i ddim yn meddwl hynny   *I wouldn't think so*

Useful expressions

Fyddech chi mor garedig â chau'r drws?   *Would you be so kind as to close the door?*
Fyddech chi gystal ag agor y ffenest?   *Would you be so kind as to open the window?*   Wrth gwrs *(Yes) of course*

In colloquial speech, by analogy with the vowel **-e-** in the other endings, **Fe fyddwn i** is often heard as **Fe fydden i.**

(*b*)   *I could . . .*

Gallu *to be able, "can"* follows the above pattern.

Fe allwn i	*I could*	Fe allen ni	*We could*
Fe allet ti	*You could*	Fe allech chi	*You could*
Fe alle fe/hi	*He, she/it could*	Fe allen nhw	*They could*

Note that **Falle** *perhaps* is derived from **Fe alle fod** *It could be*.

The interrogative forms follow the usual pattern, **Allwn i?** *Could I?* **Allet ti?** *Could you?*, etc. But note that here again, the affirmative answer uses the radical form: **Gallwn** *Yes, I could*, **Gallen** *Yes we could*, etc. The negative answer is, of course, mutated: **Na allwn** *No, I couldn't*, etc. So too is the form in the negative statement. **Allwn i ddim** *I couldn't*, **Allet ti ddim** *You couldn't*, etc.

> Allwn i ddim cofio ei enw e *I couldn't remember his name*

The radical forms appear when there is no cause for mutation, e.g. after **y** *(that)* or **falle**.

> Fe ddwedodd e **y** gallech chi 'yn helpu i *He said that you could help me*
> **Falle** gallwn i *Perhaps I could*

19.3 P'un yw'r ymateb (*response*) cywir?

1 Fyddech chi'n hoffi dod i de?
(*a*) Os oes lle gyda chi.
(*b*) O'r gore. Diolch yn fawr.
(*c*) Fe fydden ni'n falch i fynd.

2 Fydde drws yr ysgol ar agor, sgwn i?
(*a*) Fydden ni yno mewn pryd?
(*b*) Fe fydd y ffenestri ar agor.
(*c*) Bydde.

3 Allech chi ddod gyda ni?
(*a*) Rydyn ni'n mynd i siopa.
(*b*) Fe fyddwn ni'n barod am saith o'r gloch.
(*c*) Gallen.

4 Alle Gareth bostio'r llythyr 'ma i fi?
(*a*) Galle, ar ei ffordd i'r ysgol.
(*b*) Diolch yn fawr am eich llythyr.
(*c*) Mae'r post ar sgwâr y dre.

2   How to say *If . . .*

There are two words in Welsh for *if*:
 (i)   **Os**, used with the Present, Future and Past tenses.

> **Os** oes annwyd arnoch chi, fe fydde'n well i chi aros yn y gwely   *If you've got a cold, you'd better stay in bed*

> **Os** daw'r haul allan, fe awn ni am dro *If the sun comes out, we'll go for a walk*

> **Os** daeth eich cyn-dadau o Ynyswen. *If your fore-fathers came from Ynyswen . . .*

(ii)   **Pe**, used when the fulfilment of the condition has an element of doubt or improbability, and followed by the Subjunctive (usually that of the verb *to be*). The distinction between **os** and **pe** constructions is similar to the distinction between *If I am* and *If I were* in English.

> **Os** ydw i'n frenin   *If I am king*
> **Pe** baswn i'n frenin   *If I were king* (highly improbable)

So too with **Pe baswn i yn eich lle chi** *If I were you* (but I can never be you).

The complete tense is as follows (using the stem **bas-** and adding the regular endings of the Imperfect.)

Pe baswn i	*if I were*	Pe basen ni	*if we were*
Pe baset ti	*if you were*	Pe basech chi	*if you were*
Pe base fe/hi	*if he/she/it were*	Pe basen nhw	*if they were*

Note that (*i*)   **os** and **pe** do not cause mutation.
          (*ii*)   *If I were not* is **Pe baswn i ddim**.

In colloquial speech, **Pe baswn i**, etc. are shortened to

'swn/sen i	*if I were*	'sen ni	*if we were*
'set ti	*if you were*	'sech chi	*if you were*
'se fe/hi	*if he/she/it were*	'sen nhw	*if they were*

These shortened forms are widely used both in North and South Wales. More formal Welsh has a variety of forms for the subjunctive, e.g. **pe bawn i**, **petawn i**, etc, which need not concern us here, except to note that there are some derivative forms in current use, such as **fel petai/pe bai** *as it were* and **ond bai (am)** *were it not (for)*.

When the subjunctive is used in the conditional clause, there is a tendency to use it, by analogy, in the main clause as well. The vicar in the dialogue might have told David were he to speak more informally,

> **'Sen i'**n dy le di, 'sen i wedi dod ar hyd yr A48 *If I were you,' I'd have come along the A48*

19.4 Complete the following sentences, using the clues given in brackets, e.g. Pe baset ti yma (wedi ei weld e) Pe baset ti yma, fe faset ti wedi ei weld e.

(*a*) Pe base digon o arian gyda fi (mynd i Awstralia).
(*b*) Pe basech chi yma ddoe (gallu gweld y ffilm).
(*c*) Pe base digon o amser gyda fe (sgrifennu nofel).
(*d*) Pe base hi ddim mor dew (gallu gwisgo ei hen siwt nofio).

3 Emphatic constructions using 'mai' *that*

The way in which words or phrases can be emphasised by placing them at the beginning of the sentence has already been introduced (see **Uned 9**). In reported speech, the conjunction used to join such clauses together (*that* . . .) is not **fod** but **mai**.

> Chi yw'r awdurdod penna ar hanes yr ardal 'ma (Emphasis on **CHI**) YOU *are the foremost authority on the history of this area*

> Fe ddwedodd e wrtho i **mai chi** yw'r awdurdod penna . . . *He told me* (lit. *said to me) that YOU are the foremost authority* . . .

> Fe welodd e **mai Ynyswen** oedd y "Nissen" 'ma. *He saw that this "Nissen" was Ynyswen* (lit. *that Ynyswen was* . . .)

In South Wales, **taw** is generally used instead of **mai**. Both forms are grammatically acceptable.

> Pwy oedd cyn-dadau David Shankin? Mae'r ficer yn siŵr **mai/ taw Siencyniaid Plas Ynyswen** oedden nhw *Who were*

David Shankin's forefathers? The vicar is sure (that) they were the Jenkinses of Plas Ynyswen

Mae pawb yn gwybod **taw Caerdydd** yw prif-ddinas Cymru *Everyone knows that Cardiff is the capital of Wales*

The literary negative conjunction *that . . not* is **nad**, but in speech **mai nid** is more frequent.

Rwy'n gwybod **nad/ mai nid** dydd Sadwrn yw hi heddi   *I know (that) it isn't Saturday today*

19.5   Put the following into reported speech after **Rwy'n gwybod**

(*a*)   Yn y Dwyrain Canol mae'r perygl mwya i heddwch.
(*b*)   Iechyd yw'r peth pwysica.
(*c*)   Yn Affrica mae'r Pyramidiau.
(*d*)   Annwyd sy ar Mair.

4   Adverbial phrases of time, place and manner

Phrases such as *Two years ago*, *last Sunday*, *at home*, *hand in hand*, are mutated, e.g.

Fe werthwyd y stad ddwy flynedd yn ôl   *The estate was sold two years ago*

Fe bregethodd y ficer ddwy waith yn yr eglwys ddydd Sul diwetha   *The vicar preached in (the) church twice last Sunday*

Fe aeth Gareth a Lisa am dro i ben y mynydd law yn llaw *Gareth and Lisa went for a walk to the top of the mountain hand in hand*

Ddim o gwbl *not at all*

Words such as **gartre**, *at home* (from **cartre**), **ddoe** (from **doe** *yesterday*), **bob dydd** and **weithiau** (from the plural of **gwaith** (f) *time*) always occur in their mutated form, according to this rule.

5   How to say that something is/was done to you, etc. or The Passive

(a)   In the present

When something is done to someone or something (known as the Passive Voice in grammar) Welsh uses the verb **cael** where English uses the verb *to be* or sometimes, colloquially, *to get*.

> Rwy'n **cael** 'y nhalu bob dydd Gwener   *I am/get paid every Friday*

This construction is quite similar to the normal sentence in Welsh

> Rwy'n **cael** 'y nhâl bob dydd Gwener (**tâl** *wages*)   *I get my wages/pay every Friday*

The possessive adjective agrees with the person that 'suffers' the action.

> Mae'r bachgen yn cael ei gosbi   *The boy is getting/being punished* (lit. *getting his punishment*)

The person who performs the action is preceded by **gyda** or **gan**:

> Mae'r bachgen yn cael ei gosbi **gyda'i/gan ei** dad   *The boy is being punished by his father*

(b)   In the past

In the dialogue, David apologises to Arthur Jenkins saying **Fe ges i 'nal yn y traffig**   *I got caught in the traffic.*

Geni *to be born* is Passive in both Welsh and English.

> Ble cawsoch chi eich **geni**? (lit. *Where did you have your birth?*) *Where were you born*?
> Fe ges i 'ngeni yn Ynyswen   *I was born in Ynyswen*

The past tense of *to be born*:

Fe ges i 'ngeni	*I was born*	Fe gawson ni ein geni	*We were born*

Fe gest ti dy eni	*You were born*	Fe gawsoch chi eich geni	*You were born*
Fe gafodd e ei eni	*He was born*	Fe gawson nhw eu geni	*They were born*
Fe gafodd hi ei geni	*She was born*	Fe gafodd y plant eu geni	*The children were born*

Fe **gafodd** Handel ei eni yn 1685   *Handel was born in 1685*

Beth am Bach a Scarlatti? Chawson nhw mo'u **geni** yn yr un flwyddyn?   *What about Bach and Scarlatti? Weren't they born in the same year?*

Do. Fe gafodd Bach a Scarlatti eu **geni** yn yr un flwyddyn â Handel   *Yes. They were born in the same year as Handel (was)*

Fe gafodd y Beibl ei gyfieithu gynta i'r Gymraeg yn 1588   *The Bible was first translated into Welsh in 1588*

The link word **wedi** is used in the past tense.

Mae popeth **wedi** cael ei anghofio nawr   *Everything has been forgotten now*

Ydych chi **wedi** cael eich gweld gyda'r/gan y meddyg?   *Have you been seen by the doctor?*

In more formal Welsh, the verb is inflected. The Passive ending of the verb in the past is **-wyd**. We have already met this form in **Uned 13** where Edgar says

Ganwyd fi yn Llundain   *I was born in London*

a more formal and literary way of saying

Fe ges i 'ngeni.

The Present and Future form of the impersonal is **-ir**. Notices are frequently couched in this way.

Siaredir Cymraeg yma   *Welsh is spoken here*

Ni chaniateir cŵn ond cŵn y dall   *No dogs allowed except guide dogs* (lit. *dogs of the blind*)

This is a style much favoured by news bulletins.

Fe gynhaliwyd cyngerdd yn neuadd Ynyswen neithiwr, ond ar ôl y cyngerdd fe losgwyd y neuadd i'r llawr   *A concert was held in Ynyswen hall last night, but after the concert the hall was burnt to the ground*

19.6 Rewrite these sentences using **cael**, e.g. Gwerthwyd y tŷ.
Mae'r tŷ wedi **cael** ei werthu . . .

(*a*) Prynwyd y siop.
(*b*) Collwyd y llyfyr.
(*c*) Talwyd y pris.
(*d*) Caewyd yr ysgol.
(*e*) Anghofiwyd y plant a'r hen bobol.

6 Further uses of 'wedi'

The past passive construction is often used to describe what
something is /was made of.

> Mae'n tŷ newydd ni wedi cael ei neud o bren *Our new house
> has been made of wood*

The verb **cael** can be omitted

> Mae'n tŷ newydd ni wedi ei neud o bren
> O beth mac cich tŷ chi wedi ei neud? O bren *Of what is your
> house made? Of wood*

Wedi ei with the infinitive can function as an adjective. In speech,
the last vowel of **wedi** and **ei** coalesce, giving **wedi'i** + infinitive
(mutated if necessary).

Bara **wedi'i** sleisio	*sliced bread*
Wŷ **wedi'i** ferwi	*a boiled egg*
Cig moch **wedi'i** ffrio	*fried bacon*
Bwyd **wedi'i** rewi	*frozen food*

Wŷ and **bwyd** in the above examples are both masculine, so that **ei**
will be followed by the Soft Mutation.

7 *Whose?* and . . . *whose* . . .

The interrogative *Whose?* is **pwy**, inserted after the noun it refers
to. **Car pwy yw hwn?** *Whose car is this?* The answer, as well as the
question, follows the genitive construction (see **Uned 4**):

> Car John yw e *It's John's car*

This pattern is followed in such phrases as

Llun beth yw hwn?   *What is the picture of?*
Llun Ynyswen yw e   *It's a picture of Ynyswen*

Whose, which introduces a clause which tells us something more about the noun to which it refers, i.e has the function of an *adjective, is* **y** followed later in the phrase by the possessive adjective, **ei** or **eu**. The possessive adjective agrees with its antecedent in number and gender.

Mae gyda fi gyfaill **y** mae **ei** deulu e'n dod o'r ardal 'ma   *I have a friend whose family comes from this area*

Mrs Jones yw'r wraig 'na **y** mae **ei** gŵr yn rheolwr y banc   *Mrs Jones is that woman whose husband is the bank manager*

Mae'r plant **y** mae **eu** tadau allan o waith yn cael cinio am ddim   *The children whose fathers are out of work have their dinner free* (lit. *for nothing*)

The **y** is usually left out in speech.

8 *In which, on which*, etc.

The house in which I was born, or the house which I was born in.

In a sentence such as this, the preposition usually comes at the end of the phrase or sentence. But since a simple preposition is said to be 'a bad word to end a sentence with' in Welsh (as in many other languages) it must assume a personal form (or be turned into an adverb). The relative pronoun *which* is **y/yr**, often omitted in speech. Note that the personal form of the preposition will agree in number and gender with the noun to which it refers.

Dyma'r tŷ **y** ces i 'ngeni ynddo fe   *This is the house in which I was born* (lit. *This is the house I was born in it*)

Ynddo (fe) is used because **tŷ** is masculine.

Another way to express *in which* is to use **lle** (lit. *the place where*):

Dyma'r tŷ **lle** ces i 'ngeni.

The *in/to/through which* phrase is inserted in the middle of the sentence:

Mae'r tŷ **y** buon nhw'n byw ynddo fe yn adfeilion nawr   *The house in which they lived is in ruins now*

Mae'r ysgol **yr** oedden ni'n mynd iddi hi wedi ei chau nawr
The school we used to go to (to which we used to go) is closed now

Iddi (hi) is used because **ysgol** is feminine.

Mae'r caeau **yr** oedden ni'n mynd drwyddyn nhw i'r ysgol, yn stadau tai *The fields through which we used to go to school are housing estates*

Drwyddyn nhw is used because **caeau** is plural.

19.7 Insert the correct form of the personal preposition in each of the following sentences.

(*a*) Mae'r tŷ y tales i arian mawr (am . . .) wedi mynd ar dân.
(*b*) Mae'r twnel yr oedd y trên yn mynd (drwy . . .) wedi cwympo mewn.
(*c*) Mae'r fflat yr oeddwn i'n bwriadu symud mewn (i . . .) wedi ei gwerthu.
(*d*) Mae'r wraig yr oeddwn i'n siarad (am . . .) wedi symud.
(*e*) Mae'r eglwys y bydd y ficer yn pregethu (yn . . .) y Sul nesa ar ben y mynydd.

9 Idioms with '-i-'

(a) Another way of saying 'that . . .'

That introducing an adjective clause is usually **bod** or **fod**, e.g.

Rwy'n gwybod **fod** nifer o deulu Plas Ynyswen wedi ymfudo i Ganada *I know that a number of the family of Plas Ynyswen emigrated to Canada*

The vicar of Ynyswen in his conversation with David uses an alternative construction which has the same meaning. (This use of **i** is, however, confined to the past tense.)

Rydw i'n gwybod **i** nifer o deulu Plas Ynyswen ymfudo i America.

If **i** refers to a pronoun it will take the personal form – **i fi**, **i ti**, **iddo fe**, **iddi hi**, etc.

Rwy'n gwybod **iddo fe** gysylltu â'r Swyddfa Gymreig ynghylch y mater *I know that he contacted the Welsh Office concerning the matter*

Maen nhw'n dweud **iddi hi** redeg milltir mewn llai na phum munud *They say that she ran a mile in less than five minutes*

Fe glywes i **iddyn nhw** ennill gwobr heddwch Nobel *I heard that they won the Nobel peace prize*

19.8 Rewrite the following sentences using the **-i-** construction instead of **bod**.
(*Note* Personal pronouns cause Soft Mutation.)

(*a*) Glywest ti 'y mod i wedi ennill y wobr?
(*b*) Mae'n amlwg eu bod nhw wedi ymarfer am oriau cyn y gêm.
(*c*) Wyddoch chi ein bod ni wedi dysgu Cymraeg mewn chwe mis?
(*d*) Mae'n debyg eich bod chi wedi clywed y stori o'r blaen.
(*e*) Gobeithio eich bod chi wedi mwynhau eich gwyliau.

(*b*) *In a direct command, as in English*

Rydych chi **i** ddod ar unwaith *You are to come at once*
Maen nhw **i** neud eu gwaith cartre heno, nid nos yfory *They are to do their homework tonight, not tomorrow night.*

(*c*) *After an indefinite noun to denote possession*

Mae Lisa yn ferch **i** Mr a Mrs Meredew *Lisa is a daughter of Mr and Mrs Meredew*

(*d*) *With nouns to form compound prepositions*

i lawr	*down*	(from **llawr** *floor* lit. *to the floor*)
i fyny	*up*	(from **mynydd** *mountain*)
i ffwrdd	*away*	(from **ffordd** *way*)

and mainly in S.Wales

(i) bant	*away*	(from **pant** *hollow*)
(i) mas	*out*	(from **maes** *meadow, field*)
(i) lan	*up*	(from **glan** *bank*, but probably from the old meaning of hill)

(e) Used as a preposition after certain verbs

Diolch **i** chi   *Thank you*
Rwy'n gofyn **i** chi am ddod   *I'm asking you to come*
Gadewch **i** fi eich helpu chi   *Let me help you*
Rhowch y llyfr 'na **i fi**   *Give me that book*

And after other verbs like **disgwyl i** *to expect*, **llwyddo i** *to succeed in*, **perthyn i** *to belong to, be related to*, e.g.

Mae David Shankin yn **perthyn** o bell **i** Arthur Jenkins   *David Shankin is distantly related* (lit. *from afar*) *to Arthur Jenkins*

(f) After certain adjectives, e.g. **yn debyg i** *like*

Mae hi'n edrych **yn debyg i** law   *It looks like rain*
Mae e**'n debyg i**'w (*or* idd i) dad   *He's like his father*

And in the idiom **Beth am i ni . . .** *What if we . . .*

Beth am i ni fynd am dro?   *What if we go for a walk/What about going for a walk?*

10 Idioms with 'ar'

(a) To owe a debt

I owe can be expressed in several ways:
  (i) Rydw i mewn dyled o . . . i (lit. *I am in debt of . . . to*):

Rydw i mewn dyled o ganpunt i John   *I owe John a hundred pounds*

  (ii) Mae arna i . . . (lit. *there is on me . . . to . . .*):

Mae arna i ganpunt i John   *I owe John a hundred pounds*
Mae arna i ddyled fawr i'r dosbarth 'na   *I owe a great debt to that class*

The personal forms of **ar** agree with the debtor.

Mae **arnoch** chi bum punt i fi am y tocynnau   *You owe me five pounds for the tickets*

19.9　Work on your financial position from the following:

(*a*)　Mae arna i drigain punt i John ond mae ar John ddeugain punt i fi.

(*b*)　Mae ar Mari ddeg punt i fi ond mae arna i saith punt iddi hi.

(*c*)　Mae ar Emrys chwe chant o bunnoedd i fi ond mae arna i dri chant iddo fe.

(*d*)　Mae ar Mair a Gwyneth ddeg punt i fi ond mae arna i ddeuddeg punt iddyn nhw.

(b)　**Ar** *is also found in idioms such as the following:*

ar werth	*for sale*	ar dân	*on fire*
ar gau	*closed*	ar wahân	*apart*
ar agor	*open*	ar frys	*in a hurry*
ar goll	*lost*	ar glo	*locked*
ar ben	*finished*	ar ddi-hun	*awake*
ae draws	*across*	ar gyfer	*for, intended for*
ar gael	*available*	ar fai	*at fault*

and in such phrases as:

Mae'n brysur arno i　*I'm busy*
Mae'n braf arnoch chi!　*You're lucky/It's nice for you!*

(c)　**Ar** *about to*

Fe ganodd y ffôn pan oeddwn i **ar** fynd i'r gwely　*The phone rang as I was about to go to bed*

Darllen a deall

The inhabitants of Ynyswen have gathered to celebrate Dydd Gŵyl Dewi (St David's Day). This year three of the cultural societies are celebrating special anniversaries – the male voice choir, the Welsh Women's League and the drama society. The guest speaker is the vicar, the Rev. Arthur Jenkins. The chairman, Dr Prys, calls for silence.

Dr. Prys   Tawelwch, os gwelwch yn dda. Diolch yn fawr. Rwy 'nawr yn galw arnoch chi i godi. Ein llwnc-destun yw Dewi Sant.

Pawb   Dewi Sant!

Dr. Prys   Fel y gwyddoch chi mae'r dathlu 'ma eleni yn ddigwyddiad pwysig iawn yn hanes yr ardal. Yn ogystal â dathlu gŵyl ein nawdd sant, rydyn ni hefyd yn dathlu pen-blwydd tair cymdeithas bwysig yn yr ardal. Mae Merched y Wawr yn dathlu eu pen-blwydd yn ugain oed, y Cwmni Drama yn bymtheg oed a'r Côr Meibion yn hanner cant! Llongyfarchiadau i chi i gyd!

Cymeradwyaeth (*Applause*)

A nawr, mae'n bleser gyda fi alw ar ein gŵr gwadd heno, ficer y plwyf, y Parchedig Arthur Jenkins, i siarad â ni. Does dim angen i fi ei gyflwyno fe i chi. Yn ogystal â bod yn weinidog da, mae e'n hanesydd ac yn awdurdod ar achau'r plwyf. Heno, mae e'n mynd i siarad â ni ar un o'i hoff destunau, sef "Gwreiddiau". Rhowch groeso iddo fe.

(Cymeradwyaeth)

Rev. Jenkins   Diolch yn fawr i chi, Dr Prys, am eich geiriau caredig. Rwy wedi dewis y testun 'ma heno i siarad amdano am nifer o resymau. Yn gyntaf – does dim byd yn fwy pwysig i genedl na chofio ei gorffennol . . . Mae'n destun amserol iawn i ddau ddyn ifanc sy wedi dod draw aton ni o America i chwilio am eu hachau, hynny yw, i chwilio am eu gwreiddiau. Fe ddaeth David Shankin, o Ganada, sy yma gyda ni heno

(Cymeradwyaeth)

draw gydag ychydig o wybodaeth, ond llawer o frwdfrydedd, a chael ei fod e'n perthyn i un o deuluoedd mwyaf enwog yr ardal. Fe ddaeth dyn ifanc arall, Gareth ab Owain, draw ar wyliau o'r Unol Daleithiau i chwilio am ei wreiddiau ynte, ac wedi darganfod, nid yn unig ei wreiddiau ond gwraig hefyd!

(Cymeradwyaeth)

Fe fydd e a Lisa yn priodi ddydd Lun y Pasg nesa yn hen eglwys fach y plwyf ar ben y mynydd, lle priodwyd ei dadcu a'i famgu, a'i hen-dadcu a'i hen-famgu, ac yn ôl am genedlaethau lawer. A fel aelod o deulu'r Siencyniaid 'yn hunan, mae'n dda gyda fi weld fod, ac y bydd, y teulu yn ffynnu yma yn ein gwlad ni, yng Nghanada, ac yn America, ac ar draws y byd i gyd.

llwnc destun	*toast*	**brwdfrydedd**	*enthusiasm*
testun(-au)	*subject(s)*	**cael**	*to find*
digwyddiad	*happening, event*	**enwog**	*famous*
yn ogystal â	*as well as*	(from **enw** *name*)	
gŵr gwadd	*guest of honour*	**darganfod**	*to discover*
(from **gwahodd** *to invite*)		**cenedlaeth(-au)**	*generation(s)*
gwreiddiau	*roots*	**ffynnu**	*to flourish*
amserol	*timely*		
(from **amser**)			

Dewiswch yr ateb cywir.

1 Y llwnc-destun yw (*a*) priodas Lisa a Gareth.
　　　　　　　　　　(*b*) pen-blwydd y Côr Meibion.
　　　　　　　　　　(*c*) Dewi Sant.

2 Mae'r (*a*) Côr
　　　　(*b*) Cwmni Drama
　　　　(*c*) Merched y Wawr
yn dathlu eu pen-blwydd yn ugain oed.

3 Mae'r ficer yn siarad (*a*) am Ddewi Sant.
　　　　　　　　　　　(*b*) am wreiddiau.
　　　　　　　　　　　(*c*) am y plwyf.

4 Fe fydd Lisa a Gareth yn priodi (*a*) ar ddydd Gŵyl Dewi.
　　　　　　　　　　　　　　　(*b*) ar ddydd Llun y Pasg.
　　　　　　　　　　　　　　　(*c*) ar ddydd Nadolig.

5 Mae'r testun yn amserol

   (*a*)   am fod Gareth a David wedi darganfod eu gwreiddiau.

   (*b*)   am fod Gareth a Lisa yn mynd i briodi.

   (*c*)   am fod Gareth a David yn hedfan yn ôl i America gyda'i gilydd.

Appendix 1 Regional Differences

There are two main areas of dialect in Wales, generally referred to as 'North' and 'South', separated by a broad 'band' rather than a line, running through Mid Wales. The following are the main differences:

1 The use of individual words

Here are a few of the most common:

South Wales	North Wales	English
allwedd	agoriad	*key*
bant	i ffwrdd	*away*
bord	bwrdd	*table*
cer	dos	*go!*
dere	tyrd	*come!*
dou	dau	*two*
fe, e	fo, o	*he, him*
gallu	medru	*to be able*
gyda, da	efo	*with*
idd i/u	i'w	*to his/her/their*
llefen	crio	*to cry*
mam-gu	nain	*grandmother*
mas	allan	*out*
menyw	dynes	*woman*
merch	geneth	*girl*
moyn	eisiau	*to want*
nawr	rwan	*now*
pert	del	*pretty*
shwd	sut	*how, what kind of*
tad-cu	taid	*grandfather*
taw	mai	*that it is/was*

2   *The chief phonetic differences*

This is the pronunciation of **u**. In S. Wales this is pronounced '*ee*', but in N. Wales, especially in Gwynedd, it is produced further back in the mouth. In S. Wales, the endings **-ai** and **-au** are pronounced as **-e**, as in **llyfre** for **llyfrau**, **gore** for **gorau**, **hoffe** for **hoffai**, etc. In Gwynedd there is a tendency to turn **-au** and **-ai** into **-a**, e.g. **llyfra** for **llyfrau**, **bydda** for **byddai**, etc. S. Wales dialects turn the diphthong **ae** into **a** (long '*ah*' sound), e.g. **ca** for **cae** (*field*) and **ma** for **mae**; and the diphthong **oe** into (long) **o** as in **o'dd** for **oedd** and **ô's** for **oes**.

3   *The construction with 'gan'*

In N. Wales a modified form of the construction with **gan** denoting possession is used. **Gan**, like a number of other simple prepositions in Welsh, has personal forms, and for that reason it has been set aside in this book in favour of **gyda**, which has none. Here are the forms of **gan** used in speech in N. Wales:

Mae plant gen i.	*I have children.*
Oes plant gen ti?	*Have you* (fam.) *any children?*
Mae car gynno fo.	*He has a car.*
Does dim car gynni hi.	*She hasn't a car.*
Mae gardd fawr gynnon ni.	*We have a big garden.*
Oes gynnoch chi gi?	*Have you a dog?*
Mae gynnyn nhw ddigon o arian.	*They have enough money.*

Note that as with **gyda**, the object possessed can come before or after **gan**.

4   *The verb 'ddaru'*

N. Wales speech uses the verb **ddaru** (from **darfod**) to express the past tense:

(Mi) ddaru i mi fynd.	*I went* (S. Wales: Fe es i)
(Mi) ddaru i ti fynd.	*You went*

(Mi) ddaru iddo fo fynd.	*He went* (S. Wales: Fe aeth e, Fe ath e)
mi ddaru iddi hi fynd.	*She went*
i ni fynd.	*We went*
i chi fynd.	*You went*
iddyn nhw fynd.	*They went*

This is a very useful construction, which makes it possible to express all the tenses which are concerned with time only – present, past and future – by means of auxiliary verbs.

These differences should not cause the learner any great difficulty. Most languages have some dialectic differences and quite a number of people (especially school children) are bilingual within their own language, using the form or dialect which is most appropriate to the situation. Ease of communication and contact between N. Wales and S. Wales have made the dialects mutually accepted and understood.

Appendix 2   How to translate *have*

The word *have* in English has four distinct meanings. These have to be differentiated when translating into Welsh (and other languages too):

1   *To have*, i.e. *to possess*, is translated into Welsh by using **gyda:**

> *I have a dog*   Mae ci **gyda** fi (or (N. Wales) Mae ci gen i).
> *They have a lot of money.*   Mae llawer o arian **gyda** nhw.
or   Mae **gyda** nhw lawer o arian.

2   *To have*, i.e. *to get, to receive*. In Welsh, **cael:**

> Rydw i'n **cael** brecwast bob borc.   *I have breakfast every morning.*
> Fe **gawson** nhw gaws i swper.   *They had cheese for supper.*

3   *To have* used as an auxiliary verb, e.g. *I have gone, he has been caught.*

> *He has gone home* (present perfect tense).   Mae e **wedi** mynd adre.
> *They have run away.*   Maen nhw **wedi** rhedeg i ffwrdd.

The *have been* of the passive, or impersonal forms in Welsh is **wedi cael:**

> *They have been caught* (present passive).   Maen nhw **wedi cael** eu dal.

4   *To have to*, i.e. *compelled to*, e.g. *I have to, I must*; in Welsh the idiom with **rhaid** is used:

> *I have to* (*I must*) *go.*   **Rhaid** i fi fynd.
> *He had to leave* (past).   Roedd **rhaid** iddo fe adael.
> *She will have to go* (future).   Fe fydd **rhaid** iddi hi fynd.

Appendix 3   Gender

Nouns in Welsh are either masculine or feminine, e.g. **ci, y ci,** *the dog,* is masculine, **cadair, y gadair,** *the chair,* is feminine. Learn the gender of a new noun by putting the article before it, as most feminine singular nouns will mutate after **y** or **'r.** If a noun cannot mutate, e.g **ffenest,** *window,* its gender can be memorised by putting a common adjective after it, e.g. **ffenest fawr,** *a big window,* **stafell fach,** *a small room.*

Nouns which are masculine

(i)   The names of male beings, e.g. **ewyrth,** *uncle,* **saer,** *carpenter.*

(ii)   The points of the compass; the seasons; the months of the year; the days of the week and the more popular Church festivals – **y Nadolig,** *Christmas,* **y Pasg,** *Easter,* etc.

(iii)   Aspects of the weather (**y tywydd**) are generally masculine: **Gwynt,** *wind,* **glaw,** *rain,* **cesair,** *hail,* **eira,** *snow,* **iâ,** *ice,* **rhew,** *frost,* **oerni,** *cold,* **gwres,** *heat.*

(iv)   The *sun,* **haul,** and *day,* **dydd** or **diwrnod,** are masculine, but *night,* **nos,** *moon,* **lleuad** or **lloer,** and *star,* **seren** are feminine.

(v)   Food and liquid refreshment are masculine: **bara, caws, menyn, cig; dŵr, te, coffi, llaeth, cwrw,** *beer,* **gwin,** *wine* (and other liquids e.g. *petrol,* **olew,** *oil*).

(vi)   Metals, materials and fuels are masculine, e.g. **aur,** *gold,* **arian,** *silver* (or *money*), **haearn,** *iron;* **gwlân,** *wool,* **brethyn,** *cloth;* **glo,** *coal,* **trydan,** *eletricity,* **nwy,** *gas,* etc.

(vii)   Vehicles, e.g. **car, bws, trên, cwch,** *boat,* are masculine (but **llong,** *ship,* **awyren,** *aeroplane* and **lori** are feminine).

(viii) Verb-nouns are usually masculine, e.g **canu da,** *good singing.*

(ix)   The liquid measures **peint, chwart, galwyn** are masculine.

Nouns which are feminine

(i)   Money is feminine: **ceiniog,** *penny,* and **punt,** *pound,* e.g. **ceiniog, y geiniog, dwy geiniog,** *2p*; **punt, y bunt, dwy bunt,** *£2.*

(ii)   Linear measurement: **modfedd,** *inch,* **llathen,** *yard,* **milltir,** *mile.*

(iii)   Vegetables and trees, e.g. **taten,** *potato*; **derwen,** *oak.*

(iv)   Most popular musical instruments are feminine, e.g. **organ, ffidil, telyn, y delyn,** *harp*; but **piano** is masculine in S. Wales.

(v)   Highways and byways, e.g. **heol, ffordd** *road,* **trafffordd,** *motorways,* **rheilffordd,** *railway,* **pont,** *bridge,* **stryd,** *street,* and **taith, y daith,** *journey*; but **llwybr** is masculine, as in **llwybr cyhoeddus,** *public path,* and so is **pafin** or **palmant,** *pavement.*

(vi)   Modes of entertainment, e.g. **cyngerdd,** *concert,* **noson lawen** (a popular concert in which everyone joins in), **eisteddfod, sinema, opera, drama** (together with **theatr,** *theatre,* and **neuadd,** *hall*), **ffilm, dawns,** *dance,* **ffair,** *fair,* **gŵyl,** *festival,* **cân,** *song,* **stori,** *story,* **rhaglen,** *programme,* **nofel,** *novel.* Some examples of **gwers,** *lesson,* **darlith,** *lecture,* and even **pregeth,** *sermon,* have been known to have provided *entertainment*! But **radio** and **teledu,** *television,* are masculine.

Further observations

Parts of the body are fairly evenly distributed, e.g. **tafod,** *tongue,* is masculine, but **ceg,** *mouth,* is feminine. **Llygad,** *eye,* **clust,** *ear* and **troed,** *foot,* are masculine in some dialects and feminine in others. And so, naturally, is **cusan,** *kiss.*

In the matter of clothing, **cap, crys,** *shirt,* **trowsus,** *trousers,* and **botwm,** *button,* are masculine, and **het,** *hat,* **ffrog,** *frock,* **sgert,** *skirt,* and **gwisg,** *dress,* are feminine, and so too are **hosan,** *stocking,* **esgid,** *boot* or *shoe.* Cutlery is feminine – **cyllell,** *knife,* **fforc, llwy,** *spoon,* and so is **soser**; but **plât,** *plate,* and **cwpan,** *cup,* are masculine.

Mynydd, *mountain,* **bryn,** *hill,* **cwm** and **dyffryn,** *valley,* are masculine, but **afon,** *river,* and **nant,** *stream,* or *brook,* are feminine.

Time oscillates regularly. **Awr,** *hour,* is feminine; **dydd** or

diwrnod, *day*, is masculine. **Wythnos,** *week*, is feminine, **mis,** *month*, is masculine, and **blwyddyn (y flwyddyn),** *year*, is feminine. (**Eiliad,** *second*, and **munud,** *minute*, may be either masculine or feminine according to dialect.)

Words ending with the following are generally masculine:

-der   -iad   -yn
-ydd   -wr   -wch

Words with the following endings are usually feminine:

-fa and **-fan   -eg   -aeth**
-en (except for **bachgen,** *boy*, **halen,** *salt*, **angen,** *need*, and **capten,** *captain*, **pren,** *wood*, and **pen,** *head*).

Appendix 4   Complete table of mutations

Initial *or* Radical	Soft (Voiced)	Nasal	Aspirate (*or* Fricative)
C	G	Ngh	Ch
P	B	Mh	Ph
T	D	Nh	Th
G	—	Ng	
B	F	M	None
D	Dd	N	
M	F		
Ll	L	None	None
Rh	R		

Examples after possessive adjectives *his, my, her*:

	His . . . (SM)	My . . . (NM)	Her . . . (AM)
car (*car*)	ei gar e	'y nghar i	ei char hi
pen (*head*)	ei ben e	'y mhen i	ei phen hi
teulu (*family*)	ei deulu e	'y nheulu i	ei theulu hi
gardd (*garden*)	ei ardd e	'y ngardd i	ei gardd hi
bag (*bag*)	ei fag e	'y mag i	ei bag hi
desg (*desk*)	ei ddesg e	'y nesg i	ei desg hi
mam (*mother*)	ei fam e	'y mam i	ei mam hi
llaw (*hand*)	ei law e	'yn llaw i	ei llaw hi
rhestr (*list*)	ei restr e	'yn rhestr i	ei rhestr hi

(SM = Soft Mutation   NM = Nasal Mutation
AM = Aspirate Mutation.)

Appendix 5　The mutation system

There are three broad areas in which mutation applies, all of which overlap to such an extent that it seems impossible to draw a firm line of demarcation between them. These areas are (1) 'gender' mutations involving the feminine singular noun; (2) 'contact' or 'liaison' mutations caused by the effect of certain words on others; and (3) 'function' or 'structure' mutations which occur because of the particular function of a word or phrase in the grammatical structure of a sentence.

In the following classification, the word 'mutation' refers to the Soft Mutation unless otherwise stated.

1　Gender mutation

(*a*)　A feminine singular noun will mutate after the definite article **y**, **yr** or **'r** (*the*), e.g.: **merch**, *girl*, **y ferch**, *the girl*, **cadair**, *chair*, **y gadair**, *the chair*, **yr ardd**, *the garden*.

(*b*)　A similar mutation occurs after **un**, *one*, e.g. **un ferch**, *one girl*, **un gadair**, *one chair*, **ceiniog**, *a penny*, **un geiniog**, *one penny*.

Words beginning with **ll** and **rh** are exceptions to both (*a*) and (*b*) in North Wales: **llaw**, *hand*, **y llaw**, **un llaw**; **rhaw**, *a spade*, **y rhaw**, **un rhaw**.

(*c*)　A feminine singular noun will mutate a following adjective or noun functioning as an adjective, e.g.

mawr	*big*	**y ferch fawr**	*the big girl*
pert	*pretty*	**y ferch bert**	*the pretty girl*
llawen	*happy*	**y ferch lawen**	*the happy girl*

Noson lawen (Lit. *a happy evening*) is the name given to a typical Welsh 'get-together'.

Note that **ll** and **rh** are not exceptions to this rule. But there are a few exceptions, e.g. **noson braf,** *a fine evening/night,* **nos da,** *good night* and **wythnos diwetha,** *last week.*

(**Braf** is a word borrowed from the English *brave* and is impervious to mutations. The combination of **s** and **dd** as in **nos dda** has turned to **sd**.)

The converse of the above rules will be useful to a student. If a noun mutates after **y, yr** or **'r,** or after **un,** and/or if it mutates a following word, it is feminine singular. The place name **Penybontfawr,** for example, provides two clues to the gender of **pont,** *bridge* — **y bont** and **bont fawr; pont** is therefore obviously feminine.

2 Contact (or liaison) mutations

After possessive adjectives *my, his, her,* etc.

(*i*) **Fy, 'y** or **'yn,** *my, me,* causes Nasal Mutation:

'y nghar i ydy hwnna.   *That's my car.*
Mae e'n 'y ngweld i bob dydd.   *He sees me every day.*

(*ii*) **Ei,** *his, him,* and **dy,** *your, you,* are followed by the Soft Mutation, e.g.

ei blant e   *his children*
dy deulu di   *your* (fam.) *family*

Dydy hi ddim yn ei ddeall e. Ydy hi yn dy ddeall di?
She doesn't understand him. Does she understand you?

(*iii*) **Ei,** *her,* causes Aspirate Mutation (C/CH, P/PH, T/TH), e.g. **car,** *car,* **ei char hi,** *her car,* **plant,** *children,* **ei phlant hi,** *her children,* **teulu,** *family,* **ei theulu hi,** *her family*:

Rydw i'n ei chlywed hi'n canu o'r pen arall i'r stryd.
I hear her singing from the other end of the street.

Pronouns

(*i*) Personal pronouns, e.g. **fi, fe, chi,** etc. mutate words that follow, e.g.:

Fe weles **i dd**amwain.	*I saw an accident.*
Rhaid iddo **fe f**ynd.	*He must go.*

(This **fe** is also the **fe** of the affirmative marker and both forms cause the same mutation.)

Nei **di d**e?	*Will you make tea?*
Fe hoffe **hi dd**od.	*She'd like to come.*
Fe gawn **ni g**offi.	*We'll have coffee.*
Mae arnoch **chi b**unt i fi.	*You owe me a pound.*
Mae gyda **nhw** ardd fawr.	*They have a large garden.*

(Exception: **pwy**, e.g. Welest ti **pwy** oedd e?   *Did you see who he was?*)

(*ii*)   Interrogative pronouns, together with **Pan**, **Pa**, **Pwy?**, *Who?*, *Whom?*:

Pwy **dd**aeth â'r plant?	*Who brought the children?*
Pwy weloch (*or* welsoch) chi?	*Who(m) did you see?*

Beth?, *What?*:

Beth weloch chi?	*What did you see?*
Beth **dd**igwyddodd?	*What happened?*

Faint?, *How much, how many?*:

Faint **d**aloch chi?	*How much did you pay?*
Faint **dd**aeth?	*How many came?*

Note that **faint** does not mutate a following *adjective*:

Faint gwell wyt ti?	*How much better (off) are you?*

Pa, *What?*:

Pa ddiwrnod ydy hi heddiw?	*What day is it today?*
I ba goleg mae e'n mynd?	*(To) what college does he go (to)?*

A number of interrogative expressions have been formed by combining **pa** with nouns, e.g.:

pa + lle   > pa le > p'le > ble: *what place, where*?
pa + peth   > pa beth > beth: *what things, what . . .*?
pa + maint > pa faint > faint: *what size, how much/many*?

Ble, **beth** and **faint** are now 'fixed' mutated forms and cannot undergo further mutation, e.g. **i ble?**, *to where, where to?*, **i beth?**, *what for?*

In S. Wales speech, **pwy** has supplanted **pa:**

Pwy lyfr?   *What book?*
O bwy sir rydych chi'n dod?   *From what county do you come?*

Prepositions

(*i*)   The following prepositions are followed by the Soft Mutation:

am   am ddau o'r gloch   *at two o'clock*
          am geiniog neu ddwy   *for a penny or two*
          Rydw i am fynd   *I want to go, I'd like to go*

(But note – **am byth**, *for ever*, where **byth** withstands mutation: **Cymru am byth**, *Wales forever*.)

ar   ar ben y mynydd   *on top of the mountain*

Note also place names such as Pontardawe, lit. *The bridge on the Tawe* (river), *Pontarddulais* (Dulais), *Pontargothi* (Cothi), etc.

at   at ddrws y tŷ   *to the door of the house*
dros dros ben y to   *over the rooftop*
          dros ben   *extra, over, very*
drwy Fe aethon nhw drwy ganol y dre.
          They went through the middle of the town.
          Fe ddaeth ymlaen drwy waith caled
          He came on through (by) hard work.
gan   Fe ges i'r llyfr 'ma gan frawd 'nhad.
          I had this book from my father's brother.
i   Rwy'n mynd i gael cinio.
          I'm going to have dinner.
          Rwy'n mynd i Gaerdydd.
          I'm going to Cardiff.
wrth Fe gwrddwn ni wrth glwyd yr eglwys.
          We'll meet by the gate of the church.
          Fe gwrddes i â Gareth wrth ddod nôl.
          I met Gareth while coming back (when I came back).

o   O Gaergybi i Gaerdydd.
From Holyhead to Cardiff (the Welsh equivalent of 'from Land's End to John o' Groats').

hyd   Fe aeth yr eisteddfod ymlaen hyd ddau o'r gloch yn y bore.
The eisteddfod went on until two o'clock in the morning.

heb   Fe ddes i nôl o Lundain heb geiniog yn 'y mhoced.
I came back from London without a penny in my pocket.
Rydw i heb godi eto.
I haven't got up yet (lit. *I'm without getting up*).

dan   Fe gawson ni bicnic dan goed yr ardd.
We had a picnic under the trees of the garden.

(*ii*) **Yn,** 'in', is followed by the Nasal Mutation:

Maen nhwn'n byw yng nghanol y dre.
They live in the middle of the town.

Caerdydd; yng Nghaerdydd   *in Cardiff.*

(There is a tendency in many areas to use the Soft Mutation rather than the Nasal after **yn** e.g.: **yn Gaerdydd, yn Gaer** (*Chester*) **yn Gaernarfon**, etc., and even not to mutate T and D at all, e.g. **yn Tonypandy, yn Dowlais**.)

(*iii*) The Aspirate Mutation which formerly occurred after **â,** *with,* **gyda,** *together with* and **tua,** *towards,* and which is still observed in written Welsh, is generally omitted in speech:

â chyllell *or* â cyllell	*with a knife*
gyda chyfaill *or* gyda cyfaill	*with a friend*
tua Chaerdydd *or* tua Caerdydd	*towards Cardiff*

The Aspirate Mutation after **a**, *and*, also tends to disappear, except in phrases such as **bara 'chaws**, *bread (and) cheese*.

Dyma, *here's;* **Dyna**, *there's;* **Dacw**, *there's*

Dyma fachgen deallus.   *Here's an intelligent boy.*
Dyna waith da.   *That's good work.*
Dacw dŷ Mr Rhys, i fyny ar y mynydd.
There's Mr Rhys' house, up on the mountain.

Yma, *here*, **yna**, *there* and **acw**, *yonder*, are frequently followed by mutation, and can be included in this category. They often appear in their abbreviated form **'ma, 'na**:

Mae 'na lyfrau yn y cwpwrdd.
There are books in the cupboard.
Roedd 'na ddyn o'r enw John Jones yn byw yma.
There was a man of the name of (i.e. *called*) *John Jones living here.*

Acw is often used idiomatically for *our house:*

Mae acw ddigon o lyfrau. Dewch acw i de.
There are enough books in our house. Come to our house to tea.

Numbers

We have already seen how **un** mutates a feminine (but not a masculine) noun. **Dau**, *two*, before a masculine noun and **dwy**, *two* before a feminine noun both cause mutation.

bachgen	dau fachgen	merch	dwy ferch
cant (*100*)	dau gant	ceiniog	dwy gciniog (*2p*)

The ordinal **ail**, *second*, mutates both genders, e.g. **yr ail fachgen**, *the second boy*, **yr ail ferch**, *the second girl*, **yr ail ganrif ar bymtheg** *the seventeenth century*. The feminine forms of the ordinals are **y drydedd, y bedwaredd** etc., e.g.

y drydedd ganrif	*the third century*
y bedwaredd ganrif ar bymtheg	*the nineteenth century*

Note the mutation of the feminine forms of the ordinals after *the*. The masculine numeral **tri**, *three*, and the numeral **chwe** will cause Aspirate Mutation, but in speech this is mainly reserved for **cant** and **ceiniog:**

tri chant	*three hundred*
chwe chant	*six hundred*
chwe cheiniog	*six pence*

Some intensifiers

rhy	Mae hwn yn **rhy** fawr.	*This is **too** big.*
lled	Mae'r trowsus yn **lled** hir.	*The trousers are **rather** long.*

go	**Go** dda!	*Quite good!*
pur	Mae e'n **bur** wael heddiw.	*He's **quite** ill today.*
mor	Rydych chi **mor** garedig!	*You're so kind!*

Miscellaneous words

(*i*) **neu**, *or*:

> Te neu goffi?   *Tea or coffee?*
> Gwyn neu ddu?   *White or black?*
> Canu neu ddawnsio?   *Singing or dancing?*

(*ii*) **Pan**, *when* (*not* the interrogative):

> Pan ddaeth e adre, fe aeth e yn syth i'r gwely.
> *When he came home, he went straight to bed.*

(*iii*) **Mor**, *as,* and **cyn**, *as* (used in comparison):

> Mae e bron mor dal â'i dad.
> *He is almost as tall as his father.*
> Roedd ei hwyneb hi cyn wynned â'r galchen.
> *Her face was as white as (the) limestone.*

Exception: words beginning with **ll** and **rh**:

> Roedd hi mor llawen â'r gog.
> *She was as happy as the cuckoo.*

The simile **cyn rhated â dŵr,** *as cheap as water*, has now unfortunately become outmoded!

(*iv*) **Dau** and **dwy** after **y**: Both **dau** and **dwy** are mutated after **y**, *the* (or **'r**):

> Y ddau frawd a'r ddwy chwaer
> *The two brothers and the two sisters.*
> Roedd y ddau ohonyn nhw yno.
> *Both* (lit. *the two*) *of them were there.*

(*v*) The 'fixed' mutation of **dde**, *right* (side):
> o'r dde i'r chwith   *from right to left*

(*vi*) Mutation after **sy**, *which is* (for **sy'n**):

> P'un sy ore?   *Which is best?*
> P'un sy well gyda chi?   *Which do you prefer?*

(*vii*) **Nos . . ., . . .** *night*: **Nos** mutates the nights of the week: **Nos Lun**, *Monday night*, **Nos Fawrth** *Tuesday night*, **Nos Fercher**, *Wednesday night*, **Nos Wener**, *Friday night*. This is the remnant of an older system of mutation which has no parallel in modern Welsh.

3 Functional or 'structural' mutations

(*a*)   Nouns and adjectives after the 'link' word **yn**:

Mae Gareth yn fachgen tal.	*Gareth is a tall boy* (noun).
Mae Gareth yn dal.	*Gareth is tall* (adjective).

and also the **yn** which turns an adjective into an adverbial expression:

Fe redodd e'n gyflym.	*He ran quickly.*
Rwy'n gobeithio'n fawr y daw e.	*I hope very much that he will come.*

Exceptions: words beginning with **ll** and **rh**:

Mae hon yn rhaglen dda.	*This is a good programme.*
Mae e'n llenor da.	*He is a good man-of-letters/ literature.*

In colloquial speech, these 'exceptions' are made to conform to the general rule, e.g.

Mae e'n lenor da

(*b*)   The affirmative markers **Fe** or **Mi** (N. Wales): these were once pronouns (see Section 2, 'pronouns', above).

Fe brynes i ddau lyfr.	(*from* **prynu** *to buy*)
I bought two books.	(*past tense*)
Fe bryna i un arall fory.	
I'll buy another one tomorrow.	(*'decision' future*)
Fe allwn i fynd yn eich lle chi.	
I could go instead of you.	(*conditional*)
Fe fydda i adre fory.	
I shall be home tomorrow.	(*simple future*)

(*c*) The interrogative marker: the Soft Mutation is the sole interrogative marker in spoken Welsh:

> Welest ti fe? Naddo.   (*from* **gweld** *to see*)
> *Did you see him? No.*
> Gawsoch chi fwyd?   (*from* **cael** *to have*)
> *Did you have/Have you had food?*
> Allwch chi ddod heno?   (*from* **gallu** *to be able*)
> *Can you come tonight?*

(*d*) The negative marker: the Soft Mutation is the first marker of the negative with verbs beginning with **g, b, d; ll, m, rh**.

> Weles i mono fe.
> *I didn't see him/it.*
> Alla i mo'ch talu chi heddi.
> *I can't pay you today.*
> Ddaeth e ddim? Naddo, ddaeth neb   (*from* **dod** *to come*)
> *Didn't he come? No, no one came.*
> Fwynheuodd neb y trip.   (*from* **mwynhau** *to enjoy*)
> *No one enjoyed the trip.*

Verbs beginning with **c, p, t**, take the Aspirate Mutation (C/CH, P/PH, T/TH):

> Chlywes i neb.   (*from* **clywed** *to hear*)
> *I heard no one. I didn't hear anybody.*
> Chysges i ddim winc.   (*from* **cysgu** *to sleep*)
> *I didn't sleep a wink.*
> Phariff e ddim.   (*from* **para** *to last*)
> *It/he won't last.*
> Thalodd e ddim.   (*from* **talu** *to pay*)
> *He didn't pay.*

There is a marked tendency in colloquial speech for this mutation to be replaced by the Soft Mutation, by analogy with words beginning with **g, b, d** etc.

> Glywes i neb.   *I heard no one.*

(*e*) Expressions of time, place and manner.

Time: Some words have a 'fixed' mutation, e.g. **ddoe** (from **doe**) *yesterday*, and **gynt** (from **cynt**), *formerly, née*; and expressions of time, especially those containing **yn ôl**, *ago*, e.g.:

Ddwy flynedd yn ôl, fe ddaethon nhw i fyw yma.
Two years ago, they came to live here.
Roedd e yma ddwy funud yn ôl.
He was here two minutes ago.

(It may be argued, of course, that the latter is a mutation after **yma** – it could well be.) So too:

dri mis yn ôl	*three months ago*
bythefnos yn ôl	*a fortnight ago*
ddydd ar ôl dydd	*day after day*
lawer gwaith	*many times*
bob dydd	*every day*
bob tro	*every time*
bob bore	*every morning*

Place: expressions of place like the 'fixed' mutation of **gartre,** *at home,* from **cartre,** *home*:

Rydyn ni'n byw **dd**wy filltir o'r dre.
We live two miles from the town.

Manner: in phrases such as

law yn llaw	*hand in hand*
fraich ym mraich	*arm in arm*

(*f*) As a mode of address (the vocative case in Latin):

Dewch i mewn, **b**awb.	*Come in, everybody.*
Bore da, blant.	*Good morning, children.*

This mutation may be due to a hypothetical **O!** (**O blant,** *O children*) or a hypothetical **Chi!,** *You* (as in) **Chi blant,** *You children.* So too:

Foneddigion a boneddigesau! (*from* **Boneddigion**)
Gentlemen and Ladies! (Note the order in Welsh)
Gyfeillion, Rufeinwyr, Gyd-wladwyr! (**Cyfeillion,** *friends*)
Friends, Romans, countrymen!
Frodyr a chwiorydd! (**Brodyr,** *brothers*)
Brothers (or *brethren*) *and sisters!*

(*g*) Most adjectives which precede nouns cause Soft Mutation:

hen ŵr	*an old man*
hen gastell	*an old castle*

hen gastell mawr	*a big old castle*
hen, hen gastell	*an old, old castle*, or *a very old castle*

Other words that are followed by mutation are **holl**, *all*, **ychydig**, *a little*, **ambell**, *an occasional*, **rhyw**, *some (thing)*, **unrhyw**, *any* e.g.:

Edrychwch ar yr holl waith sy gyda fi i neud.
Look at all the work I have to do.
Mae e'n mynd allan ambell dro/waith.
He goes out occasionally.

(*h*) *Who*: The relative pronoun. The mutation is the marker of the relative pronoun **a**, *who*, which is generally omitted in speech:

Fe weles i'r dyn (a) **dd**aeth i mewn.
*I saw the man **who** came in.*
Dyna'r dyn (a) weles i'n dod allan o'r banc.
That's the man (whom) I saw coming out of the bank.

This mutation is also found in emphatic constructions:

Pwy ddaeth i mewn? Aled a Gwen (a) ddaeth i mewn.
Who came in? (It was) Aled and Gwen (who) came in.

(*i*) Nouns, which can be substituted for the pronouns in Section 2 'Pronouns' (*i*) and (*ii*) above will be followed by the Soft Mutation.

Fe weles i **dd**amwain.	Fe welodd Tom **dd**amwain.
I saw an accident.	*Tom saw an accident.*
Rhaid iddo fe **f**ynd.	Rhaid i'r dyn **f**ynd.
He must go.	*The man must go.*
Naiff hi **d**e?	Naiff Gwen **d**e?
Will she make tea?	*Will Gwen make tea?*
Fe hoffe hi **dd**od.	Fe hoffe Megan **dd**od.
She'd like to come.	*Megan would like to come.*
Mae arno fe **b**unt i fi.	Mae ar Tom **b**unt i fi.
He owes me a pound.	*Tom owes me a pound.*
Mae gyda nhw **ar**dd fawr.	Mae gyda'r bobl drws nesa ardd fawr.
They have a large garden.	*The people next door have a large garden.*
Pwy **dd**aeth â'r plant?	Ann **dd**aeth â'r plant.

Who brought the children? *Ann brought the children.*
Beth weloch chi? Damwain welon ni.
What did you see? *We saw an accident.*

As a *general* rule, nouns will mutate verbs that follow them.

Examples of words that never undergo mutation

There are some words whose initial letters never mutate in speech:

(*a*) Words that have already been mutated, e.g. **gyda**, *with*, **gan**, *with*, **dros**, *over*, **drwy**, *through*, **dan**, *under*; **ble**, *where* and **beth**, *what*; **gilydd**, as in **ei gilydd**, *each other*.

(*b*) Words borrowed from English, especially those beginning with **g**, e.g. **gêm**, *game*, **golff**, *golf*:

Beth am gêm o golff? *What about a game of golf?*

(*c*) Place- and personal names that are not Welsh or have no Welsh versions, e.g. **i** Birmingham, but **i Gaergrawnt,** *to Cambridge*.

(*d*) Miscellaneous words such as **mor,** *as, so*, and **mae,** *he, she, it is*; **pan,** *when*:

Fe es i pan ddaeth e. *I went when he came.*

Words which do not cause mutation

1. **Y** and **'r** before masculine and plural nouns; **un** before a masculine noun; masculine and plural nouns before adjectives.

2. The interrogatives **ble**, **pryd**, **pam** (and **sut** before a verb).

3. **Llawer,** *many* (**llawer mam**, *many a mother*); **digon**, *enough* (**digon gwir**, *true enough*); **pob**, *every* (**pob dyn**, *every man*); **sawl**, *(how) many a* (**sawl poteled o laeth?** *How many a bottle, i.e. bottles, of milk?*); **peth** *some quantity of* (**peth llaeth**, *some milk*).

4. Prepositions such as **cyn**, *before* (**cyn cinio**, *before dinner*); **ar**

ôl, wedi, *after* (**ar ôl/wedi cinio,** *after dinner*); **rhwng,** *between* (**rhwng te a swper,** *between tea and supper*); **mewn,** *in a* . . . (**mewn munud,** *in a minute*); **fel** *like* (**fel tân,** *like fire*). And conjunctions such as **os** and **pe,** *if*:

Os dewch chi.	*If you come.*
Pe basech chi yma.	*If you were (had been) here.*

5.   Words in possessive constructions, e.g. **cap bachgen,** *a boy's cap*, **plant cymydog,** *a neighbour's children.*

6.   *Comparative* forms of adjectives before nouns, e.g. **gwell dyn,** *a better man*; **cystal gwraig,** *as good/so good a wife.*

7.   The numbers **tair, pedair,** (feminine) and all numbers beyond **chwech,** e.g. **naw cant,** *nine hundred.*

8.   Words following the infinitive or 'verb-noun', e.g. **hoffi coffi,** *to like coffee.*

Exceptions: adverbials such as **fwya, leia, ore,** e.g.:

Beth wyt ti'n hoffi fwya? leia? ore?
What do you like most? least? best?

9.   Verbs following **rhaid** in impersonal constructions, e.g. **rhaid mynd,** *one must go.*

10.   Verbs following **yn** and **wedi: yn canu,** *singing*, **wedi bwyta,** *having eaten.*

Exception: **yn** and **wedi** in emphatic sentences. (See Unit 17.)

11.   There is no mutation after **Mae, oes** and **dim,** e.g.:

Mae car o flaen y tŷ.	*There is a car in front of the house.*
Oes plant gyda chi?	*Have you (any) children?*

Note well the difference between these two sentences:

Fe alla i **weld** y tŷ ffarm.	*I can see the farm-house.*
Alla i **ddim gweld** y tŷ ffarm.	*I can't see the farm-house.*

12.   The indefinite subject of a verb is not mutated, e.g.:

Fe redodd **b**achgen i mewn i'r ystafell.
A boy ran into the room.

Note the difference between these sentences:

> Fe gododd gwraig i siarad.   *A woman got up to speak.*
> Fe gododd **y** wraig i siarad.   ***The** woman got up to speak.*

In the latter, **gwraig** mutates to **wraig** after the definite article, **y**, which causes mutation of feminine singular nouns.

13. The more literary impersonal forms ending in **-ir**, **-id** and **-wyd** do not mutate the word that follows, e.g.:

> Fe welir llawer o bobl ar lan y môr yn yr haf.
> *Many people are seen at the seaside in (the) summer.*
> Fe ddaliwyd lladron yn dwyn arian o'r banc.
> *Thieves were caught stealing money from the bank.*

14. The possesive (or 'first genitive') pronouns and 'object pronouns', **ein . . . (ni)**, *our, us,* with nouns, e.g.: **ein plant ni**, *our children*; **eich . . . (chi)**, *Your, you,* e.g. **eich tŷ chi**, *your house*; and **eu car nhw**, *their car.*

With verbs:

> Maen nhw'n ein gweld ni bob dydd.   *They see us every day.*
> Dydw i ddim yn eich deall chi.   *I don't understand you.*
> Ydych chi'n eu clywed nhw?   *Do you hear them?*

Key to the Exercises

Uned 1

1.1 (*a*) Rydw i'n dysgu Cymraeg. (*b*) Americanwr ydw i. (*c*) Rydw i'n deall Cymraeg – tipyn bach! (*d*) Rydw i'n hoffi'r enw Gareth. **1.2** (*a*) Ydych chi'n siarad Cymraeg? (*b*) Ydych chi'n hoffi teledu? (*c*) Ydych chi'n mwynhau teledu? **1.3** (*a*) Ydych chi'n deall Cymraeg? (*b*) Ydych chi'n siarad Saesneg? (*c*) Ydych chi'n siarad Ffrangeg? (*d*) Ydych chi'n dysgu Sbaeneg? (*e*) Ydych chi'n mwynhau dysgu Cymraeg? **1.4** (*a*) Beth yw'r gair Cymraeg am 'Spanish'? (*b*) Beth yw'r gair Cymraeg am 'French'? (*c*) Beth yw'r gair Cymraeg am 'Englishwoman'? (*d*) Beth yw'r gair Cymraeg am an 'American'? (*e*) Beth yw'r gair Cymraeg am 'to enjoy'? Sbaeneg yw'r gair Cymraeg am 'Spanish'. Ffrangeg yw'r gair Cymraeg am 'French'. Saesnes yw'r gair Cymraeg am 'Englishwoman'. Americanwr/Americanes yw'r gair Cymraeg am an 'American'. Mwynhau yw'r gair Cymraeg am 'to enjoy'. **1.5** (Aled's part remains constant) (*a*) George yw'n enw i. Sais ydw i. Saesneg rydw i'n siarad/Rydw i'n siarad Saesneg. (*b*) Hazel yw'n enw i. Saesnes ydw i. Saesneg rydw i'n siarad/ Rydw i'n siarad Saesneg. (*c*) Hiram yw'n enw i. Americanwr ydw i. Saesneg rydw i'n siarad/Rydw i'n siarad Saesneg. (*d*) Yan yw'n enw i. Llydawr ydw i. Llydaweg rydw i'n siarad/Rydw i'n siarad Llydaweg. (*e*) Ewan yw'n enw i. Albanwr ydw i. Gaeleg rydw i'n siarad/Rydw i'n siarad Gaeleg. **1.6** *Across* 1 Cymraeg 2 Gareth 3 Bore 4 Enw 5 Lisa 6 O *Down* 1 Croeso.

Darllen a deall

(*a*) He's a policeman. (*b*) Siôn Edwards. (*c*) Eryl, Parc y Bryn, Ynyswen (*d*) Welsh (*e*) He replied to her bilingual greeting in Welsh.

Uned 2

2.1 (*a*) Cywir. (*b*) Mae Lisa'n dod o Lincoln. (*c*) Cywir. (*d*) Mae e'n dysgu yn yr Ysgol Gyfun. (*e*) Mae Sioned yn mynd i'r Ysgol Gymraeg yn y pentre. **2.2** (*a*) Mae Gareth yn dod o Wisconsin. (*b*) Mae e'n mwynhau dod i Ynyswen. (*c*) Mae'r teulu'n hoffi byw yn Ynyswen. (*d*) Mae Lisa'n gweithio yn y dre. (*e*) Rydyn ni'n hoffi mynd i Aberystwyth. **2.3** (1) (*d*). (2) (*a*). (3) (*b*). (4) (*e*). (5) (*c*). **2.4** (*a*) Mae'r plant yn yr eglwys. (*b*) Ydy'r gŵr yn gweithio yn y dre? (*c*) Ydych chi'n hoffi'r haf? (*d*) Ydy'r plant yn mwynhau'r teledu? **2.5** (*a*) Mae'r plant yn y capel. (*b*) Mae'r gŵr yn y gwely. (*c*) Mae'r ficer yn yr eglwys. (*d*) Rydw i'n mwynhau'r haf. (*e*) Mae John yn dysgu Almaeneg yn y coleg yn Heidelberg. **2.6** Rydw i'n hoffi'r crys coch 'ma. (*b*) Ydych chi'n mwynhau'r eisteddfod 'ma? (*c*) Ydych chi'n prynu'r gwin gwyn 'ma? (*d*) Ga i edrych ar y sgertiau gwyn 'na yn y ffenest, os gwelwch yn dda? (*e*) Rydyn ni'n mwynhau dysgu Cymraeg yn y dosbarth 'ma. **2.7** (*a*) 3. (*b*) 4. (*c*) 2. (*d*) 5. (*e*) 1. **2.8** (*a*) e. (*b*) e. (*c*) hi. (*d*) e. (*e*) hi. **2.9** (*a*) yw. (*b*) Mae. (*c*) rydych. (*d*) mae. (*e*) maen.

Darllen a deall

1 (*a*) Terence Smith. 2 (*b*) O Nottingham. 3 (*c*) Gŵr a gwraig a bachgen a merch. 4 (*b*) Gwerthu llaeth.

Uned 3

3.1 (*a*) Mae Gwen yn agor y drws i Gwyneth. (*b*) C=Cywir. (*c*) Mae Geraint y (yn) neud coffi. (*d*) Dydy hi ddim yn wyntog. (*e*) C. **3.2** (*a*) Nag ydy. (*b*) Nag ydy. (*c*) Ydy. (*d*) Yn y gegin. (*e*) Nag ydy. **3.3** 1 Rydw i'n hoffi opera ond dydw i ddim yn hoffi theatr. 2 Rydw i'n hoffi radio ond dydw i ddim yn hoffi teledu. 3 Rydw i'n hoffi darllen ond dydw i ddim yn hoffi garddio. 4 Rydw i'n hoffi coginio ond dydw i ddim yn hoffi gweu. 5 Rydw i'n hoffi cael bath ond dydw i ddim yn hoffi cael cawod. 6 Rydw i'n hoffi chwarae golff ond dydw i ddim yn hoffi chwarae tenis. **3.4** (*a*) Eisteddwch yma, os gwelwch yn dda. (*b*) Agorwch y parsel i fi, os gwelwch yn dda. (*c*) Ewch ai unwaith i'r ysbyty, os gwelwch yn dda. (*d*) Cerddwch yn dawel, os gwelwch yn dda. **3.5** (*a*) Peidiwch â mynd i'r gwely nawr. (*b*) Peidiwch ag arafu nawr. (*c*) Peidiwch â phoeni am yr ardd. (*d*) Peidiwch â brysio. (*e*) Peidiwch ag edrych ar y cloc. **3.6** (*a*) Ydy. Mae'r tywydd yn dwym iawn heddi. (*b*) Ydy. Mae John yn edrych yn hen iawn. (*c*) Ydy. Mae'r capel yn fach iawn. (*d*) Ydy. Mae'r lle'n dawel iawn.

Darllen a deall

1 (*c*). 2 (*c*). 3 (*b*). 4 (*c*). 5 (*b*).

Uned 4

4.1 (*a*) C. (*b*) Mae tri banc yn y pentre. (*c*) Mae Swyddfa'r Post yn agor am naw o'r gloch yn y bore. (*d*) Mae eglwys y plwyf i fyny ar y mynydd. (*e*) Mae bws i'r dre bob dwy awr. **4.2** (*a*) Oes. Mae tri banc yn y pentre. (*b*) Mae Swyddfa'r Post ar sgwâr y pentre. (*c*) Mae hi'n cau am chwech. (*d*) Bob dydd Mercher. (*e*) Nag oes. (*f*) Bob dwy awr. **4.3** (*a*) Oes toiledau yma? (*b*) Oes cloc ar yr eglwys? (*c*) Oes siopau yn y Stryd Fawr? (*d*) Oes plisman ar y sgwâr? (*e*) Oes bws i'r pentre? **4.4** *Masculine*: tŷ, carped, llawr, cwpwrdd, cornel, lle (tân), cloc, piano. *Feminine*: stafell, ffenest, cadair, lolfa. **4.5** Rydw i'n feddyg. Rydw i'n beiriannydd. Rydw i'n ffarmwr. Rydw i'n wraig tŷ. Rydw i'n athro. Rydw i'n athrawes. Rydw i'n brifathro. Rydw i'n gigydd. Rydw i'n deipyddes. Rydw i'n sgrifenyddes. Rydw i'n weinidog. Rydw i'n bensaer. Rydw i'n ddyn/ŵr busnes. Rydw i'n wraig fusnes. Rydw i'n filfeddyg. Rydw i'n gyfrifydd. **4.6** Cigydd. **4.7** (*a*) Oes banc yma? (*b*) Oes milfeddyg yma? (*c*) Oes meddyg yma? (*d*) Oes gweinidog/ficer yma? (*e*) Oes cigydd yma? **4.8** (*d*). **4.9** (*a*) Ble mae marchnad y pentre? (*b*) Ble mae arch-farchnad y dre? (*c*) Ble mae eisteddfod y pentre? (*d*) Ble mae eglwys Llantrisant? (*e*) Ble mae coffi John? (*f*) Ble mae bws yr ysgol? (*g*) Ble mae tŷ Mrs Morgan? (*h*) Ble mae teulu Mrs Morgan? (*i*) Ble mae ysgol y pentre? (*j*) Ble mae sgwâr y dre? **4.10** (*a*) Dora. (*b*) Tomos Morgan. (*c*) Bowen. (*d*) Gwyn Bowen. (*e*) Athro ysgol yw e. **4.12** (*a*) Pedwar deg pedwar. (*b*) Pedwar deg pedwar. (*c*) Naw deg wyth. (*d*) Cant. (*e*) Cant. **4.13** (*a*) Mae e'n chwe deg tri. (*b*) Mae e'n ddau ddeg wyth. (*c*) Mae hi'n chwe deg un. (*d*) Mae e'n bump. (*e*) Mae hi'n ddau ddeg chwech.

Darllen a deall

1 (*c*). 2 (*b*). 3 (*b*). 4 (*c*). 5 (*a*).

Uned 5

5.1 (*a*) C. (*b*) Mae Gwyn yn bedair blwydd oed. (*c*) Mae'r plant yn hoff o hufen iâ. (*d*) C. (*e*) Mae basged Mrs Penri yn rhy fach. **5.2** (*a*) Mae Mair yn ddwy flwydd a hanner. (*b*) Maen nhw'n blant hyfryd. (*c*) Hanner dwsin. (*d*) Oes. (*e*) Nag oes. **5.3** (*a*) Oes car newydd gyda chi? (*b*) Oes nwy gyda chi yn y tŷ? (*c*) Oes meicrodon gyda chi? (*d*) Oes syniad gyda chi? **5.4** (*a*) Gyda pwy mae'r llyfr? (*b*) Gyda pwy mae'r hufen iâ? (*c*) Gyda pwy mae'r car? (*d*) Gyda pwy mae'r ci? (*e*) Gyda pwy mae'r gerddoriaeth? **5.5** (*a*) O Gaernarfon i Gaerdydd. (*b*) O Brestatyn i Bontypridd. (*c*) O Drawsfynydd i Donypandy. (*d*) O Lanyrafon i Lyn Ceiriog. (*e*) O Fangor i Frynaman. (*f*) O Ddolgellau i Ddeganwy. (*g*) O Lanelli i Lundain. (*h*) O Fanceinion i Forgannwg. (*i*) O Rydychen i Raeadr. **5.6** (*a*) Ydych chi'n hoff o gaws Caerffili? (*b*) Ydych chi'n hoff o fynd i'r Eisteddfod Genedlaethol? (*c*) Mae'r gath yn hoff o ddod gyda ni i'r pentre. (*d*) Mae Geraint yn hoff o yrru'r car. (*e*) Dydy e ddim yn hoff o waith. **5.7** (*a*) Oes, mae digon o betrol gyda fi. (*b*) Oes, mae digon o arian gyda fi. (*c*) Oes, mae digon o rosynnau gyda fi yn yr ardd. (*d*) Oes, mae digon o datws gyda fi yn yr ardd. (*e*) Oes, mae digon o de gyda fi yn y cwpwrdd. **5.8** (*a*) Ydych chi eisiau rhagor o datws? (*d*) Ydych chi eisiau rhagor o gig? (*c*) Ydych chi eisiau rhagor o foron? (*d*) Ydych chi eisiau rhagor o goffi? **5.9** (*a*) Dewch i siopa gyda fi. (*b*) Dewch i ddawnsio gyda fi. (*c*) Dewch i ganu gyda fi. (*d*) Dewch i ddysgu gyda fi. (*e*) Dewch i arddio gyda fi. **5.10** (*a*) Ci neu gath? (*b*) Cawod neu fath? (*c*) Bore neu brynhawn? (*d*) Pump neu dri? (*e*) Garddio neu goginio?

Darllen a deall

1 (*b*). 2 (*c*). 3 (*a*). 4 (*c*).

Uned 6

6.1 (*a*) Dydy John ddim yn dod adre am ugain munud wedi tri bob dydd. (*b*) C. (*c*) Mae'r ŵyl ffilmiau yn Cannes. (*d*) Mae Mair yn nabod Nerys Cochran yn dda iawn. (*e*) Mae pen-blwydd John ddydd Sadwrn. **6.2** (*a*) Ddydd Iau. (*b*) Ydy. (*c*) Mil naw cant naw deg a naw (1999). (*d*) Tri. (*e*) Nofio yn y Môr Canoldir a thorheulo. **6.3** (Ifan's responses remains the same.) **Aled:** Beth yw dy enw di (*or* Beth yw d'enw di?) Beth wyt ti? Pa iaith rwyt ti'n siarad? **6.4** (*a*) Ble mae dy gar di? (*b*) Ble mae dy wraig di? (*c*) Ble mae dy dŷ di? (*d*) Ble mae dy gath di? (*e*) Ble mae dy basport di? **6.5** (*a*) Mae bws Elfyn yn mynd am ddeg munud wedi wyth. (*b*) Nag ydy. (*c*) Y tu ôl i'r drws yn y stafell ymolchi. (*d*) Crys newydd. (*e*) Ers hanner awr. **6.6** (*a*) gwybod. (*b*) gwybod. (*c*) gyfarwydd â. (*d*) nabod. (*e*) gyfarwydd â. **6.7** The vowel O. **6.8** (*a*) Mil chwech wyth wyth. (*b*) Mil saith pump chwech. (*c*) Mil wyth saith un. (*d*) Mil naw dau chwech. (*e*) Dwy fil dau dau. **6.9** (*a*) Pum munud ar hugain i bedwar. (*b*) I'r dre. (*c*) Hir pob aros. (*d*) Mae e'n gynnar. **6.10** (*a*) Chwarter wedi tri. (*b*) Pum munud ar hugain i bump. (*c*) Ugain munud i ddeg. (*d*) Pum munud ar hugain i ddeuddeg. **6.11** (*a*) fyr. (*b*) denau. (*c*) drist. (*d*) dawel. (*e*) dywyll.

Darllen a deall

(*a*) Tegfan, dau ddeg saith, Heol Berwyn, Ynyswen. (*b*) Mae e'n un deg saith. (*c*) Cerddoriaeth, Cyfrifiadureg a Mathemateg. (*d*) Gwrando ar gerddoriaeth, chware rygbi a nofio. (*e*) Mae e eisiau dod i nabod pobol ac ennill arian.

Uned 7

7.1 (*a*) C. (*b*) C. (*c*) Dydy John ddim yn ddigon da i yrru'r car. (*d*) Dydy'r meddyg ddim yn gweld John yn amal. (*e*) Mae'n rhaid i John fynd i'r ysbyty yng Nghaerdydd i gael pelydr X. **7.2** (*a*) Wyth naw dau, dim saith pedwar. (*b*) Ydy. (*c*) Nag ydy. (*d*) Nag ydy. (*e*) I'r ysbyty yng Nghaerdydd. **7.3** (*a*) bensil. (*b*) gar. (*c*) gael . . . dorri. (*d*) wybod. (*e*) ddod i arddio. **7.4** gael, brynu, dalu, weld, fwyta, ddod â, lanw, fynd â, roi. **7.5** The mutated forms are identical with those of 7.4. **7.6** Oes rhaid iddo fe gael rhagor o awyr iach? Oes rhaid iddo fe brynu bwyd? Oes rhaid iddo fe dalu'r bil? Oes rhaid iddi hi weld y meddyg? Oes rhaid iddi hi fwyta llai? Oes rhaid iddi hi ddod â nwyddau i Gwen? Oes rhaid iddyn nhw lanw'r tanc petrol? Oes rhaid iddyn nhw fynd â'r plant i'r ysgol? Oes rhaid iddyn nhw roi bwyd i'r gath? **7.7** (*a*) Pwy sy'n prynu bwyd yn siop Elward James? (*b*) Beth sy'n mynd i'r dre bob awr? (*c*) Beth sy'n agor am naw o'r gloch? (*d*) Faint o laeth sy yn y jwg? (*e*) Faint o blant sy yn y dosbarth heddi? **7.8** (*a*) Mae chwant arna i fynd am dro i fyny'r mynydd. (*b*) Mae chwant arna i gymeryd gwyliau yr wythnos nesa. (*c*) Mae chwant arna i werthu'r tŷ. (*d*) Mae chwant arna i brynu car newydd. (*e*) Mae chwant arna i orffwys y pnawn 'ma yn lle mynd i siopa. **7.9** (*a*) Gwyliau yng Nghaliffornia? Dim diolch. (*b*) Gwyliau ym Mharis? Dim diolch. (*c*) Gwyliau yn Nhyddewi? Dim diolch. (*d*) Gwyliau yng ngwlad Groeg? Dim diolch. (*e*) Gwyliau ym Mwlgaria? Dim diolch. (*f*) Gwyliau yn Nenmarc? Dim diolch. **7.10** (*a*) Mae poen arni i yn 'y nghefn i. (*b*) Mae poen arna i yn 'y nghoesau i. (*c*) Mae poen arna i yn 'y nhafod i. (*d*) Mae poen arna i yn 'y mraich i. (*e*) Mae poen arna i yn 'nghlust i.

Darllen a deall

(*a*) Am ddeuddeg. (*b*) Nag ydy. (*c*) Yn y stad dai newydd wrth y parc. (*d*) Rhodri Williams. (*e*) Yn nosbarth Jac Ifan. (*f*) Gwallt coch sy gyda fe. (*g*) Catrin. (*h*) Mae gyda hi bedwar o blant. (*i*) Mae hi'n bedair oed. (*j*) Mae ar Olwen ofn fod y ffliw arni hi.

Uned 8

8.1 (*a*) Mae damwain wedi digwydd. (*b*) C. (*c*) Maen nhw wedi taro ei gilydd ar ganol y ffordd. (*d*) Mae'r ddamwain wedi digwydd ers hanner awr. (*e*) Dydy P.C. Ifans ddim wedi cael ei ginio eto. **8.2** (*a*) Mae'r ddamwain wedi digwydd rhwng dau gar. (*b*) Mae'r ddamwain wedi digwydd ers hanner awr. (*c*) Ei deulu – ei fam a'i dad a'i wraig a'i blant. (*d*) Ers dros hanner awr. (*e*) Dydy e ddim wedi cael ei ginio eto. **8.3** (*a*) Rydw i wedi cael cinio. (*b*) Rydw i wedi mynd â'r plant i'r ysgol. (*c*) Rydw i wedi darllen y papur. (*d*) Rydw i wedi agor y ffenest. (*e*) Rydw i wedi gwrando ar y newyddion. **8.4** (*a*) ei fraich. (*b*) ei barsel. (*c*) ei wlad. (*d*) ei deulu e. (*e*) ei gar e. **8.5** (*a*) a'i gath. (*b*) a'i garafan. (*c*) a'i lyfrau. (*d*) a'i deledu. (*e*) a'i ardd. **8.6** (*a*) Mae e'n ei gael e am naw o'r gloch. (*b*) Mae e'n ei ddarllen e rhwng deg ac un ar ddeg. (*c*) Mae e'n ei adael e am hanner awr wedi un ar ddeg. (*d*) Mae e'n ei weld e ar y ffordd i'r parc. (*e*) Mae e'n ei ddal e am ddeuddeg. **8.7** (*a*) Nag ydw. Dydw i ddim wedi rhoi'r ffeithiau iddo fe eto. (*b*) Nag ydw, dydw i ddim wedi gofyn iddi hi eto. (*c*) Nag ydw, dydw i ddim wedi dangos y llythyr iddo fe eto. (*d*) Nag ydw, dydw i ddim wedi ei ddarllen e eto. (*e*) Nag ydw, dydw i ddim wedi ei werthu fe eto. **8.8** (*a*) Ers pryd rwyt ti'n chwilio amdani hi? (*b*) Ers pryd rwyt ti'n chwilio amdano fe? (*c*) Ers pryd rwyt ti'n chwilio amdani hi? (*d*) Ers pryd rwyt ti'n chwilio amdana i? (*e*) Ers pryd rwyt ti'n chwilio amdanyn nhw? (*f*) Ers pryd rwyt ti'n chwilio amdanon ni (*or* amdano i). **8.9** (*a*) Rydyn ni'n helpu ein gilydd (*neu* helpu'n gilydd). (*b*) Maen nhw'n ffonio'i gilydd. (*c*) Rydych chi'n siarad â'ch gilydd. (*d*) Maen nhw'n pasio'i gilydd. (*e*) Rydyn ni'n gweld ein gilydd. **8.10** (*a*) Rydw i'n hoff iawn ohono fe hefyd. (*b*) Rydw i'n hoff iawn ohoni hi hefyd. (*c*) Rydw i'n hoff iawn ohono fe hefyd. (*d*) Rydw i'n hoff iawn ohoni hi hefyd. (*e*) Rydw i'n hoff iawn ohonyn nhw hefyd.

Darllen a deall

(*a*) Mae e'n cadw'n dda iawn. (*b*) Mae e wedi cael damwain ar ei feic. (*c*) Mae e yn yr ysbyty. (*d*) Maen nhw'n chwilio am waith. (*e*) Maen nhw wedi bod yn chwilio am waith yng Nghaerdydd, yng Nghasnewydd ac yn Abertawe.

Uned 9

9.1 (*a*) C. (*b*) Mae hi'n cael ei phen-blwydd ym mis Mai. (*c*) Mae Trefor, gŵr Enid wedi cael gwaith yn yr atomfa ym Mhont-y-Ffaldau. (*d*) Mae Enid yn symud o'r Gogledd i'r De. (*e*) C. **9.2** (*a*) Mae hi'n dair blwydd oed. (*b*) Maen nhw'n mynd i symud i lawr i'r De. (*c*) Mae e wedi cael gwaith yn yr atomfa newydd ym Mhont-y-Ffaldau. (*d*) Mae e wedi cael gwaith fel rheolwr/Fel rheolwr mae e wedi cael gwaith. (*e*) Maen nhw'n edrych ymlaen at ei chael hi'n ôl atyn nhw i fyw, a chael chwarae gyda'i phlant hi a chael ei chwmni hi a'i theulu yn eu henaint. **9.3** (*a*) Mae ei chot hi yn y lolfa. (*b*) Mae ei chath hi'n cysgu yn yr ardd. (*c*) Mae hi wedi colli ei phwrs. (*d*) Mae ei thŷ hi ar y sgwâr. (*e*) Mae ei chinio hi yn y meicro-don. **9.4** (*a*) Rwy'n ei thalu hi bob wythnos. (*b*) Mae e'n ei phasio hi ar y ffordd. (*c*) Mae ei mam yn ei chario hi i'r ysgol yn y car. (*d*) Rwy'n ei chofio hi'n blentyn bach. (*e*) Maen nhw'n ei charu hi yn fawr iawn. **9.5** (*a*) Rwy'n siŵr ei fod e'n cysgu. (*b*) Rwy'n siŵr ei fod e dan y ford. (*c*) Rwy'n siŵr ei fod e wedi mynd i'r dre. (*d*) Rwy'n siŵr ei fod e wedi gofyn i Mair am ddod. (*e*) Rwy'n siŵr 'y mod i'n gywir. **9.6** (1) (*d*). (2) (*c*). (3) (*a*). (4) (*e*). (5) (*b*). **9.7** (*i*) (*a*) Mae Siôn yn cael ei ben-blwydd ym mis Tachwedd. (*b*) Mae Siân yn cael ei phen-blwydd ym mis Mawrth. (*c*) Mae Aled yn cael ei ben-blwydd ym mis Mehefin. (*d*) Mae Gwyn yn cael ei ben-blwydd ym mis Medi (*e*) Mae Gwen yn cael ei phen-blwydd ym mis Rhagfyr. (*ii*) Rwy'n cael 'y mhenblwydd i ym mis Tachwedd. **9.8** (*a*) Mae'r haf yn gorffen ym mis

Gorffennaf. (*b*) Chwefror, Mawrth, Ebrill. (*c*) Yn y gaeaf. (*d*) Yn yr hydref. (*e*) Yn yr hydref.

Darllen a deall

1 (*c*). 2 (*b*). 3 (*b*). 4 (*c*).

Uned 10

10.1 (*a*) C. (*b*) Pedwar ar ddeg yw maint Gwen. (*c*) Dydy'r sgert felen ddim yn costio cymaint â'r sgert wen. (*d*) Mae Gwen yn rhoi dwy bunt ar bymtheg ar hugain am y sgert. (*e*) Gwen biau'r car coch. **10.2** (*a*) Trigain punt. (*b*) Ydy, mae hi. (*c*) Oes. (*d*) Y sgert felen dwy bunt ar bymtheg ar hugain. (*e*) Ar y llinellau melyn. **10.3** 1 (*d*). 2 (*e*). 3 (*a*). 4 (*c*). 5 (*b*). **10.4** (*a*) Dyma hi. (*b*) Dyma hi. (*c*) Dyma fe. (*d*) Dyma nhw. (*e*) Dyma fe. **10.5** (*a*) Hwn? Mae'n well gyda fi hwnna. (*b*) Hwn? Mae'n well gyda fi hwnna. (*c*) Hon? Mae'n well gyda fi honna. (*d*) Hon? Mae'n well gyda fi honna. (*e*) Hon? Mae'n well gyda fi honna. **10.6** (*a*) Ydy hynny'n wir? (*b*) Ydy hynny'n bosib? (*c*) Dydy hynny ddim yn gyfrinach. (*d*) Mae hynny'n iawn. (*e*) Cofiwch hynny. **10.7** (*a*) Phillips sy biau hwnna. (*b*) John Powel sy biau hwnna. (*c*) Jac, 'y mrawd sy biau rhain. (*d*) 'Nhad sy biau hon. (*e*) Colwyn sy biau rheina. **10.8** (1) Mae'n well gyda fi redeg na nofio. (2) Mae'n well gyda fi yfed te na(g) yfed coffi. (3) Mae'n well gyda fi ddarllen na gwylio'r teledu. (4) Mae'n well gyda fi chwarae na gorffwys. (5) Mae'n well gyda fi garafanio na gwersylla. **10.9** (*a*) Mae tri (*or better* tair) ar hugain o filltiroedd o Gaerdydd i Ferthyr. (*b*) Mae cant a phump o filltiroedd o Gaerdydd i Aberystwyth. (*c*) Mae cant a deuddeg o filltiroedd o Gaerdydd i Abergwaun. (*d*) Mae saith a thrigain o filltiroedd o Gaerdydd i Gaerfyrddin. (*e*) Mae cant ac un ar bymtheg o filltiroedd o Gaerdydd i'r Amwythig.

Darllen a deall

1 (*b*). 2 (*c*). 3 (*a*). 4 (*c*).

Uned 11

11.1 (*a*) C. (*b*) Mae rhaid iddo droi ar y dde wrth ochr yr eglwys. (*c*) C. (*d*) C. (*e*) Mae'r ffarm yn gwerthu llaeth a wyau. **11.2** (*a*) am. (*b*) hanner can llath. (*c*) all. (*d*) dim. (*e*) tu ôl. **11.3** (*a*) tu ôl. (*b*) chwith. (*c*) wrth ochr/ymyl. (*d*) ganol. (*e*) rhwng. **11.4** (*a*) Faint o frodyr sy gyda chi? (*b*) Faint o feibion sy gyda chi? (*c*) Faint o ieithoedd rydych chi'n siarad? (*d*) Faint o geir sy yn eich garej chi nawr? (*e*) Faint o gŵn sy gyda'r bobol drws nesa? (*f*) Faint o siopau bwydydd iechyd sy yn y dre? **11.5** (*a*) Oes. Mae digon o boteli eraill yma. (*b*) Oes. Mae digon o ffrwythau eraill yma. (*c*)

Oes. Mae digon o gyllyll eraill yma. (*d*) Oes. Mae digon o gadeiriau eraill yma. (*e*) Oes. Mae digon o wisgoedd eraill yma. **11.6** (*a*) heb feddwl a heb weld. (*b*) am beint. (*c*) ar ganol. (*d*) i gaffe . . . i gael. (*e*) hyd ddeuddeg. **11.7** 1 (*c*). 2 (*b*). 3 (*a*). 4 (*b*).

Darllen a deall

1 (*c*). 2 (*b*). 3 (*c*). 4 (*a*).

Uned 12

12.1 (*a*) Fe ddihunodd Miss Parri am ddeuddeg o'r gloch. (*b*) Ddringodd y lleidr ddim mewn i'r tŷ. (*c*) C. (*d*) C. (*e*) Fe dorrodd e ei goes. **12.2** (*a*) Fe ddihunodd Miss Parri am ddeuddeg o'r gloch. (*b*) Fe welodd hi siâp dyn y tu ôl i'r llenni. (*c*) Fe gredodd e fod diwedd y byd wedi dod. (*d*) Do, do. (*e*) Fe dorrodd c ci goes. (*f*) Fe gymerodd yr heddlu'r lleidr i ffwrdd yn yr ambiwlans. **12.3** (*a*) Fe ddihunodd hi'n sydyn. (*b*) Fe glywodd hi'r cloc yn taro deuddeg. (*c*) Fe welodd hi siâp dyn y tu ôl i'r llenni. (*d*) Fe wasgodd hi fotwm y larwm. (*e*) Fe gododd hi a ffonio'r heddlu. **12.4** (*a*) Do, fe dales i am y llaeth. (*b*) Do, fe ddalies i'r bws i'r dre. (*c*) Do, fe alwes i yn y banc a newid siec. (*d*) Do, fe brynes i stampiau yn Swyddfa'r Post. (*e*) Fe gyrhaeddes i'r swyddfa cyn deg o'i gloch. (*f*) Do, fe ddarllenes i'r llythyron. (*g*) Do, fc ddiolches i i'r sgrifenyddes am ei gwaith da. (*h*) Do, fe ffonies i 'nhad a 'mrawd. (*i*) Do, fe orffenes i 'ngwaith am hanner awr wedi pedwar. (*j*) Do, fe ofales i gloi drws y swyddfa. **12.5** (*a*) Naddo. Agores i mo'r ffenest. (*b*) Naddo. Chredcs i ddim fod diwedd y byd wcdi dod. (*c*) Naddo. Chwympes i ddim i lawr i'r patio. (*d*) Naddo. Thorres i mo 'nghoes. **12.6** (1) (*e*). (2) (*c*). (3) (*d*). (4) (*f*). (5) (*a*). (6) (*b*). **12.7** (*a*) Do, fe atebes i fe ddoe. (*b*) Do, fe ganes i gân yn yr eisteddfod ddoe. (*c*) Do, fe newidies i fe ddoe. (*d*) Do, fe brynes i gar John ddoe. (*e*) Do, fe ddalies i'r lleidr. **12.8** Rwy'n dda iawn diolch, sut rydych chi? Ydw. Fe brynes i lawer o nwyddau yn siop Elward James. Fe brynes i wyau a chaws a chig moch. Naddo. Phrynes i ddim moron. Mae digon o foron gyda fi yn yr ardd. Fe dales i wyth punt a naw deg ceiniog/ deg ceiniog a phedwar ugain. **12.9** 1(*d*). 2 (*f*). 3 (*e*). 4 (*a*). 5 (*c*). 6 (*b*).

Darllen a deall

(*a*) Fe brynodd hi ddwy het newydd. (*b*) Fe welodd hi hen ffrind ysgol. (*c*) Fe ddaliodd hi'r bws am ugain munud i ddeuddeg. (*d*) Fe welodd hi ei bod (hi) wedi colli ei (h)allwedd. (*e*) Y dyn drws nesa.

Uned 13

13.1 (*a*) Ganwyd Edgar yn Llundain. (*b*) C. (*c*) Fe gafodd e a'i frawd addysg yn Llanfair. (*d*) Fe aeth Edgar i Abertawe. (*e*) Fe aeth brawd Edgar i'r Ysgol Feddygol yng Nghaerdydd. **13.2** (*a*) Fe aeth y teulu o Lundain i Lerpwl. (*b*) Fe fuodd y teulu yn Lerpwl am ddwy flynedd. (*c*) Fe aeth Edgar a'i frawd/Fe aethon nhw i'r ysgol Gymraeg yn Llanfair. (*d*) Fe gawson nhw addysg dda dros ben yn yr Ysgol Gymraeg. (*e*) Mae brawd Edgar yn awr yn byw yn yr Unol Daleithiau. **13.3** Pryd, ddaethon ni, daethoch, ail, ysbyty, trydydd, bod, daethoch/symudoch, i gyd. **13.4** (*a*) Fe aeth Gwen a'i theulu i Ibiza. (*b*) Fe aethon nhw ym mis Mehefin. (*c*) Fe hedfanon nhw o'r Rhws. (*d*) Fe ddaeth Emlyn yn ôl wythnos yn gynt na'r plant ag Olwen. (*e*) Fe arhoson nhw am wythnos arall. **13.5** (*a*) Dyffryn Gwy. (*b*) Am ei bod hi'n fore mor braf. (*c*) Drwy Aberhonddu. (*d*) Fe gawson nhw goffi yn nhŷ modryb Emlyn. (*e*) Fe ddaliodd e/Emlyn samwn mawr. (*f*) Fe aeth hi i edrych ar y llyfrau. (*g*) Prifddinas siopau llyfrau aillaw. (*h*) Naddo, ar lan yr afon. (*i*) Fe gawson nhw ddiwrnod hyfryd iawn. **13.6** (*a*) Pymtheg mlwydd oed. (*b*) Naw mlwydd oed. (*c*) Deugain mlwydd oed. (*d*) Can mlynedd.

Darllen a deall

(*a*) Fe aeth y côr i Fienna i ganu. (*b*) Do – i gyd ond dau. (*c*) Do, ddwywaith. (*d*) Pan fuodd Awstria yn dathlu'r cyfnod Celtaidd cynnar. (*e*). Îe. (*f*) Ddwy fil o flynyddoedd yn ôl. (*g*) Fe fuodd y côr yn canu yn y neuaddau cyngerdd yno. (*h*) Fe fethon nhw gael tocynnau. (*i*) Fe welon/ welson nhw La Bohême. (*j*) Maen nhw'n ddinasoedd hardd iawn.

Uned 14

14.1 (*a*) Mae Bryn wedi newid cryn dipyn ar y ffarm. (*b*) C. (*c*) C. (*d*) Roedd Bryn a'i chwaer yn gweithio ar ôl dod adre o'r ysgol. (*e*) Y gwahaniaeth mwya yw bod bywyd yn fwy hamddenol. **14.2** (*a*) Ers y llynedd. (*b*) Roedd e'n codi'n gynnar. (*c*) Bwydo'r anifeiliaid a godro'r da. (*d*) Achos does dim anifeiliaid gyda nhw ar wahân i'r cŵn (*e*) Amser plannu'r tatws ac amser eu codi nhw. **14.3** 1 (*a*) 2 (*b*). 3 (*c*). 4 (*b*). 5 (*c*). **14.4** (*a*) Ei ewyrth Edmund. (*b*) Oedden nhw'n mynd draw i'r Gilfach? (*c*) Tadcu a mamgu Siôn. **14.5** (*a*) yn well. (*b*) yn waeth. (*c*) yn fwy. (*d*) yn uwch. (*e*) yn is. **14.6** (*a*) Lwcsembwrg. (*b*) Eferest. (*c*) China. (*d*) Lloegr. (*e*) Siberia. **14.7** (*a*) Rydyn ninne'n mynd i weld y gêm hefyd. (*b*) Maen nhwthe yn wlyb hefyd. (*c*) Maen nhwthe'n mynd ar wyliau hefyd. (*d*) Mae ynte'n gwylio'r teledu bob nos hefyd. (*e*) Roeddwn inne'n chwarae golff ddoe hefyd.

Darllen a deall

(*a*) Roedd e'n lle prysur iawn. (*b*) Roedd tair siop yn y pentre. (*c*) Roedd pedwar gweinidog yno. (*d*) Roedd y ficer yn byw yn y plwyf. (*e*) Un gwasanaeth sy yn yr eglwys ar ddydd Sul nawr. (*f*) Achos colli pobol ifanc a dim gwaith i'r bobl ifanc. (*g*) Mae saith enw ar hugain ar y gofgolofn. (*h*) Fe gafodd e waith yn Llundain. (*i*) Roedd e'n gwerthu llaeth. (*j*) Fe fuodd e'n byw yn Llundain am chwe blynedd ar hugain.

Uned 15

15.1 (*a*) C. (*b*) C. (*c*) Dydy Siôn ddim yn mynd gyda'r cwmni ar y daith. (*d*) Mae'r Bedyddwyr wedi addo cyd-weithredu â'r cwmni. (*e*) Mae'r daith yn dechrau yn y Rhyl. **15.2** (*a*) Mae Arthur a Mari a Siôn yn eisiau o'r cwmni. (*b*) Mae dau beth i'w drafod ar yr agenda. (*c*) Fe fydd y datblygwyr yn addasu'r festri i fod yn gapel. (*d*) Capel y Bedyddwyr. (*e*) Fe fyddan nhw'n dechrau actio eu drama yn y Rhyl. **15.3** 1 (*e*). 2 (*c*). 3 (*a*). 4 (*b*). 5 (*d*). **15.4** Dydd Llun (echdoe): roeddwn i yn y Coleg yng Nghaerdydd. Dydd Mawrth (ddoe): roeddwn i'n palu'r ardd. Dydd Mercher (heddiw): rydw i'n sgrifennu llythyron. Dydd Iau (fory): fe fydda i'n gweld goruchwyliwr y banc. Dydd Gwener (drennydd): fe fydda i'n mynd i weld y deintydd. Yr wythnos nesa: fe fydda i'n mynd ar wyliau. **15.6** (*a*) yng Ngogledd-Ddwyrain. (*b*) yn Ne-Ddwyrain. (*c*) yn Ne-Orllewin. (*d*) yng nghanolbarth. (*e*) yng Ngogledd-Orllewin.

Darllen a deall

(*a*) Mr Morgan. (*b*) Y Farchnad Ewropeaidd Unigol. (*c*) Fe fydd yn dod i weithrediad ym mil naw naw dau. (*d*) Bydd. (*e*) Bydd. (*f*) Am dri mis o leia. (*g*) Fe fydd e'n cael budd-dal arferol y wlad honno. (*h*) Y gŵr neu'r wraig, y plant a'r wyrion. (*i*) Bydd. (*j*) Fe all aros yn y wlad arall a chael pensiwn neu ddod adre a chael pensiwn.

Uned 16

16.1 (*a*) C. (*b*) Fe agoriff Mrs Evans y drws iddo fe. (*c*) Roedd Eleri ar y ffôn. (*d*) Chymeriff Trefor ddim siwgr yn ei de. (*e*). C. **16.2** (*a*) Roedd hi'n fore braf. (*b*) Roedd hi'n rhy boeth iddo fe. (*c*) Y gath. (*d*) Yn y papur. (*e*) Yn y pentre wrth ochr yr eglwys. **16.3** (*a*) Wrth gwrs fe arhosa i amdanoch chi. (*b*) Wrth gwrs fe sgrifenna i atoch chi. (*c*) Wrth gwrs fe wertha i hwn(na) i chi. (*d*) Wrth gwrs fe siarada i drostoch chi. (*e*) Wrth gwrs fe dala i chi. (*f*) Wrth gwrs fe ddweda i wrth Gwen am ddod. (*g*) Wrth gwrs fe alwa i ar John. (*h*) Wrth gwrs fe symuda i'r car 'na i chi. (*i*) Wrth gwrs fe gymera i'r llyfr 'na yn ôl i'r llyfrgell i chi. **16.4** (*a*) gymerwch. (*b*) atebiff. (*c*) weliff. (*d*) cwrdda. (*e*) taliff. **16.5** (*a*) adre. (*b*) cartref. (*c*) gartre. (*d*) adre. (*e*) gartre.

Darllen a deall

(*a*) Ei fam, Lyn, a'i dad, John. (*b*) Dydy e ddim yn gwella yn gyflym iawn. (*c*) Mordaith – taith mewn llong ar y môr. (*d*) Mae rhaid iddyn nhw orffwys ac ymlacio. (*e*) Fe ofaliff Glyn a Tom, ei frawd, am y busnes pan fydd eu tad a'u mam i ffwrdd.

Uned 17

17.1　(*a*) C. (*b*) Mae diddordeb gyda Trefor ac Eleri yn y bwthyn. (*c*) Mae eisiau trwsio'r bwthyn o'r tu mewn. (*d*) Mae ysgol y pentre ar agor. (*e*) Fe aiff y celfi mewn. **17.2**　(*a*) Mae e'n meddwl fod posibiliadau ynddo fe. (*b*) John Lewis yw enw'r arwerthwr. (*c*) Mae hi'n meddwl efallai daw plant y pentre mewn. (*d*) Nag oedden. (*e*) Naddo. Sylwodd hi ddim arnyn nhw pan aeth hi lan. **17.3**　(*a*) Fe af inne i'r dre hefyd. (*b*) Fe af inne â'r plant gyda fi hefyd. (*c*) Fe ddo inne'n ôl yn gynnar hefyd. (*d*) Fe ddo inne â'r plant yn ôl ar y trên hefyd. **17.4**　(*a*) awn, ddaw. (*b*) dewch. (*c*) ddo. (*d*) ewch. (*e*) Aiff/Ddaw. **17.5**　(*a*) ca. (*b*) caiff. (*c*) cân. (*d*) cewch. **17.6** (*a*) Fe af i i'r swyddfa yn dy le di. (*b*) Fe ddo i yma yn dy le di. (*c*) Fe ga i docynnau i'r ddrama yn dy le di. (*d*) Fe 'na i'r croesair yn dy le di. (*e*) Fe af i â'r plant i nofio yn dy le di. **17.7**　(*a*) Fe aiff Ceri i'r swyddfa yn dy le di. (*b*) Fe ddaw Ceri yma yn dy le di. (*c*) Fe gaiff Ceri docynnau i'r ddrama yn dy le di. (*d*) Fe wnaiff Ceri'r croesair yn dy le di (*e*) Fe aiff Ceri â'r plant i nofio yn dy le di. **17.8**　(*a*) Rwy'n hoffi nofio, ond chwarae ar lan y môr rwy'n hoffi ore. (*b*) Rwy'n hoffi edrych ar y teledu, ond darllen rwy'n hoffi ore. (*c*) Rwy'n hoffi gyrru car, ond seiclo rwy'n hoffi ore. (*d*) Rwy'n hoffi gweld drama, ond gweld ffilm rwy'n hoffi ore. (*e*) Rwy'n hoffi gweithio yn y swyddfa, ond gweithio yn yr ardd rwy'n hoffi ore. **17.9**　(*a*) Beth mae Gwen yn ganu? (*b*) Beth mae'r gath yn fwyta? (*c*) Beth mae rhagolygon y tywydd yn ddweud? (*d*) Beth mae'r pwyllgor wedi benderfynu? (*e*) Beth maen nhw wedi gael? **17.10**　(*a*) Oes, mae blodau ynddi hi. (*b*) Oes, mae stafelloedd mawr ynddo fe. (*c*) Oes, mae gyda fi ffydd ynddo fe. (*d*) Ydw, rwy'n ymddiried ynoch chi. (*e*) Oes, mae digon o nerth ynon ni.

Darllen a deall

1 (*c*). 2 (*b*). 3 (*a*). 4 (*c*). 5 (*b*).

Uned 18

18.1　(*a*) C. (*b*) Dydy/Doedd Sioned ddim yn nabod Delyth. (*c*) Mae Sioned yn gyfarwydd iawn ag Aberystwyth. (*d*) Mae Delyth wedi sgrifennu pymtheg ar hugain o lythyron. (*e*) C. **18.2**　(*a*) I'r Canolfan Gwaith i chwilio am waith dros y gwyliau. (*b*) Fe raddiodd Delyth o flaen Ffion. (*c*) Maen nhw'n meddwl dyle hi fynd yn athrawes. (*d*) Mae Sioned yn credu y dyle pawb fentro heddi. (*e*) Am fod gradd dda gyda hi. **18.3** (*a*) Fe ddylwn i fynd i'r dre heddi i brynu bwydydd iach. (*b*) Fe ddylwn i gael bath cyn mynd allan/mas. (*c*) Fe ddylwn i edrych/chwilio am gyfle i siarad Cymraeg. (*d*) Fe ddylwn i godi'n gynnar bob bore. **18.4**　(*a*)

Ddylet ti ddim fod wedi mynd i'r cae heb ganiatâd y ffarmwr. (*b*) Ddylet ti ddim fod wedi cael bath ar ôl bwyta pryd trwm. (*c*) Ddylet ti ddim fod wedi addo talu cymaint am y tŷ. (*d*) Ddylet ti ddim fod wedi gweithio mor galed yn yr ardd. **18.5** (1) (*c*). (2) (*a*). (3) (*d*). (4) (*e*). (5) (*b*). **18.6** (*a*) Rydw i eisiau dysgu Cymraeg am 'y mod i'n Gymro/Gymraes. (*b*) Rydw i eisiau dysgu Cymraeg am fod 'nhad a mam yn siarad Cymraeg. (*c*) Rydw i eisiau dysgu Cymraeg am fod 'y nghyn-dadau i yn siarad Cymraeg. (*d*) Rydw i eisiau dysgu Cymraeg am fod gyda fi ddiddordeb yn hanes Cymru. (*d*) Rydw i eisiau dysgu Cymraeg am fod gyda fi ddiddordeb mewn ieithoedd. **18.7** 1 (*e*). 2 (*b*). 3 (*a*). 4 (*c*). 5 (*d*). **18.8** (*a*) Maen nhw'n byw mewn tŷ mawr, mawr. (*b*) Roedd y tîm yn chwarae yn dda dros ben. (*c*) Fe weles i aderyn bach, bach ar y to. (*d*) Roedd yr awyr yn las, las y bore 'ma. (*e*) Maen nhw'n dweud ei bod hi'n ddeallus iawn, iawn. **18.9** (*a*) amdani. (*b*) amdanyn. (*c*) amdano. (*d*) amdanoch. (*e*) amdano.

Darllen a deall

1 (*c*). 2 (*b*). 3 (*b*). 4 (*a*). 5 (*c*).

Uned 19

19.1 (*a*) Fe gafodd David ei ddal yn y traffig ar Bont Hafren. (*b*) Fe benderfynodd David y bydde fe'n dysgu Cymraeg. (*c*) Arthur Jenkins yw awdurdod penna'r ardal ar achau. (*d*) C. **19.2** (*a*) Lloegr oedd yn chwarae yn erbyn Cymru. (*b*) Fe aeth y tŷ/plas ar dân. (*c*) Dyna enw canol ei dadcu. (*d*) Roedd David Shankin a'r Parch. Arthur C. Jenkins yn perthyn i'r un cyff. **19.3** 1 (*b*). 2 (*c*). 3 (*c*). 4 (*a*). **19.4** (*a*) fe faswn i'n mynd i Awstralia. (*b*) fe fasech chi'n gallu gweld y ffilm. (*c*) fe fase fe'n sgrifennu nofel. (*d*) fe fase hi'n gallu gwisgo ei hen siwt nofio. **19.5** (*a*) Rwy'n gwybod mai/taw yn y Dwyrain Canol mae'r perygl mwya i heddwch. (*b*) Rwy'n gwybod mai/taw iechyd yw'r peth pwysica. (*c*) Rwy'n gwybod mai/taw yn Affrica mae'r pyramidiau. (*d*) Rwy'n gwybod mai/taw annwyd sy ar Mair. **19.6** (*a*) Mae'r siop wedi cael ei phrynu. (*b*) Mae'r llyfr wedi cael ei golli. (*c*) Mae'r pris wedi cael ei dalu. (*d*) Mae'r ysgol wedi cael ei chau. (*e*) Mae'r plant a'r hen bobl wedi cael eu hanghofio. **19.7** (*a*) amdano. (*b*) drwyddo. (*c*) iddi. (*d*) amdani. (*e*) ynddi. **19.8** (*a*) Glywest ti i fi ennill y wobr? (*b*) Mae'n amlwg iddyn nhw ymarfer am oriau cyn y gêm. (*c*) Wyddoch chi i ni ddysgu Cymraeg mewn chwe mis? (*d*) Mae'n debyg i chi glywed y stori o'r blaen. (*e*) Gobeithio i chi fwynhau eich gwyliau. **19.9** (*a*) Mae arna i ugain punt i John. (*b*) Mae ar Mari dair punt i fi. (*c*) Mae ar Emrys dri chant o bunnoedd i fi. (*d*) Mae arna i ddwy bunt iddyn nhw.

Darllen a deall

1 (*c*). 2 (*c*). 3 (*b*). 4 (*b*). 5 (*a*).

Welsh – English Vocabulary

The plural of nouns ending in -wr (gŵr) ends in -wyr (gwŷr)

a	*and*	addysg (f)	*education*
â	*with*	aelod(-au) (m)	*member*
ac	*and* (before a vowel)	aelwyd(-ydd) (f)	*hearth, home*
		afal(-au) (m)	*apple*
aber (m)	*mouth of a river*	afon(-ydd) (f)	*river*
Abergwaun	*Fishguard*	agenda (m)	*agenda*
Aberhonddu	*Brecon*	agor	*to open*
Abertawe	*Swansea*	agored	*open*
academaidd	*academic*	agoriad(-au) (m)	*key*
actio	*to act*	agoriadol	*opening*
ach	*pedigree*	agos	*near*
achau (pl)	*family tree*	angen (f)	*need*
achos	*because*	anghenion (pl)	*needs*
achosi	*to cause*	anghofio	*to forget*
adar (pl)	*birds*	anghywir	*incorrect*
adeg (m)	*time, period*	ail	*second*
adeilad(-au) (m)	*building*	ail-law	*second-hand*
adeiladu	*to build*	alaw(-on) (f)	*melody, theme, song*
adeiladwr(-wyr) (m)	*builder*		
		Alban (yr)	*Scotland*
aderyn (m)	*bird*	Albanwr (m)	*Scotsman*
adfail (m/f)	*ruin*	Albanes (f)	*Scotswoman*
adfeilion (pl)	*ruins*	alcohol (m)	*alcohol*
adloniant (m)	*entertainment*	Almaen (yr)	*Germany*
adnabod	*to recognise*	Almaeneg (f)	*German*
adran(-nau) (f)	*department*	Almaenwr (m)	*a German*
adre	*homewards*	Almaenes (f)	*a German*
addasu	*to adapt*	allan	*out*
addo	*to promise*	allanfa (f)	*exit*
addurn(-iadau) (m)	*ornament*	allt (f)	*hill*
		allwedd(-i) (f)	*key*
addurno	*to decorate*	Alpau	*The Alps*

am	*for*	ar glo	*locked*
am dro	*for a walk*	ar hyd	*along*
amal/aml	*often*	ar ôl	*after*
ambell	*occasional*	ar unwaith	*at once*
ambiwlans (m)	*ambulance*	ar wahân	*separately*
amdano	*about him*	ar werth	*for sale*
Americanwr (m)	*an American*	araf	*slow*
Americanes	*an American*	arafu	*to slow down*
amgueddfa (f)	*museum*	arall	*other*
amhosibl	*impossible*	arbennig	*special*
amlwg	*obvious, evident*	archangel (m)	*archangel*
amryw	*various*	archdderwydd	*archdruid*
amrywio	*to vary*	(m)	
amrywiol	*varied*	archebu	*to order*
amser(-oedd) (m)	*time, period*	archesgob (m)	*archbishop*
amserol	*timely*	archfarchnad (f)	*supermarket*
Amwythig	*Shrewsbury*	archwiliad (m)	*investigation*
anabl	*disabled*	ardal(-oedd) (f)	*area, region,*
anafu	*to hurt*		*district*
anelu	*to aim for*	ardderchog	*excellent*
anfon	*to send*	arddwrn (m)	*wrist*
anffodus	*unfortunate*	arfer (f)	*custom, habit*
anhawsa	*the most difficult*	arferol	*usual*
anifail (m)	*animal*	Arglwydd (m)	*Lord*
anifeiliaid (pl)	*animals*	arholiad (m)	*examination*
annheg	*unfair*	arholiadau (pl)	*examinations*
annibynnol	*independent*	arian (m)	*money*
anodd	*difficult*	arlunydd (m)	*artist*
annog	*to encourage,*	aros	*to wait*
	urge	arswyd (m)	*terror*
anrheg(-ion) (f)	*present*	artist (m)	*artist*
annwyd (m)	*a cold*	arwerthwr (m)	*auctioneer*
annwyl	*dear*	arwydd (f)	*sign*
anodda	*most difficult*	arwyddair	*motto*
apelio	*to appeal*	asgwrn (m)	*bone*
apwyntiad (m)	*appointment*	asyn (m)	*donkey*
ar	*on*	at	*to, towards*
ar agor	*open*	ateb(-ion) (m)	*answer*
ar fai	*at fault*	athrawes(-au) (f)	*teacher (female)*
ar fin	*about*	athro (m)	*teacher (male)*
ar frys	*in a hurry*	athrawon (pl)	*teachers*
ar gau	*closed*	atom (m)	*atom*

atomfa (f)	*atomic power station*	bisged(-i) (f)	*biscuit*
aur (m)	*gold*	blaen, o flaen	*in front of*
awdurdod (m)	*authority*	blawd (m)	*flour*
awgrymu	*to suggest*	ble	*where*
awr (-oriau) (f)	*hour(s)*	blin	*sorry*
Awst	*August*	blino	*to tire*
Awstria	*Austria*	blodyn (m)	*flower*
awyddus	*keen*	blodau (pl)	*flowers*
awyr (f)	*air*	blows (f)	*blouse*
awyren(-nau) (f)	*aeroplane*	blwydd (f)	*year (old)*
		blwyddyn (f)	*year*
		blynyddoedd	*years*
bach	*small*	blynedd	*year* (used after numerals)
bachgen (m)	*boy*		
bechgyn (pl)	*boys*	bob	*every*
bag (m)	*bag*	bocs(-ys)	*box*
bai (m)	*fault*	bod	*to be*
balch	*proud, pleased*	bodlon	*willing, satisfied*
balŵn (m)	*balloon*	bodd (m)	*pleasure*
banc(-iau) (m)	*bank*	bord (f)	*table*
band(-iau) (m)	*band*	bore	*morning*
bant	*away*	braf	*fine*
bara (m)	*bread*	braich (f)	*arm*
bardd (m)	*poet*	breichiau (pl)	*arms*
beirdd (pl)	*poets*	brân (f)	*crow*
barn (m)	*opinion, justice*	brain (pl)	*crows*
basged(-i) (f)	*basket*	braw (m)	*fright*
bath (m)	*bath*	brawd	*brother*
becso	*to worry*	brodyr (pl)	*brothers*
bedydd (m)	*baptism*	brawddeg(-au) (f)	*sentence*
Bedyddiwr (m)	*Baptist*		
bedd (m)	*grave*	brecwast	*breakfast*
Beibl (m)	*Bible*	brenhinol	*royal*
beic (m)	*bicycle*	brenin	*king*
bendigedig	*superb*	brethyn (m)	*cloth*
benthyg	*to borrow*	bri	*renown*
berwi	*to boil*	bric(-s) (f)	*brick*
beth	*what*	bro(-ydd) (f)	*district*
beunydd	*daily*	brodio	*to embroider*
biau, piau	*to own*	brodwaith	*embroidery*
bil(-iau) (m)	*bill*	bron	*almost*

brown	*brown*	Caergrawnt	*Cambridge*
brwdfrydedd (m)	*enthusiasm*	Caerloyw	*Gloucester*
bryn(-iau) (m)	*hill*	caffe (m)	*café*
brys (m)	*haste*	cais (m)	*attempt, try (in*
brysio	*to hurry*		*rugby), request*
budd(-dal) (m)	*welfare benefit*	Calan (see Dydd	*New Year*
busnes(-au) (m)	*business*	Calan)	
Bwlgaria	*Bulgaria*	caled	*hard*
bwrdd (m)	*table, board*	caleta	*hardest*
bwriadu	*to intend*	caletach (na)	*harder (than)*
bwrw	*to hit*	calon(-nau) (f)	*heart*
bwrw cesair	*to hail*	call	*wise*
bwrw eira	*to snow*	can/cant	*hundred*
bwrw glaw	*to rain*	cannoedd (pl)	*hundreds*
bws (m)	*bus*	caneri (m)	*canary*
bysiau (pl)	*buses*	caniatâd (m)	*permission*
bwthyn (m)	*cottage*	caniatáu	*to allow*
bythynnod (pl)	*cottages*	canlyniad(-au)	*result*
bwyd(-ydd) (m)	*food*	(m)	
bwydo	*to feed*	canmol	*to praise*
bwyta	*to eat*	canol (m)	*middle, centre*
byd(-oedd) (m)	*world*	canolbarth (m)	*midland*
byddwch!	*be!*	canolfan(-nau)	*centre*
byr	*short*	(m)	
bys(-edd) (m)	*finger*	canolog	*central*
byth	*ever*	canrif(-oedd) (f)	*century*
byw	*to live*	cantores (f)	*singer (female)*
bywiog	*lively*	cantorion (pl)	*singers*
bywyd(-au) (m)	*life*	canu	*to sing*
		canwr (m)	*singer (male)*
cacen(-nau) (f)	*cake*	cap(-iau) (m)	*cap*
cadair (f)	*chair*	capel(-i) (m)	*chapel*
cadeiriau (pl)	*chairs*	car (m)	*car*
cadeirydd(-ion)	*chairman*	ceir (pl)	*cars*
(m)		carafan(-au)	*caravan*
cadw	*to keep*	(m)	
cae(-au) (m)	*field*	carafanio	*to caravan*
cael	*to get, to have*	carafanwr (m)	*caravanner*
Caerdydd	*Cardiff*	carafanwyr (pl)	*caravanners*
Caerfyrddin	*Carmarthen*	carchar(-au) (m)	*prison*
Caergaint	*Canterbury*	cardiau (pl)	*cards*

caredig	*kind*
cariad (m)	*love*
cario	*to carry*
carped(-i) (m)	*carpet*
cartref(-i) (m)	*home*
caru	*to love*
carwr (m)	*lover*
cas	*nasty, hateful*
casáu	*to hate*
casglu	*to collect*
Casnewydd	*Newport*
castell (m)	*castle*
cestyll (pl)	*castles*
cath(-od) (f)	*cat*
cau	*to close*
cawod(-ydd) (f)	*shower*
caws (m)	*cheese*
cefn(-au) (m)	*back*
cefnder (m)	*cousin*
cefndyr (pl)	*cousins*
cefndir (m)	*background*
ceffyl(-au) (m)	*horse*
cegin(-au) (f)	*kitchen*
ceiniog(-au) (f)	*penny*
celf (f)	*art, craft*
Celt (m)	*Celt*
Celtiaid (pl)	*Celts*
Cemeg	*Chemistry*
cenedl (f)	*nation*
cenhedloedd	*nations*
cenedlaethol	*national*
cenhedlaeth (f)	*generation*
cenedlaethau	*generations*
cer! (dos!)	*go!*
cerdyn (m)	*card*
cerdded	*to walk*
cerdd	*music*
cerddorfa (f)	*orchestra*
cerddwr (m)	*walker*
cerddwyr (pl)	*walkers*
cerflun (m)	*statue*

Cernyw	*Cornwall*
cesair (pl)	*hailstones*
ci (m)	*dog*
cŵn (pl)	*dogs*
cig (m)	*meat*
cig moch (m)	*bacon*
cigydd (m)	*butcher*
cilo (m)	*kilo*
cinio (m/f)	*dinner*
ciwrad (m)	*curate*
claddfa (f)	*cemetery*
claddu	*to bury*
clarinét (m)	*clarinet*
cleber (m)	*chatter*
clo (m)	*lock*
cloc(-iau) (m)	*clock*
cloch (f)	*bell*
clychau (pl)	*bells*
cloddio	*to dig, to mine*
cloff	*lame*
cloi	*to lock*
clust(-iau) (f)	*ear*
clwb (m)	*club*
clybiau (pl)	*clubs*
clwyd(-i) (f)	*gate*
clymu	*to tie*
clywed	*to hear*
cnaf (m)	*knave, rascal*
cnoc (m)	*a knock*
cnocio	*to knock*
coch	*red*
coco (m)	*cocoa*
cod (m)	*code*
codi	*to get up, rise, build*
codiad (m)	*rising*
coeden (f)	*tree*
coed (pl)	*trees*
coes(-au) (f)	*leg*
cof (m)	*memory*
cof-golofn (f)	*memorial*

cofio	*to remember*	curo	*to knock*
coffi (m)	*coffee*	cusanu	*to kiss*
cog (f)	*cuckoo*	cwbl	*all*
coginio	*to cook*	cwcw (f)	*cuckoo*
coleg(-au) (m)	*college*	cwestiwn (m)	*question*
coler(-i) (m/f)	*collar*	cwestiynau (pl)	*questions*
colli	*to lose*	cwis (m)	*quiz*
concro	*to conquer*	cwmni(-au) (m)	*company*
contract (m)	*contract*	cwmpas	*surrounding*
contractwr (m)	*contractor*	cwmwl (m)	*cloud*
contractwyr	*contractors*	cŵn (pl)	*dogs*
côr(-au) (m)	*choir*	cymylau (pl)	*clouds*
corff (m)	*body*	cwningen (f)	*rabbit*
cyrff (pl)	*bodies*	cwnstabl (m)	*constable*
cornel(-i) (f/m)	*corner*	cwota (m)	*quota*
coron(-au) (f)	*crown*	cwpan(-au) (m)	*cup*
cosbi	*to punish*	cwpaned (m)	*cupful*
costio	*to cost*	cwpla	*to finish*
cot(-iau) (f)	*coat*	cwpwrdd (m)	*cupboard*
cotwm (m)	*cotton*	cwrdd (â)	*to meet (with)*
credyd (m)	*credit*	cwrs (m)	*course*
credu	*to believe*	cyrsiau (pl)	*courses*
crefydd(-au) (m)	*religion*	cwrw (m)	*beer*
crefft(-au) (f)	*craft*	cwsmer(-iaid)	*customer*
crefftwr (m)	*craftsman*	(m)	
crefftwyr (pl)	*craftsmen*	cwympo	*to fall*
Crist	*Christ*	cwyno	*to complain*
criw (m)	*crew*	cychwyn	*to begin*
croesair (m)	*crossword*	cydio	*to grasp*
croesffordd (f)	*crossroad*	cydol, trwy	*throughout*
croesi	*to cross*	gydol	
croeso (m)	*welcome*	cyd-weithio/	*to co-operate*
Croglith (f),	*Good Friday*	cyd-weithredu	
Dydd Gwener		cyfaill (m)	*friend*
crwn	*round*	cyfeillion (pl)	*friends*
crwydro	*to wander*	cyfan (m)	*the whole*
crydd (m)	*cobbler,*	cyfandir (m)	*continent*
	shoemaker	cyfarchion (pl)	*greetings*
cryf	*strong*	cyfarfod(-ydd)	*meeting*
cryn	*quite*	(m)	
crys(-au) (m)	*shirt*	cyfartal	*equal*
cul	*narrow*	cyfarwydd	*familiar*

cyfathrebu	*to communicate*
cyfeillgar	*friendly*
cyfeiriad (m)	*address*
cyfenw (m)	*surname*
cyfieithiad (m)	*translation*
cyfieithu	*to translate*
cyfle (m)	*chance, opportunity*
cyfleusterau (pl)	*conveniences*
cyflog(-au) (m)	*salary, wage*
cyflwyno	*to introduce*
cyflym	*fast*
cyflyma	*fastest*
cyfnither (f)	*cousin (female)*
cyfnod(-au) (m)	*period*
cyfraith (f)	*law*
cyfranogi	*to partake*
cyfrifiadur(-on) (m)	*computer*
Cyfrifiadureg	*Computer Studies/ Computing*
cyfrifydd (m)	*accountant*
cyfrinach(-au) (f)	*secret*
cyfun	*comprehensive*
cyfweld	*to interview*
cyfweliad(-au) (m)	*interview*
cyff (m)	*stock, lineage*
cyfforddus	*comfortable*
cyffredin	*common, ordinary*
cyffredinol	*general*
cylchfan(-nau) (m)	*roundabout*
cyngerdd (m/f)	*concert*
cyngherddau (pl)	*concerts*
cynghori	*to advise*
cynghrair (f)	*league*
cyngor (m)	*advice*
cyhoeddus	*public*

cyllell (f)	*knife*
cyllyll (pl)	*knives*
cymaint â	*as much as, as large as*
cymanfa ganu (f)	*singing festival*
cymdeithas(-au) (f)	*society*
cymeradwyaeth (f)	*applause*
cymeryd/cymryd	*to take*
cymhedrol	*moderate*
cymhelliad (m)	*motive, incentive*
cymorth (m)	*aid, help*
Cymraeg	*Welsh*
Cymraes (f)	*Welshwoman*
Cymreig	*Welsh*
Cymro (m)	*Welshman*
Cymru	*Wales*
cymuned(-au) (f)	*community*
cymydog (m)	*neighbour*
cymdogion (pl)	*neighbours*
cymylog	*cloudy*
cymysg	*mixed*
cyn	*before, as*
cyn-dadau (pl)	*forefathers, ancestors*
cynddrwg â	*as bad as*
cynhwysfawr	*comprehensive*
cynhyrchu	*to produce*
cynilo	*to save*
cynnal	*to sustain, maintain, hold*
cynnar	*early*
cynnes	*warm*
cynnig (m)	*attempt*
cynnwys (m)	*content*
cynradd	*primary*
cynt (yn gynt)	*formerly (earlier, sooner)*
cynta (f)	*first*
cyrraedd	*to reach, arrive*

cysegr (m)	*sacred place*	danfon	*to send*
cysgu	*to sleep*	dangos	*to show*
cystadlu	*to compete*	dannodd (f)	*toothache*
cystal â	*as good as*	dant (m)	*tooth*
cysylltu â	*to contact*	dannedd (pl)	*teeth*
cysylltiad (m)	*contact*	darganfod	*to discover*
cytuno	*to agree*	darlith (f)	*lecture*
cythreulig	*devilish*	darlithio	*to lecture*
cyw iâr (m)	*chicken*	darllen	*to read*
cywilydd (m)	*shame*	datblygu	*to develop*
cywir	*correct*	datblygwr (m)	*developer*
		datblygwyr (pl)	*developers*
chi	*you*	dathlu	*to celebrate*
chithe	*you too*	dau	*two*
chwaer	*sister*	daw	*he/she/it will*
chwiorydd (pl)			*come*
chwant	*desire*	dawns(-iau) (f)	*dance*
chwarae	*to play*	dawnsio	*to dance*
chwaraeon (pl)	*games*	dawnsiwr (m)	*dancer*
chwarter	*quarter*	dawnswyr (pl)	*dancers*
chwech	*six*	de (m)	*south*
chweched	*the sixth*	de, y dde (f)	*right side*
Chwefror	*February*	deall	*to understand*
chwerthin	*to laugh*	deallus	*intelligent*
chwilio	*to look for,*	dechrau	*to begin*
	search	dechreuad (m)	*beginning*
chwith	*left*	dedfryd (f)	*verdict*
chwys (m)	*perspiration*	dedfrydu	*to sentence*
		defnyddio	*to use*
da	*good*	deffro	*to wake*
da (pl)	*cattle*	deg	*ten*
dacw	*there's, behold*	degfed	*tenth*
daear (f)	*earth, ground,*	Deheubarth (m)	*south west/South*
	land		*Wales (Dyfed)*
daeth	*he, she, it came*	deintydd (m)	*dentist*
dail (pl)	*leaves*	democratiaeth	*democracy*
dal	*to catch*	(f)	
dalfa (f)	*jail*	derbyn	*to receive*
dall	*blind*	dere!	*come!*
damcaniaeth (f)	*theory*	derwen (f)	*oak tree*
damwain (f)	*accident*	derw (pl)	*oak trees*
dan	*under*	desg(-iau) (f)	*desk*

deuddeg — *twelve*
deugain — *forty*
deunaw — *eighteen*
deunawfed — *eighteenth*
deuparth — *two thirds*
dewch! — *come!*
Dewi (Sant) — *David (St.)*
dewis — *to choose*
dewis (m) — *choice*
diar (o) — *dear (oh!)*
dianc — *to escape*
diarth — *strange, unfamiliar*
di-briod — *unmarried*
dibynnu — *to depend*
diddordeb(-au) (m) — *interest*
diddorol — *interesting*
diflannu — *to disappear*
diflas — *miserable*
difrifol — *serious*
diffodd — *to extinguish, put out*
diffyg(-ion) (m) — *lack*
digio — *to be angry with, to offend*
digon — *enough, plenty*
digwydd — *to happen*
digwyddiad (m) — *happening, event*
dihareb(-ion) (f) — *proverb*
dihuno — *to wake*
dihwyl — *unwell, out of sorts*
dilyn — *to follow*
dillad (pl) — *clothes*
dillad isa (pl) — *under-clothes*
dim — *not, nothing, nought*
dinas(-oedd) (f) — *city*
diniwed — *innocent*
dioddef — *to suffer*

diog — *lazy*
diogel — *safe*
diogelu — *to secure, to safeguard*
diolch (m) — *thank you*
diolchgar — *grateful*
di-rif — *numerous, countless*
di-rwystr — *unhindered*
diserch — *sullen, sulky*
disglair — *bright, brilliant*
disgwyl — *to expect*
distaw — *quiet*
di-waith — *unemployed*
diwedd (m) — *end*
diweddar — *late*
diweddara — *latest*
diweddu — *to end*
diwetha — *last*
diwrnod(-au) (m) — *day*
diwydiant (m) — *industry*
diwydiannol — *industrial*
diwylliant (m) — *culture*
diymhongar — *modest*
do — *yes*
doctor(-iaid) (m) — *doctor*
dod — *to come*
dodi — *to put*
dodrefn (pl) — *furniture*
doe/ddoe (m) — *yesterday*
dol (f) — *doll*
doliau (pl) — *dolls*
dosbarth(-iadau) (m) — *class*
drama(-âu) (f) — *drama*
drannoeth — *next day*
draw — *over there*
draws (ar) — *across*
drennydd — *day after tomorrow*
dringo — *to climb*

dros	*over, for, on behalf of*	dyweddïo	*to become engaged*
dros ben	*very*		
druan	*poor thing*	e	*he, him*
drud	*expensive*	Ebrill	*April*
drwg	*naughty*	Economeg	*Economics*
drwm (m)	*drum*	echdoe	*day before yesterday*
drymiau (pl)	*drums*		
drws (m)	*door*	echnos	*night before last*
drysau (pl)	*doors*	edrych	*to look*
drwy	*through*	ef	*he, him*
du	*black*	efail y gof (f)	*smithy*
dull(-iau) (m)	*method*	efallai	*perhaps*
dur (m)	*steel*	efengyl (f)	*gospel, evangelist*
Duw	*God*		
dwbwl, dwbl	*double*	effeithio	*to affect*
dweud	*to say*	eglwys(-i) (f)	*church*
dŵr (m)	*water*	ei	*his, her*
dwrn (m)	*fist*	ei gilydd	*each other*
dwsin(-au) (m)	*dozen*	Eidal, Yr	*Italy*
dwy	*two*	Eidaleg (f)	*Italian (language)*
dwylo (pl)	*hands*		
Dwyrain	*East*	Eidalwr (m)	*Italian (male)*
dwywaith	*twice*	Eidales f)	*Italian (female)*
dydd(-iau) (m)	*day*	ein	*our*
Dydd Calan	*New Year's Day*	eira (m)	*snow*
dyddiad(-au) (m)	*date*	eisiau	*want, need*
		eisiau, yn	*missing*
dyddiadur(-on) (m)	*diary*	eistedd	*to sit*
		eisteddfod(-au) (f)	*eisteddfod*
dyfal	*industrious, diligent*		
		eitha	*quite, extreme*
dyffryn(-noedd) (m)	*valley*	eleni	*this year*
		eliffant (m)	*elephant*
dyled (m)	*debt*	emynydd (m)	*hymn-writer*
dyma	*here is*	enfawr	*huge, massive*
dyn(-ion) (m)	*man*	ennill	*win, earn*
dyna	*there is, that's*	enw-au (m)	*name*
dysgled (f)	*cupful*	enw bedydd	*Christian or fore-name*
dysgu	*to learn, to teach*		
dysgwr (m)	*learner*	enwedig, yn	*especially*
dysgwyr (pl)	*learners*	enwog	*famous*

er	*although, in spite of*	ffarmio	*to farm*
eraill (pl)	*others*	ffarmwr (m)	*farmer*
erbyn (yn)	*by (against)*	ffasiwn (f)	*fashion*
er mwyn	*for the sake of*	ffasiynol	*fashionable*
er pan	*since*	ffatri(-oedd) (f)	*factory*
erfyn (ar)	*to beseech*	ffein	*fine*
erioed	*ever/never*	ffeindio	*to find*
ers	*since*	ffenest(-ri) (f)	*window*
ers pryd	*since when, how long*	fferyllydd (m/f)	*chemist*
ers talwm	*long ago*	ffilm(-iau) (f)	*film*
Eryri	*Snowdonia*	ffirm(-iau) (f)	*firm*
esgid(-iau) (f)	*shoe, boot*	Ffiseg (f)	*Physics*
esgob(-ion) (m)	*bishop*	ffitio	*to fit*
esgusodi	*to excuse*	fflachio	*to flash*
eto	*yet, again*	fflat (f)	*a flat*
eu	*their*	ffliw (f)	*influenza*
ewch!	*go!*	ffodus	*lucky*
Ewrop (f)	*Europe*	ffon (f)	*stick*
Ewropëaidd	*European*	ffôn (m)	*telephone*
ewyrth (m)	*uncle*	ffôn-ateb (f)	*answer-phone*
		ffonio	*to phone*
faint	*how many/much*	fforc (ffyrc) (f)	*fork*
fan (f)	*van*	ffordd (ffyrdd) (f)	*road, way*
fe	*he, him*	ffor-man, -myn	*foreman*
fel	*like, as*	Ffrainc (f)	*France*
felly	*so, therefore*	Ffrancwr (m)	*Frenchman*
festri (f)	*vestry*	Ffrances (f)	*Frenchwoman*
fi	*I, me*	Ffrangeg (f)	*French*
ficer (m)	*vicar*	ffrind(-iau) (m/f)	*friend*
fideo (m)	*video*	ffrog (f)	*frock*
finne	*I/me too*	ffrwyth(-au) (m)	*fruit*
fory, yfory	*tomorrow*	ffwr (m)	*fur*
fy	*my*	ffwrdd, i	*away*
fyny, i	*up(wards)*	ffydd (f)	*faith*
		ffyddlon	*faithful*
ffair (f)	*fair*	ffynnon (f)	*well, fountain*
ffaith (f)	*fact*	ffynnu	*to flourish*
ffeithiau (pl)	*facts*		
ffarm (f)	*farm*	gadael	*to leave, let*
ffermydd (pl)	*farms*	gaeaf (m)	*winter*
		Gaeleg (f)	*Gaelic*

gafr (f)	*goat*	gonest	*honest*
gair, geiriau (m)	*word*	gorau	*best*
galw	*to call*	gore	*best*
galwyn (m/f)	*gallon*	gore, o'r	*very well, OK*
gallu	*to be able to, can*	gorchfygu	*to conquer*
gan	*by, with, from*	gorfod/gorffod	*to have to, must*
gardd, gerddi (f)	*garden*	gorffen	*to finish, end*
garddio	*to garden*	Gorffennaf	*July*
garej (f)	*garage*	gorffwys	*to rest*
gartre	*at home*	goriwaered	*downward slope*
garw	*rough*	Gorllewin, y	*West*
geirfa (f)	*vocabulary*	gormod	*too much*
gelyn(-ion) (m)	*enemy*	gorwedd	*to lie down*
gelyniaethus	*hostile*	gor-weithio	*to overwork*
geni	*to be born*	gosod	*to put, lay*
gilydd, ei	*one another*	gradd(-au) (f)	*degree*
glan(-nau) (f)	*shore, bank*	graddio	*to graduate*
glân	*clean*	graenus	*neat*
glanhau	*to clean*	gramadeg (f)	*grammar*
glanio	*to land*	grawn (m)	*grain*
glas	*blue*	gris-iau (f)	*step (up)*
glaw (m)	*rain*	Groeg (f)	*Greece, Greek*
glo (m)	*coal*	gwae	*woe*
glowr (m)	*collier, miner*	gwaed (m)	*blood*
go	*quite, rather*	gwael	*poor, poorly,*
gobeithio	*to hope*		*weak*
godro	*to milk*	gwaelod(-ion)	*bottom*
gof (m)	*blacksmith*	(m)	
gofal (m)	*care, concern*	gwaeth (na)	*worse (than)*
gofalu (am)	*to care (for)*	gwaetha (f)	*worst*
gofalus	*careful*	gwaetha'r modd	*more the pity*
gofod (m)	*space*	gwag	*empty*
gofyn (am)	*to ask (for)*	gwahân	*apart*
Gogledd, y (m)	*North*	gwahaniaeth (m)	*difference*
gohebydd(-ion)	*correspondent*	gwahanol	*different*
(m)		gwahoddiad (m)	*invitation*
golau (m)	*light*	gwaith (m)	*work*
goleuadau (pl)	*lights*	gwaith (f)	*time(s)*
golchi	*to wash*	gwallt (m)	*hair*
golff (m)	*golf*	gwan	*weak*
golwg (f)	*sight*	Gwanwyn	*Spring*
golygu	*to mean, edit*	gwared	*to rid*

gwario	*to spend*
gwas (m)	*manservant*
gwasanaeth (m)	*service*
gwasgu	*to press, squeeze*
gwastraffu	*to waste*
gwddw(g) (m)	*neck*
gweddol	*fair, fairly*
gweinidog (m)	*minister*
gweithdy (m)	*workshop*
gweithgar	*industrious*
gweithgaredd (-au) (m)	*activity*
gweithio	*to work*
gweithiwr (m)	*worker*
gweithwyr (pl)	*workers*
gweithrediad	*operation*
gweithredu	*to act*
gweld	*to see*
gwell	*better*
gwella	*to get better, improve*
gwelliant	*improvement*
gwely (m)	*bed*
gwen	*white (feminine)*
Gwener, dydd	*Friday*
gwenith (m)	*wheat*
gwerin (f)	*folk*
gwers (f)	*lesson*
gwersylla	*to camp*
gwerth (m)	*value*
gwerthfawr	*valuable*
gwerthu	*to sell*
gwerthwr (m)	*salesman*
gwesty, gwestai (m)	*hotel, lodging*
gweu	*to knit*
gwifren (f)	*wire*
gwifrau (pl)	*wires*
gwin (m)	*wine*
gwir (m)	*truth*
gwisg(-oedd) (f)	*dress*
gwisgo	*to dress*

gwlad, gwledydd (f)	*country*
gwladwriaeth (f)	*state*
gwlân (m)	*wool*
gwlanen	*flannel*
gwlyb	*wet*
gwneud	*to do, make*
gwobr (f)	*prize, reward*
gŵr, gwŷr (m)	*man, husband*
gwraidd (m), gwreiddiau	*root*
gwraig (f), gwragedd	*woman, wife*
gwrando	*to listen*
gwreiddiol	*original(ly)*
gwres (m)	*heat*
gwrthod	*to refuse*
Gwy (afon)	*Wye (river)*
gwybod	*to know*
gwybodaeth (f)	*knowledge*
gwydr (m)	*glass*
Gwyddel	*Irishman*
Gwyddeles	*Irishwoman*
Gwyddelod	*Irish people*
gŵyl (f)	*festival, holiday*
gwyliau (pl)	*holidays*
gwyn (m)	*white (masculine)*
gwynt (m)	*wind*
gwyntog	*windy*
Gŵyr	*Gower*
gwyrdd	*green*
gyd, i	*all*
gyda	*with, possess*
gyferbyn â	*opposite*
gyrfa (f)	*career, race*
gyrru	*to drive*
gyrrwr (m)	*driver*
gyrwyr (pl)	*drivers*
haf (m)	*summer*
haf bach Mihangel (m)	*Indian summer*

halen (m)	*salt*	hira	*longest*
hamdden (m)	*leisure*	hirach	*longer*
hanes (m)	*history*	hiraeth	*longing,*
hanesydd (m/f)	*historian*		*nostalgia*
hanfodol	*essential*	hithe	*she too*
hanner (m)	*half*	hoff (o)	*favourite,*
hapus	*happy*		*fond (of)*
hapusrwydd (m)	*happiness*	hoffi	*to like*
hardd	*beautiful,*	hongian	*to hang*
	handsome	holl	*all*
hau	*to sow*	hollalluog	*almighty*
haul (m)	*sun*	hollol	*quite, absolutely*
hawdd	*easy*	hon (f)	*this one*
hawl (m)	*claim, right*		*(feminine)*
haws	*easier*	honna (f)	*that one*
hawsa	*easiest*		*(feminine)*
heb	*without, not*	hosan(-au) (f)	*stocking*
hedfan	*to fly*	hufen (m)	*cream*
heddi (w)	*today*	hun/hunan	*self*
heddlu	*police*	hunain (pl)	*selves*
heddwch (m)	*peace*	hurio	*to hire*
hefyd	*too, also*	hwn	*this (masculine)*
heibio (i)	*past*	hwnna, hwnnw	*that one*
heini	*fit*		*(masculine)*
helo	*hello*	hwyl (f)	*cheerio, fun, sail*
help (m)	*help*	hwyr	*late evening*
helpu	*to help*	hyd (m)	*length, until*
heol(-ydd) (f)	*road*	hyderus	*confident*
hen	*old*	Hydref (m)	*Autumn,*
henaint	*old age*		*October*
hen-dadcu	*great-*	hyfryd	*pleasant, lovely*
	grandfather	hyfrydwch (m)	*pleasure*
hen-famgu	*great-*	hyll	*ugly*
	grandmother	hyn	*this, these*
heno	*tonight*	hynny	*that, those*
henoed	*senior citizens*		*(not present)*
het (f)	*hat*	hysbyseb(-ion)	*advertisement*
heulog	*sunny*	(m)	
hi	*she, her*	hytrach, yn	*rather*
hidio	*care, heed*		
hipi (m/f)	*hippy*	i	*to*
hir	*long*	i ble	*where*

i fyny	*up, upward*
i gyd	*all*
i lawr	*down*
i mewn	*into*
iâ (m)	*ice*
iach	*healthy*
iacháu	*to heal*
iaith (f)	*language*
ieithoedd (pl)	*languages*
iâr (ieir) (f)	*hen*
Iau (dydd)	*Thursday*
iawn	*very, right, correct*
iawndal (m)	*compensation*
ïe	*yes*
iechyd (m)	*health*
Iesu	*Jesus*
ifanc(-ach)	*young(er)*
inc (m)	*ink*
inne	*I/me too*
Ionawr (m)	*January*
is (na)	*lower (than)*
isa	*lowest*
isel	*low*
Iwerddon	*Ireland*
jwg (f)	*jug*
lan	*up*
larwm (m)	*alarm*
lawr (i)	*down*
lawnt(-iau) (f)	*lawn*
Lerpwl	*Liverpool*
lico	*to like*
lifft (f)	*lift*
liter (m)	*litre*
lolfa (f)	*lounge*
lôn (lonydd) (f)	*lane*
loncian	*to jog*
lori(-ïau) (f)	*lorry*
lwc (f)	*luck*
lwcus	*lucky*
lladd	*to kill*
llafur (m)	*labour, work, trade*
llaeth (m)	*milk*
llai (na)	*less, smaller than*
llais (m)	*voice*
lleisiau (pl)	*voices*
llall	*other, another*
lleill (pl)	*others*
llan (f)	*church, parish, village*
llanw	*to fill*
llathen (f)	*yard*
llaw (f)	*hand*
llawen	*happy, cheerful*
llawer	*many, much*
llawn	*full*
llawr (m)	*floor*
lle (m)	*place*
lle tân (m)	*fire place*
lled (m)	*width, breadth*
lled (dda)	*fairly (well)*
lleia	*smallest*
lleidr (m)	*thief*
lladron (pl)	*thieves*
lleied (cyn)	*as small as*
llên (f)	*literature*
llenni (pl)	*curtains*
lleol	*local*
lles (m)	*benefit, welfare*
llestri (pl)	*dishes, crockery*
lleuad (f)	*moon*
llewys (pl)	*sleeves*
lliain (m)	*cloth*
lliw(-iau) (m)	*colour*
lliwgar	*colourful*
Lloegr	*England*
lloer (f)	*moon*
llofnodi	*to sign*
llofft (f)	*upstairs, bedroom (N.W*
llogi	*to hire*

llong(-au) (f)	*ship*	meysydd (pl)	*fields*
llond	*full*	mai	*that*
llongyfarchiadau (pl)	*congratulations*	Mai	*May*
		maint (m)	*size, quality*
llonydd	*quiet, still*	maith	*long*
llu	*lots of, crowd*	malu	*to grind*
Llun (m)	*Monday*	mam(-au) (f)	*mother*
llun(-iau) (m)	*picture*	mamgu (f)	*grandmother*
Llundain	*London*	man(-nau) (f)	*place*
lluosog	*plural*	mân	*small, fine*
llwnc destun (m)	*toast*	Manaw (Ynys)	*(Isle of) Man*
llwy(-au) (f)	*spoon*	Manceinion (f)	*Manchester*
llwybr(-au) (m)	*path*	map(-iau) (m)	*map*
llwyd	*grey*	marchnad (-oedd) (f)	*market*
llwyddiant (m)	*success*		
llwyddo	*to succeed*	marchnata	*to market*
llwyr	*thorough*	marw	*to die*
llwyth(-i) (m)	*load, burden*	mas	*out*
Llydaw	*Brittany*	mat(-iau) (m)	*mat*
Llydawr (m)	*Breton*	mater(-ion) (m)	*matter*
Llydaweg (f)	*Breton language*	math(-au) (m)	*kind, sort*
llyfr/llyfyr (m)	*book*	Mathemateg	*Mathematics*
llyfrau (pl)	*books*	mawr	*big, great*
llyfrgell(-oedd) (m)	*library*	Mawrth	*Tuesday, March*
		mecanic (m)	*mechanic*
llygad (m/f)	*eye*	Medi	*September*
llygaid (pl)	*eyes*	meddwl	*to think*
llygoden (f)	*mouse*	meddyg(-on) (m)	*doctor*
llygod (pl)	*mice*		
llyn(-oedd) (m)	*lake*	meddygfa (f)	*surgery*
llynedd	*last year*	meddygol	*medical*
llysiau (pl)	*vegetables*	Mehefin	*June*
llythyr(-au *or* -on) (m)	*letter*	meicrodon (m)	*microwave*
		meithrin	*to foster*
		melin(-au) (f)	*mill*
'ma (yma)	*here*	melyn	*yellow*
mab (m)	*son*	menter (f)	*venture*
meibion (pl)	*sons*	mentro	*to venture*
mae e	*he is*	menyg (pl)	*gloves*
mae hi	*she is*	menyn (m)	*butter*
maen nhw	*they are*	merch(-ed) (f)	*girl*
maes (m)	*field*	Mercher (m)	*Wednesday*

Methodistiaid (pl)	*Methodists*	'na (yna)	*that*
methu	*to fail*	nabod (adnabod)	*to know,* *to recognise*
mewn	*in (a)*	nad	*that . . . not*
mil	*thousand*	Nadolig	*Christmas*
milfeddyg(-on) (m)	*vet*	naddo	*no* (neg. answer in past tense)
miliwnydd (m)	*millionaire*	na/nag	*than*
milltir(-oedd) (f)	*mile*	nage	*no, not so*
min (m)	*edge*	naw	*nine*
minne	*me too*	nawfed	*ninth*
mo (dim o)	*not of*	nawr	*now*
mochyn (m)	*pig*	neb	*no one, anyone*
moch (pl)	*pigs*	nef/nefoedd	*heaven*
model(-au) (m)	*model*	neges(-au) (f)	*message*
modryb(-edd) (f)	*aunt*	neidio	*to jump*
		neis	*nice*
mofyn (moyn)	*to want*	neithiwr	*last night*
mor	*as, so*	nerf(-au) (f)	*nerve*
môr(-oedd) (m)	*sea*	nerth (m)	*strength*
mordaith (f)	*sea voyage*	nes	*until*
morgaets (m)	*mortgage*	nes	*nearer*
Morgannwg	*Glamorgan*	nesa (f)	*next, nearest*
moron (pl)	*carrots*	neu (beidio)	*or (not)*
mul(-od) (m)	*mule*	neuadd(-au) (f)	*hall*
munud(-au) (m/f)	*minute*	neud (gwneud)	*to do, make*
		newid(-iadau) (m)	*change*
mwg (m)	*smoke*		
mwnci (m)	*monkey*	newid	*to change*
mwy	*more, bigger*	newydd(-ion) (m)	*news*
mwya	*most, biggest*		
mwynhau	*to enjoy*	nhw/hwy	*they, them*
mynd	*to go*	ni	*we, us*
mynd â	*to take*	ni/nid	*not*
mynedfa (f)	*entrance*	nifer(-oedd) (m)	*number*
mynnu	*to insist*	ninne	*we too*
mynych (yn fynych)	*often, frequently*	niwclear	*nuclear*
		niwed (m)	*harm*
mynydd(-oedd) (m)	*mountain*	niweidiau (pl)	*injuries*
		niwlog	*misty, foggy*
		nod (m/f)	*aim*
na (nag)	*no, not, nor*	nofel(-au) (f)	*novel*

nofio	*to swim*	opera(-âu) (f)	*opera*
nôl	*to fetch*	oren(-nau) (m/f)	*orange*
Normaniaid (pl)	*Normans*	organ(-au) (f)	*organ*
nos(-au) (f)	*night*	os	*if*
noson (f)		os gwelwch yn	*please*
nosweith(-iau)	*evening*	dda	
nwy (m)	*gas*	osgoi	*to avoid*
nwyddau (pl)	*goods, articles*		
nyrs(-ys) (f)	*nurse*		
		pa?	*which?*
		pa bryd?	*when?*
o	*from, out of, of*	pa un? p'un?	*which one?*
o ble	*from where*	pabell (f)	*tent*
o bwys	*of importance*	pebyll (pl)	*tents*
o flaen	*before, in front of*	pafiliwn (m)	*pavilion*
o gwbl	*at all*	pam?	*why?*
o gwmpas	*around*	pan	*when*
o hyd	*still, always*	paned (m)	*cup (of tea,*
o'r blaen	*before*		*coffee)*
o'r diwedd	*at last*	papur(-au) (m)	*paper*
o'r gloch	*o'clock*	parc(-iau) (m)	*park*
o'r gore	*very well*	parch (m)	*respect*
ochr(-au) (f)	*side*	Parchedig	*Reverend*
oddi wrth	*from*	(Parch)	
oed/oedran (m)	*age*	parcio	*to park*
oer	*cold*	parod	*ready, willing,*
oera	*coldest*		*prepared*
oerach (na)	*colder than*	parsel(-i) (m)	*parcel*
oes	*is, are; age*	parti (m)	*party*
ofn (m)	*fear*	partïon (pl)	*parties*
ofnau (pl)	*fears*	Pasg (y)	*Easter*
ofnadwy	*dreadful*	pasio	*to pass*
offer (pl)	*instruments,*	pasport (m)	*passport*
	tools	patio (m)	*patio*
oherwydd	*because*	pawb	*everybody*
oifad	*to swim*	pedair (f)	*four (feminine)*
ôl	*behind*	pedwar (m)	*four (masculine)*
ola	*last*	pedwaredd (f)	*fourth*
olew (m)	*oil*		*(feminine)*
olrhain	*to trace*	pedwerydd (m)	*fourth*
ond	*but*		*(masculine)*
on'd (onid)	*interrog. neg. tag*	peidio â	*to stop*

peilot (m)	*pilot*	plentyn (m)	*child*
peint (m)	*pint*	plant (pl)	*children*
peiriant (m)	*engine, machine*	pleidleisio	*to vote*
peiriannau (pl)	*engines*	pleser(-au) (m)	*pleasure*
peiriannydd (m)	*engineer*	plisman (m)	*policeman*
peirianwyr (pl)	*engineers*	plismyn (pl)	*policemen*
pêl (f)	*ball*	plwm (m)	*lead*
peli (pl)	*balls*	plwyf(-i) (m)	*parish*
pel-droed	*football*	pnawn (m)	*afternoon*
pelydr(-au) (m)	*ray*	pob	*each, every, all*
pelydr-X	*X-ray*	pob un	*everyone*
pell	*far*	poblogaeth (f)	*population*
pen(-nau) (m)	*head*	pobol, pobl (f)	*people*
pen-blwydd (m)	*birthday*	pobloedd (pl)	*peoples*
penderfynu	*to decide*	poced (f)	*pocket*
penelin (m/f)	*elbow*	pocedi (pl)	*pockets*
penigamp	*excellent, splendid*	poen	*pain*
		poenau (pl)	*pains*
pensaer (m)	*architect*	poeni	*to worry*
penseiri (pl)	*architects*	poeth	*warm*
pensil(-iau) (m)	*pencil*	polyn (m)	*pole*
pensiwn (m)	*pension*	polion	*poles*
pensiynau (pl)	*pensions*	pont (f)	*bridge*
pentre(-fi) (m)	*village*	pontydd	*bridges*
		pop (m)	*pop*
peren (f)	*pear*	popeth (m)	*everything*
pêr (pl)	*pears*	porthladd (m)	*port, harbour*
perfformio	*to perform*	porthladdoedd (pl)	*ports*
perfformiad(-au)	*performance*		
perswadio	*to persuade*	posib	*possible*
pert	*pretty*	posibiliadau (pl)	*possibilities*
perthyn	*to belong*	post (m)	*post*
peryglus	*dangerous*	pot (m)	*pot*
peswch	*to cough*	potiau (pl)	*pots*
petai	*if it were*	potel (f)	*bottle*
peth(-au) (m)	*thing*	poteli (pl)	*bottles*
petrol (m)	*petrol*	pregethu	*to preach*
piano (m)	*piano*	pregethwr (m)	*preacher*
pinc	*pink*	pregethwyr (pl)	*preachers*
plannu	*to plant*	pren (m)	*tree, wood*
plas(-au) (m)	*mansion, palace*	prennau (pl)	*trees*
plastig	*plastic*	prif	*chief, major*

prifathro (m)	*headmaster*	pymthegfed	*fifteenth*
prifddinas (f)	*capital city*	pys (pl)	*peas*
prifddinasoedd (pl)	*capital cities*	pysgodyn (m)	*fish*
		pysgod (pl)	*fishes*
prifysgol(-ion) (pl)	*university*	pysgota	*to fish*
		pythefnos	*fortnight*
priffordd (f)	*main road*		
priffyrdd (pl)	*main roads*	radio (m)	*radio*
priod	*married, spouse*	roedd (e,hi)	*he/she/it was*
priodi	*to marry*	rygbi (m)	*rugby*
pris(-iau) (m)	*price*		
problem(-au) (f)	*problem*	rhad	*cheap*
profi	*to prove*	rhatach na	*cheaper than*
profiad(-au) (m)	*experience*	rhaeadr(-au) (f)	*waterfall*
pryd/pa bryd	*when/what time*	rhaff(-au) (f)	*rope*
pryd (m)	*time*	rhag	*from*
pryd(-au) (m)	*meal*	Rhagfyr	*December*
Prydain (f)	*Britain*	rhaglen(-ni) (f)	*programme*
pryderu	*to worry*	rhagolwg (m)	*forecast, prospect*
prydferth	*beautiful*		
prydlon	*punctual*	rhagolygon (pl)	*forecasts*
prynhawn(-au) (m)	*afternoon*	rhagor	*more*
		rhai	*some*
prynu	*to buy*	rhaid (m)	*necessity, must*
prysur	*busy*	rhain	*these*
pump	*five*	rhan (f)	*part, share*
pumed	*fifth*	rhannau (pl)	*parts*
punt (f)	*pound*	rhannu	*to share*
punnoedd (pl)	*pounds*	rhedeg	*to run*
pwll (m)	*pit*	rheina/rheini	*those*
pyllau (pl)	*pits*	rhentu	*to rent*
pwnc (m)	*subject*	rheolwr (m)	*manager*
pynciau (pl)	*subjects*	rheolwyr (pl)	*managers*
pwrs (m)	*purse*	rhes(-i) (f)	*row*
pwy?	*who?*	rhestr(-i) (f)	*list*
pwyllgor(-au) (m)	*committee*	rheswm (m)	*reason*
		rhesymau (pl)	*reasons*
pwys (m)	*pound (weight)*	rhesymol	*reasonable*
pwysau (pl)	*weight*	rhif(-au) (m)	*number*
pwysig	*important*	rhoi	*to give*
pwyso	*to weigh*	rhosyn(-nau) (m)	*rose*
pymtheg	*fifteen*		

rhwng	*between*	sefyll	*to stand*
rhwygo	*to tear*	seithfed	*seventh*
rhy	*too (much)*	Seland Newydd (f)	*New Zealand*
Rhydychen	*Oxford*	serchus	*pleasant*
rhydd	*free*	seremoni(ïau) (f)	*ceremony*
rhyddháu	*to free*	seren (f)	*star*
rhyfedd	*strange*	sêr (pl)	*stars*
rhyfeddu	*to wonder*	set(-iau) (f)	*set*
rhyfel(-oedd) (m)	*war*	set deledu	*television set*
rhywbeth	*something*	setlo	*to settle*
rhywbryd	*sometime*	sgarff (f)	*scarf*
rhywfaint	*some (amount)*	sgert(-iau) (f)	*skirt*
rhywle	*somewhere*	sgidiau (pl)	*shoes*
rhywsut	*somehow*	sgio	*to ski*
rhywun	*someone*	(y)sgrifen (f)	*handwriting*
rhywrai (pl)	*some (pl)*	(y)sgrifennu	*to write*
		(y)sgrifennydd (-ion) (m)	*secretary*
Sadwrn (m)	*Saturday*	(y)sgrifenyddes (-au) (f)	*secretary (feminine)*
saer (m)	*carpenter*		
seiri (pl)	*carpenters*	sgwâr (m)	*square*
Saesneg (m/f)	*English*	sgwâr (m)	*square (shape)*
Saesnes (f)	*Englishwoman*	sgwrs (f)	*chat*
Saeson (pl)	*(the) English*	sgyrsiau (pl)	*chats*
safon(-au) (f)	*standard*	shwd	*how*
Sais (m)	*Englishman*	siaced(-i) (f)	*jacket*
saith	*seven*	sianel(-i) (f)	*channel*
sâl	*ill*	siâp (m)	*shape*
salad (m)	*salad*	siapau (pl)	*shapes*
salm(-au) (f)	*psalm*	siarad â	*to talk (to)*
samwn (m)	*salmon*	siaradus	*talkative*
sanau (pl)	*socks*	sidan (m)	*silk*
sant (m)	*saint*	siec(-iau) (m)	*cheque*
saint (pl)	*saints*	silff(-oedd) (f)	*shelf*
sawl	*how many, many*	sinema(-âu) (f)	*cinema*
		sioc (f)	*shock*
Sbaen	*Spain*	siop(-au) (f)	*shop*
Sbaeneg	*Spanish*	sir(-oedd) (f)	*county*
Sbaenes (f)	*Spanishwoman*	siwgr (m)	*sugar*
Sbaenwr (m)	*Spaniard*	siwmper(-i) (f)	*jumper*
sbôrt (m)	*sport*	siŵr	*certain*
seiclo	*to cycle*		

siwrne/siwrnai (f)	*journey*	synnwyr cyffredin	*common sense*
siwt(-iau) (f)	*suit*	syrthio	*to fall*
smygu	*to smoke*	syth	*straight*
smot(-iau)	*spot*		
soced(-i) (m)	*socket*	Tachwedd	*November*
sôn am	*to mention, talk about*	tad(-au) (m)	*father*
		tad-cu (m)	*grandfather*
sownd	*sound*	taflen(-ni) (f)	*leaflet, form*
stad(-au) (f)	*estate*	tafod(-au) (m)	*tongue*
(y)stafell(-oedd) (f)	*room*	tai (pl)	*houses*
		tair (f)	*three*
stamp(-iau) (m)	*stamp*	taith (f)	*journey*
stereo (m)	*stereo*	teithiau (pl)	*journeys*
stiwdio (f)	*studio*	tal	*tall*
stori(-ïau) (f)	*story*	tâl (m)	*payment*
stormus	*stormy*	taliadau	*payments*
stryd(-oedd) (f)	*street*	talent(-au) (f)	*talent*
styfnig	*stubborn*	talu	*to pay*
Sul	*Sunday*	tan	*until*
Sulgwyn (m)	*Whitsun*	tan/dan	*under*
sut/shwd	*how*	tân (m)	*fire*
swydd(-i) (f)	*job, post*	tanau (pl)	*fires*
swyddfa (f)	*office*	tanc(-iau) (m)	*tank*
swyddfeydd (pl)	*offices*	tancer(-i) (m)	*tanker*
swyddog(ion) (m)	*official*	taro	*to strike*
		taten (f)	*potato*
swn (m)	*sound*	tatws (pl)	*potatoes*
swper (m)	*supper*	taw	*that*
sy/sydd	*who/which is, are*	tawel	*quiet*
		te (m)	*tea*
sych	*dry*	tebyg	*like*
syched (m)	*thirst*	teg	*fair, fine, beautiful*
sychu	*to dry*		
sydyn	*suddenly*	tegell (m)	*kettle*
sylweddoli	*to realise*	tegyll (pl)	*kettles*
sylwi	*to notice*	tei(-au) (f)	*tie*
symud	*to move*	teilwng	*worthy*
synhwyrol	*sensible*	teimlo	*to feel*
syniad(-au) (m)	*idea*	teipyddes (f)	*typist*
synnu	*to wonder*	teithio	*to travel*
synnwyr (m)	*sense*	teledu (m)	*television*

temtio	*to tempt*
tenau	*thin*
tenis (m)	*tennis*
testun(-au) (m)	*subject*
teulu(-oedd) (m)	*family*
tew	*fat*
tîm(-au) (m)	*team*
tip(-iau) (m)	*tip*
tipyn (m)	*little, bit*
tithe	*you too*
tlawd	*poor*
cyn dloted â	*as poor as*
tlotach na	*poorer than*
tlota	*the poorest*
to(-ion) (m)	*roof*
tocyn(-nau) (m)	*ticket*
toiled(-au) (m)	*toilet*
tonc (f)	*blow, tinkle*
torheulo	*to sunbathe*
torth(-au) (f)	*loaf*
torri (lawr)	*to break (down)*
tost	*ill*
tra	*while, very*
traeth(-au) (m)	*beach*
trafod	*to discuss*
traffig (m)	*traffic*
traffordd (m)	*motorway*
traffyrdd (pl)	*motorways*
Trallwng	*Welshpool*
tras (m)	*lineage*
tre(f) (f)	*town*
trefi (pl)	*towns*
trefnu	*to organise*
trên (m)	*train*
trenau (pl)	*trains*
treth(-i) (f)	*tax*
treth ar werth	*VAT*
tri	*three*
trigain	*sixty*
trïo	*to try*
trist	*sad*
tro(-ion) (m)	*turn, walk*

troed (f)	*foot*
traed (pl)	*feet*
troi	*to turn*
trombôn (m)	*trombone*
trowsus(-au) (m)	*trousers*
truan (m)	*wretch*
trwm	*heavy*
trwsio	*to repair*
trwydded(-au) (f)	*licence*
tryc(-iau) (m)	*truck*
trydan (m)	*electricity*
trydedd (f)	*third*
trydydd (m)	*third*
trysorydd(-ion) (m)	*treasurer*
tu	*side*
tu allan	*outside*
tu draw	*over, beyond*
tu mewn	*inside*
tu ôl	*behind*
tua/tuag	*towards, about*
tun (m)	*tin*
twnnel (m)	*tunnel*
twp	*silly, stupid*
twt	*neat*
twym	*hot*
twristiaeth (f)	*tourism*
tŷ (tai) (m)	*house*
tybed	*I wonder*
Tyddewi	*St. David's*
tyfu	*to grow*
tymheredd (m)	*temperature*
tymor (m)	*season, term*
tymhorau (pl)	*seasons*
tynnu	*to pull, to draw*
tyrd/tyred!	*come!*
tyrfa (f)	*crowd*
tywod (m)	*sand*
tywydd (m)	*weather*
tywyll	*dark*
tywysog(-ion) (m)	*prince*

ucha	*highest*	ychydig	*few*
uchel	*high*	ydw	*Yes, I am*
ugain	*twenty*	yfed	*to drink*
ugeinfed	*twentieth*	yfory/fory	*tomorrow*
un	*one*	yma,'ma	*here, this*
un ar ddeg	*eleven*	ymarfer(-ion) (m)	*exercise*
undeb(-au) (m)	*union*		
uned(-au) (f)	*unit*	ymarferol	*practical*
unig	*only, lonely*	ymbarel (m)	*umbrella*
unigol	*singular, single*	ymddangos	*to appear*
unigryw	*unique*	ymddeol	*to retire*
unman, yn	*anywhere*	ymddiddori	*to interest*
Unol Daleithiau (Yr)	*(The) United States*		*oneself*
		ymddiried	*to trust*
unrhyw	*any*	ymtudo	*to emigrate*
unwaith	*once*	ymhen	*within*
uwch (na)	*higher (than)*	ymhob	*in every*
		ymlaen	*on, onwards*
wal(-iau) (f)	*wall*	ymolchi	*to wash oneself*
wedi	*past*, and link word	ymuno (â)	*to join (with)*
		ymweld â	*to visit*
wedyn	*afterwards*	ymweliad(-au) (m)	*visit*
weithiau	*sometimes*		
wel!	*well!*	ymwelydd (m/f)	*visitor*
wen (f)	*white (feminine)*	ymyrryd	*to interfere*
winc (f)	*wink*	yn, ym, yng	*in*
wrth	*by, with, while*	yn barod	*already*
wrth gwrs	*of course*	yn gyfarwydd â	*to know a place, a person*
ŵy	*egg*		
wyau (pl)	*eggs*	yn lle	*instead of*
Wyddfa (Yr)	*Snowdon*	yn ôl	*back, according to*
wyneb(-au) (m)	*face*		
ŵyr (m)	*grandchild*	yn wir	*indeed*
wyrion (pl)	*grandchildren*	yna, 'na	*there, then; that*
wyres(-au) (f)	*granddaughter*	ynddi	*in her, it (feminine)*
wyth	*eight*		
wythfed	*eighth*	ynddo	*in him, it (masculine)*
wythnos(-au) (f)	*week*		
		yng-nghyfraith	*in-law*
y	*the; who, which, whose*	yno	*there*
		ynte	*he too*
ychwanegu	*to add*	yntê?	*isn't it?*

ynys(-oedd) (f)	*island*	ysgoloriaeth (-au)	*scholarship*
yr	*the*		
ysbyty (f)	*hospital*	(y)stafell(-oedd) (f)	*room*
ysbytai (pl)	*hospitals*		
ysgol(-ion) (f)	*school*	ystod, yn	*during*
ysgol feithrin (f)	*nursery school*	yw	*is, are*
ysgol gyfun (f)	*comprehensive school*		

Index to grammar notes and idiomatic constructions

The first number in each entry refers to the Unit, the second to the section within the Unit.